Howald Pferdekaemper

Reisegast in den USA

Howald Pferdekaemper

Redaktion und Bearbeitung: Alexej Moir

Reisegast
in den USA

Herausgeber der Reihe *Reisegast*:
Gerd Simon

IWANOWSKI'S REISEBUCHVERLAG

© Buchkonzept Simon KG, München
und Iwanowski's Reisebuchverlag, Dormagen

Konzept, Redaktion, Lektorat, Bildredaktion: Buchkonzept Simon KG, München

Layout-Entwurf: Studio Schübel, München, in Kooperation mit Buchkonzept Simon KG, München

DTP: Grotesk Werbeagentur, Marc Sigl, München

Illustrationen: Dr. Howald Pferdekaemper (Seite 8), Brosi Ambros (Kulturspiel Seiten 205-214), Marton Radkai (Umschlagseite I, Seiten 10, 17, 19, 21, 31, 34, 69, 72, 76, 89, 93, 110, 115, 118, 124, 166, 169, 176, 181, 194), Dr. Volkmar Janicke (Seiten 12, 14, 23, 25, 26, 28, 29, 37, 39, 43, 45, 47, 50, 52, 55, 57, 59, 61, 62, 63, 64, 65, 67, 71, 75, 78, 83, 84, 86, 88, 90, 91, 94, 96, 97, 100, 102, 103, 104, 106, 107, 113, 117, 120, 122, 126, 127, 129, 131, 133, 136, 137, 142, 144, 146, 148, 150, 152, 155, 158, 159, 162, 164, 170, 172, 175, 182, 184, 191, 196, 200)

Gesamtherstellung: F. X. Stückle, D 77955 Ettenheim

Vorwort des Autors Howald Pferdekaemper

Irgendwo zwischen Sympathie und Argwohn, enthusiastischer Bewunderung und schroffer Ablehnung, zwischen Zuneigung und Abscheu hat sich unser Bild von Amerika verfangen. Keinem Volk treten wir mit so vielen positiven und negativen Vorurteilen entgegen. Niemand glauben wir so gut zu kennen wie die Amerikaner. Sind sie nicht wie Kinder, die ihr Herz auf der Zunge tragen und sich auch schon mal danebenbenehmen? Das tiefschürfende Gespräch – glauben wir – ist nicht ihre Art. Vielmehr plappern sie gedankenlos drauflos und vergessen sogleich, was sie gesagt haben. Andererseits sind sie charmant, witzig und von einem Lebensmut, der sie selbst die ausweglseste Situation meistern läßt.

Positive und negative Vorurteile

Sie sehen, verehrter Leser, wie solche Pauschalurteile unweigerlich in die Sackgasse führen. Verlassen wir deshalb schleunigst diesen trügerischen Grund der Etikettierung und halten erst einmal fest: Amerikaner sind anders.

»I like to live in America«, heißt es in der *West-Side-Story*. Daß die Amerikaner ihr Land mit Hingabe lieben, es gar für das großartigste der Welt halten, ist Ihnen sicher bekannt. Aber auch unzählige Nichtamerikaner zwischen Shanghai und St. Petersburg blicken sehnsüchtig über die großen Teiche und träumen von schnellem Reichtum und von Freiheit, die meist eine Schimäre bleiben. Leben in Amerika bedeutet vielleicht das widersprüchlichste Abenteuer, das unser Globus zu bieten hat.

Amerikaner sind anders – es lebe der Unterschied!

Seit den 60er Jahren unternahm ich viele Geschäftsreisen in die USA. Allmählich reifte der Entschluß, mich für immer dort niederzulassen. 1972 war es dann soweit. Gemeinsam mit meiner damaligen Lebensgefährtin und heutigen Frau, 33 hannoverschen Pferden und meinem deutschen Schäferhund Lasso verließ ich Deutschland in einer gecharterten DC 9. Unsere erste Bleibe fanden wir in Indiantown, Florida, auf einer Farm, die wir nach den Pferden Hannover Horse Farm nannten.

Traum von Reichtum und Freiheit

Den Besitz konnten wir einige Jahre später mit gutem Gewinn wieder verkaufen, weil unsere Nachbarin ihr Grundstück vergrößern wollte. Sie trainierte Vollblüter auf einem Gelände, das dafür zu klein geworden war.

Seit 1982 wohnen wir auf der neuen Hannover Horse Farm in der vornehmen County Palm Beach. Sehr bald ist das Anwesen Austragungsort des *Palm Beach Dressage Derbys* geworden, einer der großen Veranstaltungen dieser Pferdesportart in den USA.

Nach langjährigem Aufenthalt in diesem Land habe ich schließlich die amerikanische Staatsbürgerschaft angenommen.

Der auch in Deutschland recht seltene Name Pferdekämper ist für Amerikaner ein wahrhafter Zungenbrecher. Meist fragen meine Gesprächspartner hilflos, wie man denn diesen Namen buchstabiere. Der Wohnort löst dann erneut Verwirrung aus. Er lautet nämlich Loxahatchee.

THE
PFERDEKAEMPER FAMILY
Gisela, Howald, Till and Marc

*wish you
a wonderful holiday season,*

A MERRY CHRISTMAS and
A HAPPY NEW YEAR

HANNOVER HORSE FARM
AT WHITE FENCES
Post Office Box 885
Loxahatchee, Florida 33470 -USA

**Autor Howald Pferde-
kaemper mit Familie,
Pferden und Hunden
auf seiner Farm in
Florida**

*»Ich stamme
aus einem
deutschen
Indianer-
stamm.«*

Inzwischen habe ich mich daran gewöhnt, auf diese Fragen immer wieder geduldig zu antworten. Wenn dann aber am Telefon ein gequältes »Oh mein Gott« ertönt, revanchiere ich mich mit der Bemerkung, daß Name und Ortsbezeichnung deshalb so schwierig seien, weil meine Vorfahren einem deutschen Indianerstamm angehörten, der nach Amerika ausgewandert sei.

Sie werden es nicht für möglich halten: Fast jeder glaubt es, und das allein wirft schon ein bezeichnendes Licht auf die Mentalität der Amerikaner.

Die ersten Notizen für dieses Buch reichen zum Anfang der 70er Jahre zurück. Ursprünglich bestanden sie aus einer Sammlung von Anekdoten, die ich meinen deutschen Freunden und Bekannten erzählte. Gelegentlich habe ich sie ergänzt und schließlich unter Mitwirkung von Alexej Moir in die hier vorliegende Form gebracht.

Um das vielschichtige Thema USA einigermaßen erschöpfend zu behandeln, wäre gewiß ein mehrbändiges Werk vonnöten. Dieses Buch kann deshalb nur unvollständig sein. Manches, was Ihnen wichtig erscheint, werden Sie vielleicht vermissen. Erfahrungen, die Sie auf Ihren Streifzügen durch das weite Land selbst machen, mögen dem widersprechen, was Sie hier gelesen haben.

Was ist »typisch amerikanisch«?

Den »Durchschnitts-Amerikaner« gibt es noch weniger, als es den Durchschnitts-Deutschen oder den Durchschnitts-Schweizer gibt. *Typisch amerikanisch* ist ein spröder Begriff, der mit Leben gefüllt werden will. Sie lernen Amerikaner mit tausend Gesichtern kennen: Den Trucker, der auf den Highways zu Hause ist. Die exklusive Welt der Club-Mitglieder, falls Sie eine Einladung erhalten. Den Farmer im Mittelwesten mit seinem ungebrochenen Pioniergeist. Den umgänglichen Manager, dessen joviale Art Sie nicht darüber hinwegtäuschen sollte, daß er genau weiß, was er will und was ihm nützt. Den alten Indianer, der seine verblaßten Riten beschwört und kaum Englisch spricht. Die extrem heterogene Bevölkerung macht es Ihnen sehr schwer, das facettenreiche Land zu verstehen. Akzeptieren Sie die Unbegreiflichkeit als sein typisches Merkmal. Gewiß: Jeder Amerikaner hat seinen Traum. Der Stolz auf die Nation verbindet die unterschiedlichsten Menschen. Offen und freundlich gehen sie aufeinander zu. Das Leben ist ohnehin hart genug. Lassen Sie sich unvoreingenommen auf das Abenteuer »Mensch« ein. Nirgendwo sonst birgt es so viele Überraschungen.

Der amerikanische Traum lebt noch.

Wenn Sie den Atlantik überqueren, befinden Sie sich buchstäblich in einer »neuen Welt«. Aber Sie können sicher sein, daß man Sie herzlich empfängt. Sie begegnen gegensätzlichen Schicksalen und Lebenssituationen. Einem wahren Cocktail schillernder Existenzen. Prüfen Sie ihn sorgfältig und kosten Sie ihn dann mit dem gebührenden Genuß. *Cheers!*

Der amerikanische Traum

Ich mußte einfach ein Foto aufnehmen, als die von vier Schimmeln gezogene historische Kutsche an unserem Haus vorbeifuhr. Der Kutschfahrer hielt bereitwillig und ließ sich zu einem Drink einladen. Er erzählte mir dabei, wie er seinen »Traum« verwirklicht hat.

John Faruk hieß mein neuer Bekannter. Er war im Kohlerevier aufgewachsen. Seine Lehrer prophezeiten ihm, daß er es mit seinen schulischen Leistungen nicht einmal zum Bergmannsgehilfen bringen werde. »Ich habe es ihnen gezeigt. Mit 20 fuhr ich meinen ersten Rolls Royce, und mit 25 gehörten mir schon zwei Minen.« Er schlug mir vergnügt auf die Schenkel. »Siehst du, das gibt es nur in Amerika.«

Inzwischen hatte er in Palm Beach eine renommierte Villa gekauft. Sie hatte vormals dem Industriegiganten Vanderbilt gehört. Mit der Stadtverwaltung geriet er in Streit, weil er an sein Haus weitere Garagen anbauen wollte. Seine vier Rolls Royces und den Mercedes seiner Frau könne er in den vorhandenen nicht unterbringen.

Er lud mich zu einem Fest ein. Ich lernte den mythenumrankten Ballsaal kennen, in dem schon die Vanderbilts, die Rockefellers und die Carnegies getanzt hatten.

In welch ärmlichen Verhältnissen jemand auch aufgewachsen ist, hat er den »Durchbruch« geschafft und sich bis an die Spitze hochgearbeitet, dann ist ihm die Bewunderung seiner Mitmenschen sicher. Niemand würde ihn als Parvenü scheel ansehen. Er ist Vorbild und lebender Beweis, was in Amerika möglich ist.

Nach der festen Überzeugung der Amerikaner liegt das Geld auf der Straße. Man muß nur die Ärmel aufkrempeln und beherzt zugreifen, um es aufzulesen. *If it is to be, it is up to me* (wenn etwas möglich ist, dann hängt es nur von mir ab) lautet ein gängiger Spruch.

Symbol des Traums vom Aufstieg: der Erwerb einer Traditionsvilla – mit entsprechend vielen Garagen.

Mr. Huisinger aus Ungarn hat ganz unten bei der Müllabfuhr angefangen und ist heute Eigentümer von *Blockbuster*, der größten Geschäftskette, die Videokassetten verleiht. Bill Gates hat als junger Mann bei IBM gearbeitet, bevor er von einer Garage aus als Chef von Microsoft den Computersoftware-Markt weltweit eroberte. Auch Sam Walton gehörte zu den ganz Erfolgreichen. Er brachte es von einem kleinen Ramschladen zur größten Einzelhandelskette der Welt. Sam Walton glaubt fest an den *Horatio Alger Myth*, der nichts anderes besagt, als daß jeder mit Geschick und ein bißchen Glück den amerikanischen Traum verwirklichen kann. Alger schrieb im vorigen Jahrhundert mehr als hundert Bücher, in denen sich der Held durch Tugend und harte Arbeit aus dem Nichts zum Reichtum hocharbeitet. *From rags to riches* (»Aus Lumpen zum Reichtum«) heißt der von diesem Autor stammende Slogan, der das Ideal des American Dream auf den Punkt bringt.

Der Horatio-Alger-Mythos

Der Amerikaner »träumt« im Schweiße seines Angesichts. Ein Zwanzigstundentag ist der Preis für eine schwindelerregende Karriere. Dann müssen bloße vier Stunden Schlaf genügen. Bei solchen Vorbildern ist es verständlich, daß der amerikanische Berufstätige weitaus länger arbeitet als sein europäischer Kollege.

Der Amerikaner »träumt« im Schweiße seines Angesichts.

Der »Amerikanische Traum« begann mit dem vielleicht größten Mißverständnis in der Geschichte. Anstatt das sagenumwobene Indien mit seinen Reichtümern zu erreichen, hatte Kolumbus einen zunächst widerborstigen Doppelkontinent entdeckt. Dieser bot aber in den folgenden Jahrhunderten zahllosen Europäern, die in Armut lebten und aus unterschiedlichen Gründen verfolgt wurden, die Chance zu einem Neubeginn. Als die hungernden Iren Mitte des 19. Jhs. ihre Heimat verließen, betrachteten sie Amerika als das Land, in dem »Milch und Honig fließt«. Wer in der Neuen Welt Erfolg hatte, sah das ideale Verhältnis zwischen Gott, Mensch und Natur verwirklicht. Wer jedoch scheiterte – und das waren nicht wenige –, der verlor auch seinen Traum.

Der *California Goldrush* von 1849, der *Alaska Goldrush* von 1905 – die unermeßlichen Goldfunde, die ihre Entdecker über Nacht zum Krösus machten – und später die Erschließung äußerst ergiebiger Ölquellen ließen die ursprünglich geradezu religiöse Dimension des American Dream verblassen. An ihre Stelle trat die schlichte Hoffnung, möglichst schnell reich zu werden. Amerika verhieß nicht nur *abundance of land* (Überfluß an Land), sondern auch *abundance of chance* (Überfluß an Chancen). Damit war der Mythos »Vom Tellerwäscher zum Millionär« geboren, der die Amerikaner bis heute umtreibt.

Der Traum kann auch Trauma werden.

Goldrausch und Öldurst

Der Amerikanische Traum vom Glück schließt den Blick auf zerrüttete Ehen, unterbezahlte Jobs, Hunger, Krankheit, Alter oder Tod aus. Er ist immer ein weißer Traum gewesen. Wer an ihm teilnehmen will, braucht nicht mehr unbedingt weiß zu sein, aber er muß nach wie vor weiß träumen.

Welcome in America!

**Die Freiheitsstatue:
Einst Erlösergestalt
für die Mühseligen,
Beladenen und Auf-
bruchwilligen die-
ser Erde.**

*Symbol Frei-
heitsstatue*

Am Anfang dieses Jahrhunderts erschien dem nach wochenlanger Seefahrt halbver-
hungerten und zu Tode erschöpften Reisenden die Freiheitsstatue wie eine Göttin,
die ihn im gelobten Land willkommen hieß. Heute kommt der Gast meist nicht mit
dem Schiff, sondern im Jumbo an. Er ist nicht verhungert, sondern eher überfüttert.
Er hat keinen Durst, dafür aber vielleicht einen Kater.

Ein langer Flug liegt hinter ihm: Frankfurt – Miami 10 Stunden, Hamburg – New
York 8 Stunden eingepfercht. Wenn der Ankömmling amerikanischen Boden
betritt, wünscht er nichts sehnlicher, als möglichst schnell den Flugplatz zu verlassen, sein Gepäck zu greifen und dann ins Hotel zu fahren.

Doch Geduld. So schnell geht es nicht!

Bis 1994 brauchten deutsche Staatsbürger ein von einem amerikanischen Konsulat ausgestelltes Visum. Heute wird dieses den Besuchern bei der Einreise erteilt, wenn die Unterlagen richtig ausgefüllt sind. Man erhält schon während des Fluges ein Einreiseformular *(Immigration Service)* und eine Zollerklärung *(Custom Declaration)* in die Hand gedrückt. Doch seien Sie auf der Hut: *Lady Liberty* hat in diesen Formularen einige Fangfragen versteckt.

Visum und Einreise

Eine Adresse in den USA? Ach, um Himmels willen! Für Ihre gebuchte Pauschalreise haben Sie selbstverständlich einen Plan, doch der befindet sich im Bauch des Flugzeugs. Vielleicht aber wollen Sie auf gut Glück selbst ein Hotel suchen. Vorsicht! Hier lauert die erste Gefahr.

Vorsicht Fangfragen!

Es besteht zwar in den USA kein Meldesystem, aber Ihre erste Adresse müssen Sie angeben. Wie wäre es mit *Holiday Inn, 2nd Street?* Oder *John Smith, 3rd Street, Miami?* Sie müssen sich schleunigst einfallen lassen, wo Sie die erste Nacht verbringen wollen.

»Waren Sie kürzlich auf einer Farm?« Sollten Sie Landwirt sein oder nach Ferien auf einem Bauernhof direkt in die USA fliegen, dann betrachten Sie diesen zuletzt besuchten Bauernhof besser nicht als Farm. Ansonsten müssen Sie sich desinfizieren lassen. Puder über Haupt und Glieder! Sie sollen nämlich keine deutschen Fliegenlarven einschleppen, vom Rinderwahnsinn ganz zu schweigen.

Desinfektion

Die nächste Klippe müssen Sie beim Zoll umschiffen, wenn Sie mehr als 10.000 Dollar Bargeld bei sich haben. Mit Kreditkarten oder Reiseschecks in unbegrenzter Höhe haben Sie aber keine Probleme.

Bargeld

Endlich haben Sie das Flugzeug verlassen. Sollten Sie etwa in Miami gelandet sein, dann haben Sie sogar den ersten Hitzeschock schon glücklich überstanden. Sie fahren die endlosen Rolltreppen hinauf und hinab, bis Sie in einen großen Saal gelangen. Hier erwartet Sie der zweite Schock: Die riesigen Menschenschlangen wollen genau dasselbe wie Sie. Sie warten auf die Kontrollabfertigung.

Jetzt müssen Sie scharf überlegen. Lassen Sie dabei ausnahmsweise einmal ihren übelsten und selbstsüchtigsten Vorurteilen freien Lauf: Dicke arbeiten langsamer, Schwarze auch. Stellen Sie sich deshalb in keine Schlange, die sich vor einem dicken, schwarzen Einwanderungsbeamten aufgebaut hat. Vor kurzem sah ich zwar einen dicken Schwarzen, der sehr schnell arbeitete. Betrachten Sie das aber als eine Ausnahme, die nur die Regel bestätigt. Es ist nun mal so – factum brutum. Die Veränderung dieser Feststellung muß andernorts ansetzen. Japaner arbeiten flink, ältere Herren mit weißen Schläfenhaaren sind oft jovial und nicht mehr »scharf«. Auch das kann die Abfertigungsprozedur beschleunigen. Seien Sie also vorsichtig bei der Wahl Ihrer Schlange!

Kontroll-abfertigung

Sie sollten zudem unbedingt vermeiden, sich einer Gruppe von Lateinamerikanern anzuschließen. Denn diese werden meist peinlich genau kontrolliert.

Sie haben also die richtige Schlange ausgesucht. Jetzt brauchen Sie nur noch ein wenig Glück. Das Beste wäre, Sie könnten einen Blick auf die Papiere der vor Ihnen

Ankunft in der Neuen Welt. Einwanderer-Denkmal in Hartford, Connecticut.

Abfertigung: Glücks- und Geduldsspiel

Stehenden werfen. Wenn nämlich unter diesen einer ist, der seinen ersten Aufenthaltsort in den USA nicht angegeben hat, kürzlich auf einem Bauernhof war oder über 10.000 Dollar bar bei sich trägt, dann war Ihre ganze Mühe umsonst. In diesem Fall tun Sie gut daran, sich in Geduld zu üben und Ihr Klappstühlchen aufzustellen.

Wenn endlich der begehrte Einreisestempel im Paß steht, dann führt Ihr Weg über verschlungene Pfade zur Gepäckhalle. Meist sind Ihre Utensilien jedoch noch nicht da. Seltsamerweise dauert es auf amerikanischen Flughäfen eine halbe Ewigkeit, bis das Gepäck ausgeliefert wird. Endlich ist es soweit. Die gleichen langen Schlangen erwarten Sie nun vor dem Zoll. Und es gilt, genau die gleiche Taktik anzuwenden, mit der Sie (hoffentlich) so erfolgreich durch die Paßkontrolle kamen.

Same procedure!

Wer viel fliegt, wird merken, daß die Abfertigungsprozedur auf den einzelnen Flughäfen unterschiedlich ist. In New York und Miami dauert das Einreiseprozedere meist lange, in Orlando und Atlanta geht es schnell. Jetzt sind Sie endlich angekommen: *Welcome in America!*

Einwanderung und befristeter Aufenthalt in den USA **TIPS**

Vielleicht wollen Sie länger in Amerika bleiben, dort arbeiten, dorthin auswandern oder dort Ihren Alterssitz suchen. Bevor Sie eine Aufenthaltsgenehmigung erhalten, müssen Sie eine Reihe von Bestimmungen beachten. Für den Unternehmer, der in den USA geschäftlich tätig werden will, gelten darüber hinaus einige Sonderregelungen.

Bis nahezu Ende der 80er Jahre machten sich viele Europäer wegen der politischen Lage in Europa Sorgen. Der Ost-West-Gegensatz brachte in Krisenzeiten zahlreiche Investoren dazu, sich finanziell in den USA zu engagieren. Man wollte wenigstens mit einem Bein im anscheinend sicheren Mutterland des Kapitalismus stehen.

Dafür brauchte man die sogenannte green card, eine Daueraufenthaltsgenehmigung für die USA. Anfang der 70er Jahre war sie noch relativ leicht zu erhalten, ihr Erwerb wurde danach aber von Jahr zu Jahr schwieriger.

Nach amerikanischem Recht müssen alle weltweit erzielten Einnahmen eines Geschäftsmannes, der seinen Wohnsitz in den USA hat, auch dort versteuert werden. Mit dem Besitz der *green card* unterliegt jeder Ausländer automatisch der amerikanischen Steuerpflicht. Dies ist oft nicht im Sinne der Investoren. Aus diesem Grund ist die Nachfrage nach der *permanent residency*, dem Daueraufenthaltsrecht, erheblich zurückgegangen.

Der Beamte oder die Beamtin der US-Einwanderungsbehörde (*Immigration and Naturalization Service*, kurz *INS*) kann Ihnen bei der Ankunft jederzeit die Einreise verweigern. Davor schützt Sie auch der Besitz eines gültigen Visums für längeren Aufenthalt nicht. Deshalb sollten Sie unbedingt die Unterlagen mit sich führen, die Sie dem Konsularbeamten bei der Beantragung des Visums vorgelegt haben. Nur so können Sie die Rechtmäßigkeit Ihrer Einreiseerlaubnis belegen. Manches unglückliche *Au-pair*-Mädchen ohne diese Belege wurde mit dem nächsten Flugzeug in ihr Heimatland zurückgesandt.

Bürger aus dem deutschsprachigen Raum benötigen für einen Besuch bis zu drei Monaten kein Visum mehr, es besteht aber Paßpflicht.

Alle Besucher der USA fallen in zwei Kategorien:

▶ 1. Nichteinwanderer (*non-immigrants*)
▶ 2. Einwanderer (*immigrants*)

Die Nichteinwanderer werden noch einmal in 12 Gruppen unterteilt.

Für Zureisende aus dem deutschsprachigen Raum, die länger als sechs Monate in den USA bleiben wollen, kommen zwei Visa-Arten in Frage:

Visum für Treaty Traders (E-1) bzw. Treaty Investors (E-2)

Die Vereinigten Staaten haben mit einer Anzahl von Staaten, unter anderem der Bundesrepublik Deutschland, Verträge (*treaties*) vereinbart, nach denen Bürger dieser Länder als *treaty traders* in die USA einreisen und Geschäfte in größerem Umfang zwischen ihren Heimatländern und den USA abschließen können. Die Tätigkeit muß internationaler Art sein (z.B. Import-Export), oder sie muß eine größere Investition einschließen. Das aus diesem Grund erteilte Visum gilt ein Jahr und kann in der Regel auf maximal vier Jahre verlängert werden. Unter gewissen Voraussetzungen jedoch ist eine Verlängerung über diesen Zeitrahmen hinaus möglich. Manche Ausländer leben deshalb mit einem solchen Visum bereits seit vielen Jahren in den Vereinigten Staaten.

Da der Begriff »größere Investition« nicht genau bestimmt ist, entscheidet der Konsulatsbeamte von Fall zu Fall, ob die Höhe der Investition die Erteilung eines Visums rechtfertigt. Es gilt also die Faustregel: Je bedeutsamer die Investition ist, desto größer die Wahrscheinlichkeit, daß ein Visum gewährt wird.

Intercompany Transfer (L-1)

Dieses Visum ist für fachlich besonders qualifizierte Mitarbeiter einer ausländischen Firma gedacht, die von ihrem Arbeitgeber für ein Jahr oder länger in die USA geschickt werden. Hier sollen sie für ihre Firma, eine Tochtergesellschaft oder ein amerikanisches Unternehmen, das mit der ausländischen Firma kooperiert, ihre speziellen Kenntnisse einbringen. Die wirtschaftliche Verflechtung des amerikanischen mit dem ausländischen Unternehmen durch eine gemeinsame Geschäftsleitung oder einen gemeinsamen Aufsichtsrat muß dabei offenkundig sein.

Auch das L-Visum kann um mehrere Jahre verlängert werden und sollte am vorteilhaftesten über einen Einwanderungsanwalt beim *United States Immigration and Naturalization Service* (US-Einwanderungs– und Einbürgerungsbehörde) in der amerikanischen Stadt beantragt werden, die dem Standort des Unternehmens am nächsten liegt. Der Antrag kann bereits vor Geschäftsaufnahme gestellt werden. Im Falle eines neu zu gründenden Unternehmens sind Nachweise darüber zu erbringen, daß alle Rechtsvorschriften beachtet und die Firma ordnungsgemäß eingetragen worden ist. Ferner ist ein Miet- oder Pachtvertrag vorzulegen, der nachweist, daß ein entsprechendes Firmengelände vorhanden ist.

Einwanderungsvisum (Immigration)

Wer sich in den USA dauernd niederlassen will, fällt unter ein kompliziertes Quotensystem. Demnach darf nur ein bestimmtes Kontingent von Bewerbern, das jährlich neu festgelegt wird, einwandern. Deshalb ist ein Einwanderungsvisum auch wesentlich schwieriger zu erhalten als ein Visum für einen befristeten Aufenthalt. Ausländische Ehepartner von amerikanischen Staatsbürgern sind von diesen Einschränkungen ausgenommen.

Das Einwanderungsvisum ist entweder in den Vereinigten Staaten beim *Immigration and Naturalization Service* (INS) oder bei jedem amerikanischen Konsulat im Ausland zu beantragen.

Um sich nicht im Gewirr der komplizierten Bestimmungen zu verstricken, sollte der Interessent unbedingt einen Einwanderungsanwalt in den USA einschalten.

Wer schließlich die Daueraufenthaltsgenehmigung bekommen hat, gilt als *resident alien* (= ortsansässiger Fremder). Er erhält vom *Immigration and Naturalization Service* des amerikanischen Justizministeriums einen Plastikausweis in der Größe einer Kreditkarte, der auch *green card* genannt wird, obwohl er nicht grün ist. Zusammen mit dem alten Reisepaß des Heimatlandes berechtigt er zur Einreise in die USA. Nach fünfjährigem Aufenthalt kann der *resident alien* die amerikanische Staatsbürgerschaft beantragen.

Der große Schmelztiegel

Lange nach der Zwangseinwanderung der African Americans ist ihre soziale Lage immer noch problematisch. Sport und Musik bieten Karrieremöglichkeiten. Der Fall O. J. Simpson offenbart wiederum die Falltiefe hinab.

Kaum ein Ereignis wurde in den amerikanischen Medien bislang so stark beachtet und ausgeschlachtet wie der Mordprozeß gegen den Football-Star O. J. Simpson. Der Freispruch löste bei den schwarzen Sympathisanten des Angeklagten helle Begeisterung aus. Die meisten Weißen jedoch waren empört, weil kaum einer von ihnen an Simpsons Unschuld glaubte.

USA – Einheit der Widersprüche?

Gewalttaten jeder Art sind in den USA an der Tagesordnung. Allein die Tatsache, daß ein Mann mutmaßlich seine Ehefrau erschlug, hätte die Öffentlichkeit im Falle Simpson kaum in diesem Maße erregen können. Höchste Brisanz erlangte der Fall erst dadurch, daß ein prominenter schwarzer Sportler seine weiße Frau und ihren vermutlichen Liebhaber, einen jüdischen Weißen, getötet haben sollte. So schürte dieser Prozeß den ohnehin schwelenden Rassenkonflikt. Zwölf Prozent der US-Amerikaner sind afrikanischer Herkunft. Diese Zahl dürfte in den nächsten Jahren noch steigen, da der schwarze Bevölkerungsanteil durch höhere Geburtenrate und anhaltende Zuwanderung ständig wächst.

African Americans

Ob beim Militär, in der Schule, Hochschule oder bei der Wahl – sein Leben lang muß der Amerikaner die unterschiedlichsten Fragebögen ausfüllen. In ihnen wird stets nach der Rassenzugehörigkeit gefragt: *Caucasian* bezeichnet den Weißen, *African American* heißt der Schwarze, *Asian* der Ostasiate, *Hispanic* der aus Mittel- oder Südamerika Gebürtige und *Native American* der Nachfahre der indianischen Ureinwohner. Allerdings fehlt diese letzte Rubrik meistens, weil sie nur auf einen Bruchteil der heutigen Amerikaner zutrifft.

Die Ureinwohner: eine verschwindende Minderheit

Nordamerika war keineswegs menschenleer, als die ersten europäischen Siedler landeten. Sie trafen auf die ihnen völlig fremde Lebensweise der Indianer – vielleicht eine Million an der Zahl –, die sie allmählich in die unfruchtbaren Gebiete abdrängten.

Die amerikanische Ideologie

Aus politischen, religiösen und wirtschaftlichen Gründen hatten die Europäer ihre Heimat verlassen, um in der Neuen Welt ihr Glück zu suchen. Was sie mitbrachten, war ihre Tatkraft und der Wunsch nach grenzenloser Freiheit. Aus diesem Vermögen und Verlangen entstand allmählich die amerikanische Gesellschaft. Der Traum von einem besseren Leben prägt bis heute Ideologie, Verfassung, Recht und Selbstverständnis der Amerikaner.

Zwischen 1820 und 1975 kamen ca. 47 Millionen Einwanderer in die USA, davon knapp sieben Millionen aus Deutschland, mehr als fünf Millionen aus Italien, fast fünf Millionen aus England, vier Millionen aus Irland, jeweils über drei Millionen aus Kanada und Rußland und fünf Millionen Schwarze aus Lateinamerika. Ließen

Freiwillige und unfreiwillige Einwanderung

sich die europäischen Einwanderer von der Hoffnung auf Wohlstand leiten, so wurden die Schwarzen unter Zwang nach Amerika gebracht. Erst Jahrzehnte nach der Sklavenbefreiung fanden sie ihren Platz in der Gesellschaft. Bei aller Rückbesinnung auf die eigenen Wurzeln denkt heute kaum einer von ihnen an eine Rückkehr auf den Schwarzen Kontinent.

Hunderttausende Chinesen strömten ins Land, als der Eisenbahnbau im großen Ausmaß begann. Erst schickten sie ihre hart verdienten Dollars nach Hause, aber spätestens die dritte Generation richtete sich bereits fest in der neuen Heimat ein.

Aus welchen Teilen der Welt die Menschen auch kamen – alle einte derselbe Wunsch, sich von unten emporzuarbeiten. Zwar ist der Zusammenhalt der verschiedenen ethnischen Gruppen in der Fremde ungleich stärker als im jeweiligen

Was ist ein »richtiger« Amerikaner?

Herkunftsland, aber an erster Stelle steht der Wunsch, möglichst schnell ein »richtiger« Amerikaner zu werden. Dem widerspricht nicht, daß sich viele Chinesen in Chinatowns, die Mexikaner in Los Angeles und die Kubaner in Miami niederlassen.

Was aber ist typisch amerikanisch? Ein deutscher Referendar, den der Rotary-Club für ein Jahr in die USA eingeladen hatte, erzählte mir, er habe dort einen eifrigen Mentor gefunden, der ihn kreuz und quer durch das ganze Land geführt habe. Bei zahllosen Gelegenheiten pflegte er zu wiederholen: »*But this is not America*«, »das ist nicht Amerika«. Die Frage, was denn nun Amerika eigentlich sei, blieb dem jungen Gast bis heute unbeantwortet.

Mutmaßungen über das Wesen Amerikas

Sicher ist das Leben in den großen Ballungsräumen an der Ost- und an der Westküste nicht charakteristisch für das Land. Sie finden *den* Amerikaner eher in den Kleinstädten mit ihren konservativen, patriotischen und oft ignoranten Einwohnern, die kaum über den eigenen Horizont hinausdenken.

Was also ist Amerika? Vielleicht sind es die überall gleiche Speisekarte, der Plastikbecher, der Rolls Royce, die Wolkenkratzer und die Leitungsdrähte vor jedem

Dieser Ortsweg-weiser zeigt ansatzweise den multi-ethnischen Einwanderungs-hintergrund der Amerikaner.

Haus, die Vielfalt der Religionsgemeinschaften und Kirchen, das eigenartige Gemisch aus Ordnung und Anarchie; das wohl demokratischste Regierungssystem der Welt – jedenfalls ist jeder Amerikaner davon zutiefst überzeugt –, die gleichen Aufstiegschancen für jeden, die Bewunderung des persönlichen Erfolgs und die Eigenverantwortung. Wer am Sonntagmorgen die Kirchgänger beobachtet, kann die religiöse und ethnische Vielfalt des Landes am ehesten erkennen. In ihrer Fest-tracht besuchen die orthodoxen Griechen die Liturgie. Die Schwarzen strömen in ihrem besten Anzug in die Gotteshäuser, während die Weißen vor ihren eigenen Kir-chen vorfahren und sämtliche Parkplätze in der Umgebung belegen. Doch späte-stens am folgenden Montag hat man die festtägliche und folkloristische Tünche abgewischt und stürzt sich wieder in den amerikanischen Alltag.

Kirchgang als folkloristisches Merkmal

Der mühselige Weg nach oben: Die Schwarzen

Mit dem Anbau von Baumwolle und Zuckerrohr in den amerikanischen Südstaaten begann die »amerikanische Karriere« der Schwarzen. Der Rücksichtslosigkeit jener Zeit entsprechend deckte man den wachsenden Bedarf an billigen Arbeitskräften durch Sklaven, die spanische, portugiesische und englische Händler aus Westafrika nach Amerika verschleppt hatten. Um 1800 gab es etwa 700.000 schwarze Sklaven im Süden der Vereinigten Staaten. 60 Jahre später war ihre Zahl auf über vier Mil-lionen gestiegen. In manchen Gegenden lebten mehr Schwarze als Weiße.

Sklavenhandel

Im industriell geprägten Norden der USA dagegen spielten die Schwarzen keine bedeutsame Rolle in der Wirtschaft. Deshalb war es hier auch leichter, das hehre Ideal der Freiheit zu propagieren, welches in der amerikanischen Verfassung ver-

Wirtschaft und Freiheitsbegriff

ankert ist. Eigentlich sollten alle Menschen gleich sein, und eigentlich müßte dieser Grundsatz auch für die Schwarzen gelten. Doch nein, das Bürgerrecht sollten sie nicht erhalten, und Waffenbesitz war ihnen ebenfalls untersagt. Sie sollten auch nicht unerlaubt ihren Wohnsitz verlassen – und schon gar nicht wollte man im Restaurant neben ihnen sitzen. Aber die Sklaverei widersprach nun einmal den eigenen Grundsätzen. Obendrein war es ärgerlich, daß die Südstaatler durch die Sklaverei hemmungslos soviel Geld verdienten.

Nord-Süd-Konflikt

Gründe darüber hinaus gab es genug für die wachsende Entfremdung zwischen Nord und Süd. Schließlich führte jedoch die Sklavenfrage zum Riß in der amerikanischen Gesellschaft und schließlich zum Bürgerkrieg, den 1865 die »gerechte« Seite, d.h. die Unionstruppen des Nordens, zu ihren Gunsten entschied.

Umsetzung der Bürgerrechte

Mit dem *Civil Right Act* aus dem Jahre 1866 wurden die Schwarzen den übrigen Amerikanern formal gleichgestellt, doch in der Praxis blieben ihnen viele Bürgerrechte bis in die Mitte unseres Jahrhunderts vorenthalten.

Der I. Weltkrieg brachte sie dann der Gleichberechtigung einen großen Schritt näher, als sie in eigens zusammengestellten schwarzen Einheiten ihre patriotische Pflicht beweisen konnten.

In den 20er Jahren erlangten schwarze Künstler auf dem Gebiet des Jazz, des Tanzes und in der Literatur nicht nur im eigenen Land höchste Anerkennung. Im II. Weltkrieg kämpften fast eine Million Schwarze an allen Fronten.

Das bekannte *Good Samaritan Hospital* in West Palm Beach (Florida) behandelte während des Krieges viele schwarze Soldaten. Diese durften aber auf ihren Genesungsspaziergängen keinesfalls die Brücke überqueren, die das Krankenhaus mit dem noblen Palm Beach verbindet.

In den 60er und 70er Jahren wollte man die Isolierung und Ghettoisierung der schwarzen Bevölkerung durchbrechen. Ein höchstrichterliches Urteil zwang die Kommunen dazu, Kinder aus schwarzen Wohnbezirken mit Bussen in Schulen zu fahren, die in vorwiegend weißen Vierteln lagen und umgekehrt. Dieses sogenannte *bussing* führte als weiße Reaktion zur Gründung vieler Privatschulen, für die diese Anordnung nicht galt.

»Bussing«

In dieser Zeit erreichte die Bürgerrechtsbewegung ihren Höhepunkt, an deren Spitze Martin Luther King stand. Der durch ihn angeführte legendäre Protestmarsch durch Washington und seine Ermordung führten schließlich zur völligen formalen Gleichstellung der Schwarzen. Während Schwarzenführer wie King auf einen friedlichen Ausgleich hofften, setzten andere, wie Malcolm X, auf eine militante Lösung.

Rechtliche Gleichstellung

Inzwischen ist es verboten, Schwarze in jeglicher Form zu diskriminieren. *Equal rights*, »gleiche Rechte«, war und ist das Schlagwort, das für alle Minderheiten gilt, für Schwarze wie für Asiaten, für Eskimos, Frauen, Homosexuelle, Juden und Behinderte. Durch die strenge Quotenregelung im öffentlichen Dienst fühlen sich

Schwarze Realität in der New Yorker Bronx

jetzt andererseits die weißen Arbeitsuchenden diskriminiert, die das Qualifikationsprinzip ausgehebelt sehen. Trotz aller Fortschritte steht die große Mehrheit der Schwarzen auf der untersten Stufe der sozialen Leiter. Darüber kann auch nicht hinwegtäuschen, daß es mittlerweile in vielen Städten schwarze Bürgermeister gibt. Sozial bedenklich ist auch die Tatsache, daß die Schwarzen bei einem Bevölkerungsanteil von 12 Prozent mehr als die Hälfte der Gefängnisinsassen stellen.

Quotenregelung für Minderheiten

Zahlreiche Organisationen versuchen, durch Rückbesinnung auf afrikanische Traditionen eine eigenständige schwarze Identität zu erwecken. Ein neues Selbstvertrauen soll die real immer noch vorhandene Benachteiligung schrittweise überwinden helfen. Dagegen wollen die bereits erfolgreichen Schwarzen vor allem »Amerikaner« sein. Sie richten sich meist nach demselben Wertesystem und den gleichen Schönheitsidealen wie ihre weißen Mitbürger. Ein dramatisches Beispiel hierfür ist Michael Jackson, der Millionen Dollar dafür verwendet hat, um seine äußerlich erkennbare afrikanische Herkunft, die ihm offenbar unangenehm ist, zu verwandeln und ein weißer *Homunculus* zu werden.

Kriminalität

Selbstverständlich gibt es Tageszeitungen und Illustrierten, die nur von Schwarzen gelesen werden. Bei der Durchsicht solcher Publikationen bin ich auf zahllose Anzeigen für Kosmetika gestoßen, aber niemals auf einen Artikel, der sich mit dem sozialen Elend der Schwarzen auseinandergesetzt hätte. Dagegen wird in großer Aufmachung von Schwarzen berichtet, die in der amerikanischen Gesellschaft aufgestiegen sind.

Bei allen Anstrengungen ist die Kluft zwischen Schwarz und Weiß keineswegs überwunden, auch wenn der schwarze General Powell, (Armeeoberbefehlshaber während des Irak-Krieges), unter Weißen hohes Ansehen genießt. Und auch wenn viele schwarze Sportler und Stars des Showbusiness' zahllose weiße Fans haben. Ein Präsident aus den Reihen der Afroamerikaner ist für Amerika an der Schwelle zum nächsten Jahrtausend noch nicht vorstellbar.

»Weiße« Aufstiegsträume

Ohne sie geht nichts mehr: Die Latinos

Spanisch – die neue Landessprache?

Vor Ihrer Reise haben Sie ehrgeizig Ihre Englischkenntnisse aufgefrischt, um jedem Gesprächsthema gewachsen zu sein. Doch nun hat es Sie in eine Gegend von Kalifornien verschlagen, wo Sie kein Mensch versteht! Ja, wenn Sie zuvor einen Spanischkurs belegt hätten, dann wüßten Sie, was Ihnen Ihr Tischnachbar gerade händeringend zu erklären versucht. Er gehört zur Gruppe der Hispanics oder Latinos, die in manchen Teilen Floridas und Kaliforniens die Mehrheit der Bevölkerung bilden. Sie sind aus Lateinamerika, vor allem aus Mexiko und Kuba, in die USA eingewandert. Auch wenn die meisten von ihnen die amerikanische Staatsbürgerschaft angenommen haben, verleugnen sie keineswegs Herkunft und Sprache.

Kein Mexikaner wird je vergessen, daß von Florida über Texas bis Nordkalifornien einst Spanisch gesprochen wurde. Zahllose Ortsnamen weisen darauf hin – dies war einstmals Teil des Spanischen Weltreiches und später Mexikos. Eigentlich sind die Latinos nur in ein Land zurückgekehrt, das einmal ihren Vorfahren gehörte.

Beliebt sind sie bei der Mehrheit der Amerikaner nicht. Aber als billige Saisonarbeiter auf den Zitrusfarmen Kaliforniens werden sie gebraucht. Viele kommen illegal ins Land und finden Unterschlupf in den *barrios*, den Latino-Vierteln der großen Städte. Neuankömmlinge, häufig Analphabeten, bleiben lange ohne Arbeit. Kein Wunder, daß in diesem Milieu der Drogenhandel blüht und Bandenkriege ihre Opfer fordern.

Einer meiner Latino-Bekannten lebt seit 30 Jahren als erfolgreicher Geschäftsmann in Miami. Er wohnt in einem Stadtviertel, in dem fast nur Spanisch gesprochen wird. Bis heute beherrscht er die Landessprache Englisch nur mangelhaft.

Ein Volksentscheid, Spanisch zur zweiten Amtssprache in Miami zu machen, scheiterte zwar knapp. Dennoch wird die Stadt zunehmend von der Sprache der Latinos geprägt.

Eine wachsende Minderheit

Mit dem gesellschaftlichen Erfolg ist auch ihr Selbstbewußtsein gewachsen. Eigene Kirchen, Theater und Rundfunkstationen sorgen für den Erhalt ihrer kulturellen Identität.

Kein Politiker kann es sich leisten, die Stimmen dieser starken Minderheit zu vernachlässigen. Entsprechend groß ist ihr Einfluß im öffentlichen Leben Amerikas.

Winnetou ritt nur in Deutschland: Die Indianer

Winnetou, ein deutscher Indianer

Als Kind verschlang ich die Bücher von Karl May — sogar mit der Taschenlampe unter der Bettdecke. Besonders Winnetou hatte mich beeindruckt. Er prägte mein Bild von den Ureinwohnern Amerikas. Kein Wunder, daß ich auf meiner ersten Reise in die USA Indianerreservate besuchte – in der Hoffnung, außergewöhnli-

chen Menschen wie Winnetou zu begegnen. Um so größer war meine Enttäu-
schung. Vor baufälligen Häusern und Wellblechschuppen kauerten triste Gestalten, die apathisch vor sich hinstarrten oder den Touristen minderwertigen Kitsch anbo-
ten. Die stolzen Rothäute von einst waren zur Karikatur ihrer selbst geworden. Zwar kümmert sich die amerikanische Regierung um diese Menschen. Eine Indianer-
behörde, das Bureau of Indian Affairs in Washington, ist für Reservate zuständig. Doch scheint mir, daß der garstige rassistische und kolonialistische Spruch »Nur ein toter Indianer ist ein guter Indianer« noch immer manchem Beamten der Sozi-
alverwaltung als Motto dient.

*Bürokratische Sozialverwal-
tung einst stolzer Völker*

Hin und wieder verbleibt in den Reservaten etwas Geld, wenn »ausgebuffte« Geschäftsleute die geltenden Sondergesetze ausnutzen und Spielkasinos errichten. Denn in vielen Bundesstaaten ist das Glücksspiel verboten. Einer solchen »Geschäftsbeziehung« dient der Indianer in der Regel als Strohmann. Den großen Reibach machen die weißen Partner. Erst in jüngster Zeit lassen sich immer mehr Stämme die Vergabe von Lizenzen teuer bezahlen.

Gelegentlich sprechen mich amerikanische Bekannte auf die Verbrechen in Nazi-
deutschland an, für die ich mich dann keineswegs mit der »Gnade der späteren Geburt« entschuldige. Wenn ich aber meine Gesprächspartner mit dem Schicksal der Indianer konfrontiere, stoße ich auf Unverständnis. Die Amerikaner haben die Vernichtung der Indianer – heute würde man wohl von einem Genozid sprechen – fast vollständig aus ihrem Bewußtsein verdrängt.

*Völkermord an den Indianern –
kein Thema?*

**Eine kleine ökonomische Revanche für den Raub des indianischen Kontinents: Spielkasino im indianischen Mashantucket-Pequot-
Reservat (Connecticut)**

*Kulturimport
»Feuerwaffe«
und »Feuer-
wasser«*

Aber seien wir gerecht: Die europäischen Siedler haben den Ureinwohnern nicht nur etwas »genommen«, vor allem ihr Land und ihr Leben, sie haben ihnen auch etwas gebracht: das Pferd, den Schießprügel und den Alkohol. Erst zu Pferd und mit der Feuerwaffe in der Hand konnte man die riesigen Büffelherden abschlachten und so den Indianerstämmen des Mittleren Westens die Lebensgrundlage entziehen. Das »Feuerwasser« half dann noch obendrein, den Stolz des Roten Mannes zu brechen.

Wie aber ist das romantische Bild vom Wilden Westen entstanden, das so gar nicht mit der Geschichte und der Wirklichkeit übereinstimmt?

*Wildwest-
Romantik –
eine
Schöpfung
Hollywoods*

Mein Freund Roland Langen, Anwalt in Miami, wußte darauf eine ebenso einfache wie verblüffende Antwort. Ganz sicher seien die Indianerkriege mit extremer Grausamkeit geführt worden. Von Edelmut könne keine Rede sein. Und auch die erbärmlichen Lebensumstände der damaligen Zeit ließen für Romantik keinen Raum. Erst als sich Hollywood mit seiner Filmindustrie dieses Themas bemächtigte, wurden die edlen Wilden und die furchtlosen Kämpfer geboren. Die großen Regisseure und Produzenten wie Lang, Goldwyn (Goldwein), Mayer und andere waren österreichische Juden, die in ihrer Jugend Karl May gelesen hatten. Der romantische Wilde Westen ist also gar nicht in der Weite der amerikanischen Prärie entstanden, sondern im sächsischen Radebeul, im Kopf eines Mannes, der zu der Zeit noch nicht einmal amerikanischen Boden betreten hatte. Winnetou ritt tatsächlich nur in Deutschland.

*Indianer-
reservate*

Schnell stoßen Sie auf triste Indianer-Wirklichkeit, wenn Sie von Fort Lauderdale die Staatsstraße 7 entlangfahren und das Reservat der Seminolen erreichen. Die Häuser sind klein und baufällig. Hin und wieder taucht ein Andenkenladen auf. In einem von ihnen verkauft eine dicke, blasse Frau mit rötlichen Haaren, die eher auf ihre irische als auf indianische Abstammung hindeuten, Postkarten mit dem stolzen Aufdruck »Die Vision des Sieges«. Fahren Sie noch einen halben Kilometer weiter nach Westen, erblicken Sie das große, moderne Verwaltungsgebäude des Reservats. Davor steht ein stolzer Indianerhäuptling aus Bronze, der eine längst vergangene Zeit heraufzubeschwören scheint.

Ursprünglich lebten die Seminolen mit anderen Stämmen zusammen in einer Föderation unter dem Sammelbegriff *Creek Indians*. Erst im frühen 17. Jh. wanderten sie vom heutigen Alabama und Georgia nach Florida, das damals zum spanischen Weltreich gehörte. Als die Spanier 200 Jahre später die Provinz an die USA verkauften, kam es zum Ersten Seminolenkrieg, den die Amerikaner für sich entschieden. Sie schoben die Besiegten in einen abgelegenen und kargen Teil Oklahomas ab, wo Tausende ihr Leben verloren. In die amerikanische Geschichte ist diese Deportation als *Trail of Tears*, »Weg der Tränen«, eingegangen.

Legalisiert wurde diese »Umsiedlung«, die heute Völkermord oder ethnische Säuberung heißen würde, durch einen Vertrag.

Pueblo-Indianer (Taos Pueblo, New Mexico). Fotomodell für eine Handvoll Dollar.

Die amerikanische Geschichtsschreibung nennt die vertriebenen Stämme schön- *Diktatverträge*
färbend die »Fünf zivilisierten Stämme«. Weil viele Seminolen diesem »Vertrag«
nicht trauten, flohen sie in die Sümpfe. Die USA mußten einen zweiten kostspieli-
gen Krieg führen. Natürlich gewannen sie auch diesen.

Aber die Amerikaner sind fair. 1970 zahlten sie den Nachkommen der vertriebenen
Seminolen ca. 13 Millionen Dollar für das geraubte Land. Zur gleichen Zeit wech-
selte für genau die gleiche Summe im vornehmen Palm Beach die Villa Maro Lago
ihren Besitzer.

Den typischen Indianer hat es nie gegeben. Die heute noch existierenden 547 Stämme unterscheiden sich in Aussehen, Sprache und Kultur beträchtlich. Ökologisch
engagierte Amerikaner bewundern die Ureinwohner ihres Landes, die früher im
Einklang mit der Umwelt gelebt haben.

Während die Pueblo-Indianer ihre Häuser aus Lehm bauten, war Holz das Material *Indianische*
im Nordwesten des Kontinents. An den Ufern des Ohio und Missisippi entstanden *Ökologie*
ausgeprägte bäuerliche Kulturen, während Sioux und Cheyenne noch als Büffel-

Stolze Wiederentdeckung indianischer Traditionen. Nachkommen amerikanischer Ureinwohner vor dem Indianer-Denkmal in Denver, Colorado.

jäger die Prärie durchstreiften. Die Stämme bildeten eine lose Konföderation, die »Sieben Räte des Feuers«, und trafen sich einmal im Jahr zu Beratungen.

Das Ende freien Nomadentums zeichnete sich ab, als die weißen Siedler immer weiter nach Westen vorrückten und die »Wilden« verdrängten. Die Kämpfe zwischen Weißen und Indianern setzten sich bis 1890 fort, als die Entscheidungsschlacht am Wounded Knee die Indianer endgültig »befriedete«. Der Sieg über die VII. Kavallerie 14 Jahre zuvor hatte ihnen somit nichts genutzt. Damals hatte die Schlacht mit einem Mißverständnis begonnen: Sitting Bull, der Häuptling der Sioux, glaubte sich berechtigt, außerhalb des Reservats jagen zu dürfen. Sein Gegenspieler General Custer wußte es besser, hatte nicht Gott selbst ganz Amerika den Weißen geschenkt? Also befahl er am 25. Juni 1876 seinen 250 Mann den Angriff. Dabei wären diese vielleicht lieber auf ihren Feldern gewesen, um die Frühkartoffeln zu ernten. Kein Weißer überlebte diesen Angriff.

Im Jahre 1900 kam es zu einem letzten verzweifelten Aufstand der Indianer. Eine Gruppe von Apachen verließ ihr Reservat, tötete 38 Weiße und stahl 250 Pferde. Die Regierung ließ alle waffenfähigen Indianer des Stammes töten und nahm Frauen und Kinder gefangen.

Das Indianerproblem war im Sinne der »Zivilisation« gelöst. Erst 1925 erhielten die Ureinwohner das volle Bürgerrecht. Bis in die 50er Jahre durften sie nicht in ihrer Muttersprache unterrichtet werden. Ihre Lage verbesserte sich nur wenig, als 1975 der *Selfdetermination Act* erlassen wurde, der ihnen die Selbstbestimmung garantiert.

Freiheit als ungleiches Gut

In den Augen vieler Amerikaner sind die Indianer »arbeitsscheue Trunkenbolde«, die ihr Leben auf Staatskosten fristen. Die Existenz in den meist unfruchtbaren Reservaten ist tatsächlich erbärmlich. Allerdings suchen immer mehr junge Indianer ihren Platz in der Geschäftswelt der großen Städte, ohne dabei ihre wiederentdeckten Traditionen aufzugeben.

»Sie sind ein Teil von uns«: Die deutschen Einwanderer

In meiner Bibliothek liegt ein Prachtexemplar einer deutschen Bibel, die 1866 in Philadelphia gedruckt wurde. Sie stammt aus einer Zeit, in der im gesamten Nordosten Amerikas, besonders aber in Pennsylvania, die deutsche Sprache verbreitet war. Zwischen 1820 und 1975 wanderten schätzungsweise sieben Millionen Deutsche in die USA ein. Den Höhepunkt erreichte die »deutsche Welle« zwischen 1840 und 1880.

Sieben Millionen deutsche Einwanderer

Noch heute gibt es in einigen Städten ein starkes deutsches Element, »aber mit der Sprache hapert es«. Früher soll die deutsche Sprache in den Familien mehrerer Generationen überdauert haben, inzwischen sprechen meist schon die Kinder deutscher Einwanderer nur noch Englisch, meine eigenen sind eine Ausnahme.

Mit dem Verlust der Sprache geht dann auch sehr schnell die nationale Identität verloren. Zwar erinnern sich manche Amerikaner noch an ihren deutschen Großvater, aber Genaueres über dessen Herkunft wissen sie nicht zu sagen.

Rascher Verlust der deutschen Sprache

Zwei Weltkriege, in denen Deutsche und Amerikaner gegeneinander kämpften, haben entscheidend dazu beigetragen, daß sich die deutschstämmigen Amerikaner besonders rasch assimilierten. Zu jenen Zeiten war alles Deutsche suspekt. Dennoch wurden während des II. Weltkrieges alle legal eingewanderten männlichen Deutschen sofort in die US-Armee eingezogen, während man die Japaner unter demütigenden Bedingungen internierte.

Glücklicherweise hatte sich der aus Deutschland stammende General Steuben als Militärberater im amerikanischen Unabhängigkeitskrieg große Verdienste erworben. So ziehen auf der nach ihm genannten Parade alljährlich die deutschen Traditionsvereine durch die Straßen New Yorks, was gewöhnlich auch der Präsident zum Anlaß nimmt, einige freundliche Worte zu äußern. Nach der Feier sind die deutschstämmigen Teilnehmer wieder die mustergültigen Amerikaner, als die man sie kennt.

Steuben-Parade

»The Germans are part of us«, meinte ein Sheriff, während ich ihm dennoch erklären mußte, Deutsche dürften nur eine begrenzte Zeit in den USA bleiben. Bei allen Unterschieden der Mentalität scheinen die Amerikaner die Deutschen als ihresgleichen zu betrachten. Der Höhepunkt dieses Schulterschlusses ist das Oktoberfest, das in vielen Gemeinden gefeiert wird. Wenn dann zu deutscher Blasmusik getanzt wird, darf auch die echte Lederhose nicht fehlen. Das Bier fließt in Strömen, und während der aufkommenden *Gemütlichkeit* hängt der deutsch-amerikanische Himmel voller Geigen und Blasinstrumente.

Multikulti-Folklore

Wenn Sie in Amerika einen großen Freundeskreis haben, gibt es viele Anlässe zum Feiern. Ihre griechischstämmigen Freunde laden Sie sicherlich zu einem ihrer Kirchenfeste ein. Und zum *St. Patrick's Day* Ihrer irischen Bekannten sollten Sie vielleicht eine grüne Jacke, einen grünen Schlips und eine grüne Hose tragen – vor allem aber einen grünen *Derby hat* (Melone). Selbst der Präsident wird an diesem Tag in einer solchen Aufmachung erscheinen. Da sich aber alle Gäste ungeachtet ihrer Herkunft in erster Linie als Amerikaner fühlen, verabschieden sie sich nach dem Abendessen sehr schnell und gehen nach Hause. Sollten sie dennoch bleiben, muß es sich um Deutschstämmige handeln.

Deutsche Kulturpräsenz in den USA: »Rudi's Wursthaus« (Canaan, New Hampshire)

Geschichte und Politik

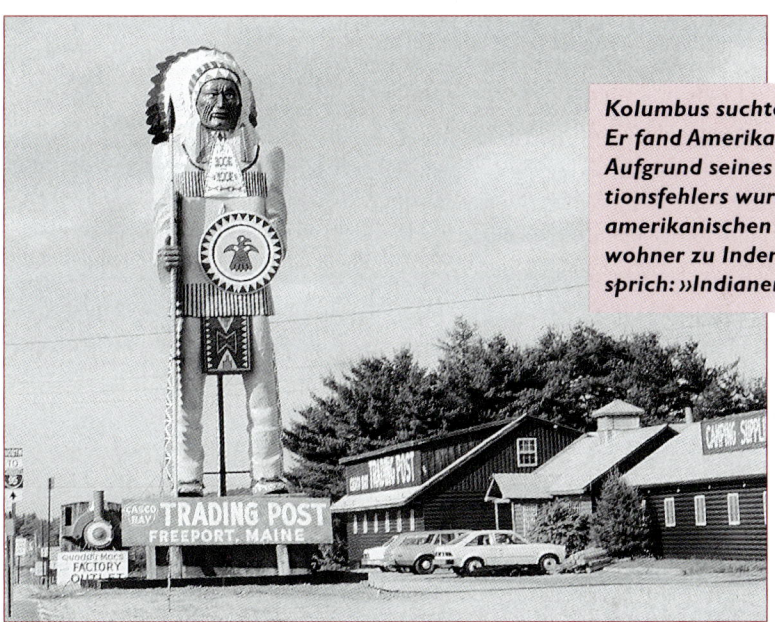

Kolumbus suchte Indien. Er fand Amerika. Aufgrund seines Navigationsfehlers wurden die amerikanischen Ureinwohner zu Indern, sprich: »Indianern«.

Der lange Schatten der Pilgerväter

Kurz nach dem II. Weltkrieg unterhielt sich ein gerade aus der Kriegsgefangenschaft heimgekehrter deutscher Soldat mit einem amerikanischen Besatzungsoffizier. Der Deutsche fragte: »Was kostet bei Ihnen ein Stück Butter? Wie hoch ist der Preis für eine Stange Zigaretten?« Der Amerikaner entgegnete barsch: »Ihr Deutschen seid schreckliche Leute. Immer redet ihr über materielle Dinge, fragt nach allen möglichen Preisen und danach, wie gut man in Amerika leben kann.« »Ja«, meinte der Deutsche daraufhin, »worüber sprecht denn ihr, wenn es nicht ums Geld geht?« Die Antwort des Amerikaners war verblüffend: »Wir interessieren uns für die großen Ideale unserer Nation, für unsere Geschichte und unsere Mission.« »So ist das eben«, entgegnete daraufhin der Deutsche, »jeder interessiert sich am meisten für das, von dem er am wenigsten hat.«

Die Besiedlung Amerikas reicht etwa 40.000 Jahre zurück, als die ersten Einwanderer aus Asien über die Beringstraße und Alaska allmählich bis zur Südspitze des Kontinents vordrangen. Unter diesen amerikanischen Ureinwohnern bildeten sich unterschiedliche Lebensformen heraus. Begnügten sich die meisten Stämme mit

Die Urgeschichte Amerikas

einem Dasein als Jäger und Sammler oder als schlichte Ackerbauern, so begründeten einige von ihnen komplexe Hochkulturen, die erst durch die europäischen Eroberer ihr jähes Ende fanden.

Der subjektive Beginn der amerikanischen Geschichte

Im Bewußtsein der meisten Amerikaner aber beginnt die Geschichte ihres Landes erst, als am 12. Oktober 1492 Christoph Kolumbus im heutigen San Salvador amerikanischen Boden betrat. Alljährlich gedenkt man am *Columbus Day* dieses kühnen Eroberers, der auf der Suche nach einem Seeweg Richtung Indien zufällig einen neuen Kontinent entdeckte. Dieser folgenschwere Irrtum stempelte die Ureinwohner Amerikas zu »Indianern«, ein Fehler, der in den darauffolgenden Jahrhunderten nur wenig dadurch korrigiert wurde, daß man den Großteil der fälschlich so Bezeichneten einfach vernichtete.

Inder = »Indianer«

Wichtig für geschichtsbewußte Amerikaner ist die Entdeckung Floridas 1513. 17 Jahre später suchte der Spanier Ponce de León dort die »Quelle ewiger Jugend« – ein Sehnsuchtsziel, dem noch heute Millionen Touristen aus aller Welt zu folgen scheinen. In Florida gründeten die Spanier 1565 mit St. Augustine die älteste Stadt auf dem Boden der heutigen USA.

Spanier in Nordamerika

Lange zögerten die Europäer, sich in Nordamerika anzusiedeln. 1607 sollen nur 100 Auswanderer die Neue Welt erreicht haben. Bis zum Jahre 1700 stieg ihre Zahl auf bescheidene 2.500. Doch bereits ein halbes Jahrhundert später hatten sich in den 13 englischen Kolonien an der Atlantikküste knapp 1,5 Millionen Siedler niedergelassen.

Protestantischer Puritanismus

1620 landeten die legendären Pilgerväter mit der Mayflower an der Küste von Massachusetts und gründeten die Plymouth Colony. Sie waren Puritaner, eine besonders strenggläubige protestantische Sekte, die sich von der englischen Staatskirche getrennt hatte. Nach Amerika waren sie gekommen, um ungehindert ihre Religion ausüben zu können. Ihr Moralkodex und ihre Einstellung zur Arbeit sollten fortan das neue Gemeinwesen entscheidend prägen. Ihre Vorliebe für das Alte Testament hinterließ bis heute Spuren im amerikanischen Alltag: So endet die Woche mit dem Sabbath, dem Samstag. Und die alttestamentarischen Namen Saul, David, Ruth oder Rebecca sind nicht nur in jüdischen Kreisen beliebt. Die Nachfahren der Pilgerväter gelten als amerikanischer »Uradel«, der die geistige Entwicklung des Landes immer noch bestimmt.

Thanksgiving Day

Auch das populärste Fest in den Vereinigten Staaten geht auf diese sittenstrengen Einwanderer zurück. Sie wollten am *Thanksgiving Day* ihrer neuen Umgebung für die freundliche Aufnahme danken. Dieses Erntedankfest wird länger und ausgiebiger gefeiert als Weihnachten. Es beginnt am letzten Donnerstag im November und dauert bis zum darauffolgenden Sonntag. Zu diesem Anlaß werden Millionen Truthähne geschlachtet. Nicht selten kommen die Familienangehörigen aus allen Teilen des Landes zusammen, um an Mutters Tisch das aus Truthahn, Kürbis und Süßkartoffeln bestehende *thanksgiving dinner* zu verspeisen.

Ein Großteil der europäischen Einwanderer hatte die alte Heimat aus religiösen Motiven verlassen. Unter Führung von William Penn siedelten sich Quäker im späteren Pennsylvanien an, in das 1683 auch deutsche Mennoniten gelangten. Holländer und Schweden gründeten ihre eigenen Siedlungen. Und auch die französischen Hugenotten konnten in Amerika ihren Seelenfrieden finden.

Suche nach Religionsfreiheit

Aber nicht nur der Glaube lockte die Menschen in die Neue Welt. Viele Europäer flohen vor der Armut und suchten neben dem spirituellen auch nach materiellem Glück. Wer die Überfahrt nicht bezahlen konnte, ließ sich als *indentured servant*, als Vertragsarbeiter, anheuern. Er verpflichtete sich, die Kosten für Unterkunft, Verpflegung und für die Fahrt in der Neuen Welt sechs Jahre lang abzuarbeiten.

Flucht vor der Armut in Europa

Bis 1732 entstanden an der Atlantikküste 13 englische Kolonien, die jede für sich über eine gewisse Eigenständigkeit verfügte. Zum Zwist zwischen den zunehmend selbstbewußten Kolonisten und der englischen Krone kam es, als diese immer drückendere Steuern aufbürdete, ohne den Siedlern im Gegenzug mehr Mitspracherecht einzuräumen. *No taxation without representation* – »keine Steuern ohne Mitsprachevertretung« lautete deshalb die Parole der aufbegehrenden »Amerikaner«. Als England ihnen auch noch den freien Handel mit Drittländern untersagte, kam es am 16. Dezember 1773 zur »Boston Tea Party«: Die aufgebrachten Amerikaner warfen mehrere Schiffsladungen Tee in das Hafenbecken von Boston. Schon zu Beginn der amerikanischen Geschichte zeichnet sich also das Grundmuster zukünftiger Politik ab: Geht es ums Geld und um den freien Handel, dann greifen Amerikaner beherzt zu den Waffen.

Neuengland wird Amerika

Die »Boston Tea Party« – Beginn der US-Geschichte

Diese historisch kostümierte Nachfahrin der puritanischen Pilgerväter in Neuengland verschönt mit ihrem offenen Lächeln die einst sehr strenge protestantische Moral der religiösen Einwanderer.

Unabhängigkeitserklärung

1775 wählten die aufständischen Truppen George Washington zu ihrem Führer. Am 4. Juli 1776 erfolgte die Unabhängigkeitserklärung, die *Declaration of Independence*. Der Krieg entbrannte in voller Schärfe. Dank der Unterstützung durch den deutschen Militärberater von Steuben und den Franzosen Lafayette besiegten die schlecht ausgerüsteten Amerikaner schließlich ihre unmotivierten Gegner. 1783 mußte England im Frieden zu Versailles *(Paris Treaty)* die Unabhängigkeit der USA anerkennen. 1789 trat die im Kern bis heute gültige Verfassung in Kraft. Im selben Jahr wurde George Washington zum ersten Präsidenten der Vereinigten Staaten gewählt.

Territoriale Erweiterung

Nun konnte der lange Marsch zur Supermacht beginnen. Mit dem Scheckbuch und, wenn nötig, auch mit der Waffe wurden nach und nach riesige Territorien dem jungen Staat einverleibt. Durch den Friedensvertrag von 1783 gewannen die USA das Gebiet bis zum Mississipi. Louisiana kaufte man 1803 den Franzosen ab. 1819 trennte sich Spanien für ein Spottgeld von Florida.

Monroe-Doktrin

Weil die europäischen Mächte auch weiterhin ihren Einfluß auf dem amerikanischen Kontinent auszudehnen versuchten, erließ Präsident Monroe 1823 seine berühmte Doktrin Amerika den Amerikanern, die bis heute die Politik der USA bestimmt – wobei die Ureinwohner, wiederum paradox, nicht als Amerikaner galten. Denn die Eroberung des Westens ging hauptsächlich zu Lasten der Indianer.

Expansion durch Waffen & Scheckbuch

Nach dem siegreichen Krieg gegen Mexiko (1846–1848) wurden Texas, Kalifornien und Oregon annektiert. Knapp 10 Jahre später kaufte man dem bettelarmen Verlierer im Süden Arizona ab. 1867 veräußerte das zaristische Rußland Alaska. Und da man nach vollbrachter Arbeit irgendwo exotisch Urlaub machen wollte, brachten die Amerikaner 1898 Hawaii als pazifischen Außenposten in ihren Besitz.

Durch den Bau des Panamakanals 1903–1914 verbanden die inzwischen zur Großmacht aufgestiegenen USA ihre Häfen an der Atlantikküste mit denen am Pazifik.

Die USA werden »Weltpolizist«

Der Eintritt in den I. und vor allem die Teilnahme am II. Weltkrieg – aus beiden Kriegen gingen die USA als Sieger hervor – beriefen das Land zur westlichen Führungsmacht. Es fühlte sich nun dazu aufgefordert, bei nahezu allen Krisen als »world cop« einzugreifen. Die Konfrontation mit der Atommacht Sowjetunion und der Systemwettstreit mit dem Kommunismus steigerten sich zum »Kalten Krieg« und verstärkten das weltweite Engagement der Amerikaner, auch im Rahmen internationaler Organisationen wie NATO, UNO, SEATO, Weltbank etc. Nach dem Konzept der Domino-Doktrin (kein Land darf dem Kommunismus anheimfallen, da sonst alle nächsten Steine auch purzeln) konnten die USA den Koreakrieg und die Kuba-Krise noch halbwegs in ihrem Sinne entscheiden, doch erlitten sie 1975 (und

Trauma Vietnamkrieg

zuvor) in Vietnam eine narzistische Kränkung und traumatisierende Niederlage, die sie erst 1991 im Golfkrieg gegen den Irak mit Wucht kompensierten.

Die zahlreichen Interventionen in Lateinamerika wurden eher als erweiterte Innenpolitik verstanden. Schließlich ging es darum, in diesem »Hinterhof« der USA für Sauberkeit im Sinne einer antikommunistischen »Systemhygiene« zu sorgen.

Nach dem Zusammenbruch des Kommunismus Ende der 80er Jahre verblieben die Vereinigten Staaten als einzige Supermacht. Manche Strategen in Washington verwirrte danach die Tatsache, die außenpolitischen Fäden ohne das gewohnte Feindbild ziehen zu müssen.

Die neue Hypermacht

Ein Ereignis hat die amerikanische Psyche bis heute nicht überwunden: den Bürgerkrieg von 1861 bis 1865. Im Laufe des 19. Jhs. wandelte sich das Land der Bauern, Handwerker, kleinen Händler und Plantagenbesitzer zu einer Industriemacht. Der nicht abreißende Zuzug von arbeitsuchenden Einwanderern zwang die Gesellschaft zur rasanten wirtschaftlichen und technischen Entwicklung. Allerdings galt dies fast nur für den Norden. Der Süden verharrte in seiner feudalen Besitzstruktur und Lebensweise. Und diese beruhte ökonomisch auf der billigen Arbeitskraft der Sklaven. Da die im modernen Sinne unternehmerischen Yankees auf freie und frei verfügbare Industriearbeiter angewiesen waren, tat sich der puritanisch geprägte Norden leicht, die Sklavenbefreiung *(abolition)* zu fordern. Als 1860 mit Abraham Lincoln ein Präsident gewählt wurde, der diese Idee mit Nachdruck vertrat, führte der Konflikt als Auslöser – Ursache war der Sezessionswillen der konföderierten Südstaaten – schließlich zu einem blutigen Bürgerkrieg, in dem Amerikaner andere Amerikaner auf grausamste Weise abschlachteten. Die 13 konföderierten Südstaaten waren dem Norden an Bevölkerungszahl, Finanzkraft und Waffentechnik hoffnungslos unterlegen. Und so endete der ungleiche Kampf mit dem Sieg des Nordens. Der Süden lag in Trümmern, die Union war gerettet, und die Sklaven wurden ganz nebenbei befreit. »I have freed whom?« (»Wen habe ich befreit?«) soll schließlich Präsident Lincoln, dem ein Hang zum Alkohol nachgesagt wird, seine Berater irritiert gefragt haben. Dies als Fußnote zu den Idealen des Bürgerkriegs.

Die innere Wunde Amerikas

Sklavenbefreiung

In der Nachkriegszeit des *War of Secession* boomten im Norden Industrie und Eisenbahnbau. Im Süden formierte sich 1866 der militante Ku-Klux-Klan, der die Gleichberechtigung der Schwarzen um jeden Preis verhindern wollte.

Kinderkrankheiten der wachsenden Großmacht

Phasen des Aufschwungs und der Depression wechselten sich ab. Die Macht der Banken und weniger Trusts wuchs. Und die sozialen Gegensätze verschärften sich zunehmend. Erst der gewonnene Weltkrieg 1918 brachte mit den »Goldenen 20er Jahren« *(Roaring Twenties)* eine Periode beispielloser Prosperität, die am 29. Oktober 1929 ein jähes Ende fand. Ein Börsenkrach bisher unvorstellbaren Ausmaßes führte zur Weltwirtschaftskrise, die Amerika und die Welt in tiefe Depression trieb.

»Schwarzer Freitag« 1929

Dem Präsidenten Franklin Delano Roosevelt (1933–1945) gelang es, mit dem *New Deal* die Wirtschaft zu sanieren. Die Gewerkschaften erhielten mehr Rechte, die Massenarbeitslosigkeit wurde bekämpft. In den vier Amtsperioden Roosevelts – diese nicht verfassungsgemäße lange Regierungszeit war kriegsbedingt möglich – gingen die USA siegreich aus dem II. Weltkrieg hervor und stiegen zur Atommacht auf.

Roosevelts »New Deal«

Präsident Franklin Delano Roosevelt schaffte mit dem New Deal, einem eher sozialdemokratischen Wirtschaftskonzept, die Sanierung der amerikanischen Wirtschaft.

Traum & Trauma der Nachkriegszeit

Die frühen 50er Jahre sind von einer Stimmung des Aufbruchs und der Fortschrittsgläubigkeit geprägt. Traum & Trauma liegen jedoch dicht beieinander. 1963 fällt der charismatische Präsident Kennedy einem Mordanschlag zum Opfer. 1968 stirbt der Bürgerrechtler Martin Luther King (»I had a dream«) durch ein Attentat. Ein Jahr später betreten Amerikaner als erste Menschen den Mond. Der Watergate-Skandal und danach die schmähliche Niederlage in Vietnam erschüttern die Nation. Zur gleichen Zeit werden die Rechte der Minderheiten schrittweise ausgebaut. Der Glaube an die amerikanische Zukunft und die Zukunft als Amerikanischer Traum bleibt letztlich ungebrochen.

Pursuit of happiness: Die glückverheißende Verfassung

Die Geister, die die Verfassung rief.

Vielleicht wäre die amerikanische Verfassung anders ausgefallen, wenn ihre Väter daran gedacht hätten, daß die darin verbrieften Rechte eines Tages auch von Lesben und Schwulen eingefordert werden würden. Damals hatte sich wohl auch niemand ausmalen können, daß einmal in der größten Stadt der USA zahlreiche Muslime auf ihre religiösen Rechte pochen würden. Und daß die Schwarzen nicht nur die Aufhebung der Sklaverei fordern, sondern darüber hinaus Anspruch erheben könnten, nach einem festgelegten Quotensystem u.a. die Angestellten der Einwanderungsbehörde zu stellen.

Die ideelle Grundlage der Nation

Die amerikanische Verfassung steht am Anfang der amerikanischen Geschiche und bildet unbestreitbar die Grundlage der Nation. Sie trat 1789 in Kraft, wurde aber bereits zwei Jahre früher in Philadelphia verfaßt. Wohl kein Stück Papier dieser knappen Form hat die Welt so stark beeinflußt wie dieser Text.

Ursprünglich war die *Constitution* von Weißen nur für Weiße erdacht worden. Da die darin verankerten Werte jedoch von universeller Gültigkeit sind, blieb sie im Kern bis heute unverändert. Lediglich 26 *amendments* (Novellen) wurden in den vergangenen 200 Jahren hinzugefügt, um den gesellschaftlichen Veränderungen zu genügen.

Die *Constitution* formulierte zum erstenmal die Trennung zwischen der gesetzgebenden, richterlichen und vollziehenden Gewalt, die zur Grundlage aller westlichen Demokratien wurde. Im Mittelpunkt steht das Recht auf freie Meinungsäußerung und die Religionsfreiheit. Aber die Verfassung geht weit darüber hinaus: Sie macht das Streben nach Glück *(the pursuit of happiness)* zu einem verbrieften Recht des Amerikaners, als sei das Glück zum Greifen nahe. Nichts kennzeichnet vielleicht die philosophische Seite des amerikanischen Tatendrangs und Optimismus besser als dieses handfeste Glücksstreben, flapsig ausgedrückt: »Glück ist machbar, Herr Nachbar.«

Gewalten-teilung

Glück ist machbar

Karneval und Wahl – Das politsche Leben in den USA

Ursprünglich wollten die Kelten durch Mummenschanz die Geister der Toten und die Götter beschwichtigen. Die Amerikaner übernahmen diesen Brauch in abgewandelter Form und feiern am Abend vor Allerheiligen Halloween mit schrillen Kostümen und Kürbismasken.

Halloween

Alle vier Jahre findet dieses »Narrentreiben« nur wenig später seine Fortsetzung im politischen Leben des Landes. Am Dienstag nach dem ersten Montag im November eines Schaltjahres sind die US-Bürger aufgerufen, ihren Präsidenten zu wählen. Der Election Day bildet den krönenden Abschluß einer langen Kette von Wahlparties und Vorwahlen. Die Prozedur, die Kandidaten für das höchste Amt im Staat zu bestimmen, ist komplizierter als in jedem anderen demokratischen System. Um so wichtiger ist es deshalb, die Wähler ein Jahr lang bei der Stange zu halten. Jede Wahlveranstaltung gerät zu einer perfekt inszenierten Show, die auch einem Volksfest ähnelt. Musikkapellen und ein wogendes Fahnenmeer heizen die Stimmung an: Brot und Spiele auf amerikanisch.

Präsidenten-wahl

»Panem et circenses« auf amerikanisch

In den von den Parteien organisierten Vorwahlen *(primaries)* bestimmen die Wähler eines Bundesstaates ihren Kandidaten für den Parteikonvent *(national party convention)*, der dann später den Präsidentschaftbewerber nominiert. Wer bei der *closed primary* abstimmen will, muß sich zuvor in die Liste der jeweiligen Partei eintragen lassen. Bei der *open primary* können alle Bürger teilnehmen, auch wenn sie der gegnerischen Partei nahestehen. Der Sieger der Abstimmung hat dann alle Delegierten des jeweiligen Staates hinter sich.

Vorwahlen

Die *primaries* beginnen schon ein Jahr vor der Präsidentschaftswahl und sind regional und zeitlich verteilt. Sie dienen lediglich dazu, den endgültigen Bewerber innerhalb einer Partei auszuwählen. Besonders aufmerksam verfolgt man die Ergebnisse in den Staaten Iowa und New Hampshire, die traditionell als erste ihre Delegierten bestimmen. Die hier gefällten Entscheidungen färben stark auf das Wählerverhalten im übrigen Land ab.

Election Day

Erst am *Election Day* treten die Spitzenkandidaten der rivalisierenden Parteien gegeneinander an. Die Bürger können ihren Favoriten aber nur indirekt wählen. Ihre Stimmen werden auf die Wahlmänner / -frauen *(electors)* verteilt, die ihrerseits am ersten Montag nach dem zweiten Mittwoch im Dezember den zukünftigen Präsidenten wählen. Die Zahl der Wahlmänner bzw. -frauen, die ein Staat entsendet, richtet sich nach dessen Einwohnerzahl. Dabei kassiert die Gewinnerpartei eines Staates sämtliche Wahlmänner- / -frauenstimmen, die dieser Staat zu vergeben hat.

»The winner takes it all«

Das amerikanische Mehrheitswahlrecht gibt dem Sieger alles, während der Unterlegene leer ausgeht. Wie im Sport liebt der Amerikaner klare Entscheidungen. Über unser Verhältniswahlrecht, das häufig die Bildung von Koalitionen erzwingt, schüttelt er nur den Kopf.

Wahlkampf-finanzierung

Jeder Kandidat muß seinen Wahlkampf aus eigener Tasche bezahlen, da weder der Staat noch die Kommunen dazu einen Beitrag leisten. Auch wenn er über ein großes Vermögen verfügt – was häufig der Fall ist –, muß er sich um Sponsoren und Geldgeber bemühen, denen er selbstverständlich verpflichtet bleibt.

Weit mehr als in Europa wird der Kandidat von den Medien »gemacht«. Sie basteln an seinem Image und hetzen ihn von einem Auftritt zum nächsten. Bereits 1980 hat diese Art von Werbung 1,2 Milliarden Dollar verschlungen. Aber das Unbehagen an der *electronic democracy* wächst.

Machterwerb über Medien

Administration

Der gnadenlose Marathon im Zeichen der Mediakratie ist also gelaufen. Der neue Präsident wird am 20. Januar feierlich in sein Amt eingeführt *(inauguration)* und vereidigt. Mit Zustimmung des Senats ernennt er nun seine Kabinettsmitglieder und seine Administration: 13 Minister *(secretaries)*, hohe Beamte und persönliche Berater, dazu Bundesrichter, die Vorsitzenden der Bundesbehörden, Botschafter und Gesandte. Er besetzt die gesamte Administration nach seinem Gutdünken um. Die Minister haben nur beratende Funktion. Die Entscheidungsgewalt liegt allein beim Präsidenten. Er ist Staatsoberhaupt, Regierungschef und Oberbefehlshaber

Machtaus-stattung des Präsidenten

der Streitkräfte in einer Person. Er kann zwar keinen Krieg beginnen, aber überall in der Welt mit Truppen eingreifen. Erst nach 60 Tagen muß er dafür die Zustimmung des Kongresses einholen. Ein von der Volksvertretung genehmigtes Gesetz kann er durch sein Veto blockieren. Nur eine Zweidrittel-Mehrheit beider Häuser – also des Senats und des Repräsentantenhauses – heben diesen Einspruch auf.

Impeachment

Der Präsident kann zweimal auf vier Jahre gewählt werden. Die Verfassung der USA sieht nicht vor, ihn auf parlamentarischem Wege vorzeitig zu stürzen. Nur eine erfolgreiche Anklage *(impeachment)* wegen Amtsmißbrauchs kann ihn seinen Job

Von der mühseligen Tingelei der primaries (Vorwahlen) bis zum Felsolymp des Mount Rushmore – amerikanischer Präsident zu werden kostet ein Vermögen, aber auch titanische psychische Kraft, oder verlangt Machtbesessenheit.

kosten. Präsident Nixon, der in die Watergate-Affäre verstrickt war, kam 1974 einer solchen Amtsenthebung durch seinen Rücktritt zuvor.

Gemessen an der Machtfülle sind die Einkünfte des Präsidenten bescheiden. Er erhält jährlich etwa 200 000 Dollar, die er zu versteuern hat. Hinzu kommen bis zu 170 000 Dollar für Aufwandsentschädigungen, von denen dem Fiskus ebenfalls ein Teil zufällt. Immerhin darf das Staatsoberhaupt umsonst im Weißen Haus wohnen und genießt kostenlose medizinische Betreuung.

Sollten Sie trotz des relativ kargen Entgeltes dieses hohe Amt anstreben, so bedenken Sie, daß Sie gebürtiger Amerikaner und mindestens 35 Jahre alt zu sein haben. Außerdem müssen Sie wenigstens 14 Jahre im Land gelebt haben.

Wollen Sie Präsident werden?

Waren die USA im 19. Jh. vollauf damit beschäftigt, ihr Gemeinwesen und ihre Nation zu festigen, so sahen sie sich im 20. Jh. zunehmend in die Probleme der Welt verstrickt. Seit Ende des II. Weltkrieges übernahmen sie die Führungsrolle des

Alle Politik ist Innenpolitik.

Westens, eine Aufgabe, der sie sich nicht immer gewachsen zeigten. Dies lag daran, daß in Amerika alle Politik Innenpolitik ist. Der Präsident und die Abgeordneten wollen zufriedene Bürger, die sie wiederwählen, schließlich haben sie genügend Energie und materiellen Einsatz in ihre Laufbahn investiert. Wer schließlich nach der Ochsentour und durch die Verstrickungen der amerikanischen Innenpolitik eine Ebene erreicht hat, auf der außenpolitische Entscheidungen von großer Tragweite getroffen werden, dem fehlen oft die nötigen Kenntnisse und Erfahrungen. Er ist also auf Berater angewiesen, die häufig genug ihre eigenen Interessen verfolgen. Dadurch bedingte Fehlentscheidungen können großen Schaden anrichten. Da die Amerikaner selten Fremdsprachen beherrschen und ihr politisches System ohnehin für das beste halten, fehlt ihnen häufig das Verständnis für andere Mentalitäten und Systeme. Und im Zweifelsfall gilt das Wohl anderer nur insoweit, als es dem Wohl der eigenen Nation (und insbesondere der eigenen Wähler) dient.

Der eigene Wahlkreis als Archimedischer Punkt der Weltsicht

Parteien sind temporäre Zweckbündnisse für Wahlen

In der Verfassung werden die Parteien mit keinem Wort erwähnt. Sie besitzen keinen politischen »Bildungsauftrag« wie in Deutschland (für den sie mit Wahlkampfkostenerstattung u.a. belohnt werden). Entsprechend gering ist ihre Bedeutung im politischen Leben der USA. Eigentlich treten sie nur bei den zahlreichen Wahlen in Erscheinung, bei denen immerhin eine halbe Million Ämter vergeben werden. Aufgrund des Mehrheitswahlrechts konnten sich auf Dauer nur zwei Parteien etablieren, die Democratic Party und die Republican Party. Da sie kein verbindliches Parteiprogramm kennen, stehen bei den Wahlen Personen und aktuelle Themen im Vordergrund. Ideologisch-programmatische Unterschiede, wie man sie von europäischen Parteien kennt, spielen kaum eine Rolle – wenngleich die Herausbildung der zwei Parteien auf einen politischen Disput zwischen Jefferson und Jackson zurückgeht: Jefferson forderte weniger Staat = republikanische Position, Jackson mehr Staat = demokratische Position. Für heute läßt sich immerhin feststellen, daß die Demokraten eine heterogene Partei des Südens sind, auch der Großstädte, der Armen, der Gewerkschaften, der kleinen Farmer, Emigranten und ihrer Nachkommen, der Farbigen, aber auch der weißen Rassisten, der Intellektuellen, der Katholiken und der Juden. Die weniger heterogenen Republikaner finden ihre Anhängerschaft im Mittelwesten, auf dem Land und in den Vororten, in der Geschäftswelt, unter den Reichen, den Alteingesessenen und den »Weißen angelsächsischen Protestanten« (WASPS = *White Anglosaxon Protestants*).

Demokraten

Republikaner

Parteienfinanzierung

Beide Parteien finanzieren sich vorrangig durch Spenden. Jedem Bürger steht frei, sich während des Wahlkampfes für »seine« Partei zu engagieren. Aus einer Zeit, als viele Wähler nicht lesen und schreiben konnten, stammen die beiden Partei-Wappentiere. Der Esel (als geschätztes Arbeitstier der Pionierzeit) steht für die Demokraten, während die Republikaner den Elefanten zu ihrem Maskottchen erhoben haben. So erkannte jeder Wähler leicht, wo er sein Kreuzchen hinsetzen wollte.

Oberste Gesetzgebung

Der Kongreß *(Congress)* ist oberstes gesetzgebendes Organ der USA. Er besteht aus zwei Häusern, dem *House of Representatives* (Repräsentantenhaus) und dem

Senate (Senat). Die Mitglieder beider Häuser werden ausschließlich durch Persönlichkeitswahl bestimmt. Eine Parteienliste wie bei uns gibt es nicht.

Das Repräsentantenhaus, kurz *House* genannt, besteht aus 435 Abgeordneten, deren Amtszeit zwei Jahre beträgt. Wie viele Vertreter der einzelne Bundesstaat in diese Kammer entsendet, hängt von seiner Bevölkerungszahl ab. Der *speaker* als Präsident des Hauses wird mit einfacher Mehrheit gewählt. Da die Amerikaner praktisch denkende Menschen sind, ernennt ihn die stärkste Fraktion, denn er würde es ja ohnehin. Eine wichtige Funktion kommt seinem Stellvertreter zu. Dieser »Einpeitscher« *(the whip)* muß die Angehörigen seiner Partei dazu bringen, möglichst geschlossen für oder gegen eine bestimmte Gesetzesvorlage zu stimmen. Dies ist schwierig, weil die Abgeordneten keinem Fraktionszwang unterliegen. So hat der Vertreter unserer County Palm Beach, obwohl er den Demokraten angehört, stets die Gesetzesinitiativen des republikanischen Präsidenten Reagan unterstützt.

House of Representatives

Etwa 25.000 Lobbyisten unterhalten in Washington (D.C. = District of Columbia) ihre Büros und versuchen nach Kräften die Volksvertreter für ihre Interessen einzuspannen.

Lobby-Politik

Übrigens gelten im *House* nahezu viktorianische Höflichkeitsregeln. Es ist undenkbar, den Abgeordneten mit seinem Namen anzureden. Er heißt schlicht the *gentleman from Florida*, wenn er aus Florida kommt.

Lincoln Memorial, historisches Denkmal zwischen den Zitadellen der Macht in Washington, D.C.

*Senats-
befugnisse*

Der Senat besteht aus je zwei Vertretern der 50 Bundesstaaten. Sie werden für sechs Jahre gewählt, sind aber nicht an Weisungen ihres Heimatstaates gebunden. Auch hier gilt also die Gewissensfreiheit. Alle zwei Jahre wird ein Drittel des Senats durch Wahlen erneuert. Er spielt vor allem in außenpolitischen Fragen eine wichtige Rolle, denn nur mit seiner Zustimmung kann der Präsident internationale Verträge abschließen. Gemeinsam mit der anderen Kammer besitzt er das Recht, Veränderungen in der Verfassung vorzunehmen und Kriege zu erklären. Anders als in Deutschland darf kein Mitglied der Regierung diesen beiden Gremien angehören. Eine Ausnahme ist der Vizepräsident, der automatisch den Vorsitz im Senat einnimmt.

Supreme Court

Der *Supreme Court*, das Oberste Bundesgericht, bildet die dritte Säule der amerikanischen Demokratie. Es besteht aus dem Präsidenten *(Chief Justice)* und acht beigeordneten Richtern *(Justices)*. Die Kandidaten werden vom US-Präsidenten vorgeschlagen und vom Senat bestätigt. Auch wenn sie auf Lebenszeit ernannt sind, treten sie beim Nachlassen ihrer physischen und psychischen Kräfte gewöhnlich freiwillig zurück. Der *Supreme Court* bildet die letzte Instanz der Bundesgerichtsbarkeit und ist zugleich Hüter der Verfassung. Seine Zusammensetzung entscheidet oft für einen langen Zeitraum, wie konservativ oder liberal die Verfassung ausgelegt wird.

Politik hört am Stadtrand auf

*Scheinbare
Uniformität,
tatsächliche
Vielfalt*

Wenn Sie zum erstenmal durch die USA reisen, werden Sie vielleicht eine ausgeprägte, geradezu schematische Einheitlichkeit empfinden, die das ganze Land zu überziehen scheint. Schon der Blick auf die Landkarte verführt zu diesem schnellen Urteil, folgen doch gerade die jüngeren Staaten im Westen einem meist geradlinig-reißbrettartigen, genormten Grenzverlauf. Aber dieser Eindruck täuscht. In Wirklichkeit sind die amerikanischen Einzelstaaten ausgeprägtere »Individuen« als die deutschen oder österreichischen Bundesländer.

*Rechtshoheit
der Bundes-
staaten*

Besonders auffällig sind die Unterschiede in der Rechtssprechung. Während in Deutschland alle wichtigen Rechtsbereiche bundeseinheitlich geregelt sind, leisten sich die USA den föderalen Luxus, selbst das elementare Strafrecht der Zuständigkeit der einzelnen Bundesstaaten zu überlassen. Was Wunder, daß beinahe jeder Staat sein eigenes protziges Kapitol besitzt, das dem berühmten Kuppelbau in Washington nachgebildet wurde.

*»Der Kaiser ist
fern.«*

Für die meisten Amerikaner liegt die Bundeshauptstadt so weit außerhalb ihres Gesichtskreises wie Moskau für den Sibirjaken. Das Interesse an der Politik hält sich in engen Grenzen. Die Beteiligung an Präsidentschaftswahlen übersteigt selten 50 Prozent. Der Staat gilt vielen als suspekter Machtmoloch, der unberechtigt überhöhte Steuern kassiert und sich böswillig in die privaten Belange der Bürger einmischt.

Aber je näher Entscheidungsprobleme um die eigene Kirchturmspitze kreisen oder gar vor der eigenen Haustür gelöst werden müssen, um so eifriger nimmt der betroffene Bürger Anteil. Die Wahl des Bürgermeisters, des Sheriffs oder des Richters ist wichtiger als die des Gouverneurs oder gar des Präsidenten. Bürgerbegehren und Nachbarschaftsinitiativen finden größere Aufmerksamkeit als die Stellungnahme des Außenministers oder der Außenministerin zu Bosnien. Der lokale Bereich ist die Keimzelle der Demokratie (*grass root democracy* = »Graswurzeldemokratie«). Der Bau einer neuen Schule erhitzt die Gemüter mehr als eine bedeutende Gesetzesvorlage im Kongreß.

»Kirchturmpolitik« ist die Keimzelle der Demokratie.

Allerorts ist der alte Pioniergeist noch zu spüren. Die ersten Siedler errichteten ihre Städte aus dem Nichts. Sie bestimmten den Verlauf der Straßen, stellten Lehrer an und legten den Unterrichtsplan fest. Auch aus der Möglichkeit, die Angelegenheiten selbst zu regeln, ohne daß eine ferne Regierung dreinreden konnte, wuchs die Überzeugung, in »Gottes eigenem Land« zu leben.

Kommunale Selbstbestimmung

Daran hat sich bis heute wenig geändert. Zumindest auf kommunaler Ebene findet keine Entscheidung hinter geschlossenen Türen statt. Das *Sunshine Law* (»Sonnenscheingesetz«) erlaubt es dem US-Bürger, in jede Akte der Behörden Einsicht zu nehmen, gleich ob es um einen gegen ihn ergangenen Bescheid oder um die Spesenabrechnung des Gouverneurs geht. In der County Palm Beach dürfen sich zwei Kreisräte nicht zusammensetzen, ohne vorher die Öffentlichkeit davon informiert zu haben. Auch wenn es in einer Sitzung nur um die Gehaltserhöhung eines kommunalen Beamten geht, kann jeder Bürger dort seine Einwände geltend machen. Gerade in ländlichen Gegenden debattiert man in den verschiedenartige Komitees stundenlang über anstehende Probleme, ohne unbedingt zu einem konkreten Ergebnis zu gelangen. Hier zählt allein das gesellige Beisammensein und der Spaß dabei.

»Gläserne« Verwaltung und Politik

Anders als in Deutschland werden im Landkreis und in der Gemeinde (wo bei uns nur Landrat und Bürgermeister gewählt werden) die meisten Beamten von den Wählern bestimmt. Das gilt beispielsweise für den Posten des Sheriffs, des Kreisrichters, des Grundstücksschätzers, des Schulvorstands, des örtlichen Umweltschützers und für viele Ämter mehr.

Kommunale Basisdemokratie

Doch damit nicht genug. Bei jeder Wahl stehen auch Volksentscheide an. In Florida wurde zum Beispiel der Antrag zur Abstimmung gestellt, jedes Pfund Zucker mit einem Cent zu besteuern. Das Geld sollte dem Umweltschutz in den Everglades zugute kommen. Nachdem die Zuckerindustrie dagegen auf die Barrikaden gegangen war, lehnte die große Mehrheit den »Zuckerpfennig« ab. Die Wähler fürchteten wohl auch, daß ein positives Votum weitere Steuern nach sich ziehen würde. Und beim Geldbeutel reagiert der Amerikaner besonders empfindlich – auch wenn er sich dabei den Vorwurf des berühmten Soziologen Max Weber einhandeln sollte: »Vox populi, vox Rindvieh.«

Duell vor Hausfrauen und anderem Publikum: Das amerikanische Recht

Strafprozesse als modernes Tragödienspiel in Film und Fernsehen

Wenn überhaupt, dürfte der europäische Tourist allenfalls beim Verstoß gegen die Verkehrsvorschriften mit dem amerikanischen Strafrecht in Berührung kommen. Vorstellungen davon, wie ein Strafprozeß in den USA verlaufen kann, liefern zahlreiche amerikanische Fernsehserien und Hollywoodfilme. Denn spannend ist das trick- und fintenreiche Duell zwischen Verteidiger und Staatsanwalt allemal, und der Ausgang steht in seiner Unvorhersehbarkeit einem antiken Drama nicht nach.

Zwangsverpflichtung zum Schöffenrichter

Grundsätzlich hat jeder amerikanische Angeklagte das Recht, sich vor einer Jury zu verantworten. Wie jeder männliche diensttaugliche Schweizer zu einer Militärübung einberufen werden kann, so muß der unbescholtene Amerikaner, aber auch die Amerikanerin, immer damit rechnen, die *jury duty* erfüllen zu müssen. Die Ladung, sich als Geschworener zur Verfügung zu halten, kann bedeuten, daß der Bestellte zum Beispiel an einem bestimmten Montag um 9 Uhr früh im Gericht erscheinen und dort einen halben Tag im Wartesaal ausharren muß. Der gesamte »Bereitschaftsdienst« dauert nicht selten ein bis zwei Wochen.

Auswahl des Geschworenengerichts

Für jeden Strafprozeß wird eine Jury aus sechs, manchmal zwölf Geschworenen bestellt. Dazu begeben sich die Vertreter der Anklage und der Verteidigung in den Wartesaal und wählen aus den Anwesenden »unvoreingenommene« Personen, die über den anstehenden Fall nicht informiert sein dürfen. Beide Parteien müssen sich über die Wahl eines jeden Schöffen einigen.

Als amerikanischer Staatsbürger bleibt Ihnen keine Möglichkeit, der *jury duty* zu entgehen. Doch nimmt jeder Amerikaner diese mir lästig erscheinende Pflicht sehr ernst. Ich selbst habe mit allen Mitteln versucht, dieser Verpflichtung zu entgehen. Als der zuständige Beamte meine Absicht bemerkte, klopfte er mir locker auf die Schulter und meinte, nur durch einen Selbstmord könnte ich mich dieser Pflicht entziehen.

Schaukämpfe vor den Geschworenen

Schuld oder Unschuld des Angeklagten wird ausschließlich von den Geschworenen befunden. Daher führen Staatsanwalt und Verteidiger dramatische Schaukämpfe vor, um die oft schlichten Gemüter der Laienjuristen zu beeindrucken. Während die Jury mit Argumenten bombardiert wird, hüllt sich der Richter in Schweigen. Er entscheidet nur über die Zulassung von Anträgen und macht die Geschworenen auf ihre Pflichten aufmerksam. Nach Abschluß der Beweisaufnahme zieht sich die Jury zurück und fällt mehr oder weniger salomonisch das Urteil *schuldig* oder *nicht schuldig*. Das Strafmaß bestimmt dann der Richter selbst.

Bedeutung der Geschworenen-Auswahl

Wegen der entscheidenden Rolle, die die Geschworenen für den Ausgang eines Prozesses spielen, können Sie sich vorstellen, wie sorgfältig ihre Auswahl getroffen wird. Dabei treibt das System bisweilen groteske Blüten.

In solchen Justizpalästen (hier: Court House New Haven, Connecticut) finden die Gerichtsdramen mit Geschworenen statt, die wir aus amerikanischen Filmen kennen.

Vor einiger Zeit stürzte im Palm Beach Polo Club ein Polospieler so unglücklich vom Pferd, daß man ihn eilig ins Krankenhaus fahren mußte. Weil es im Rettungswagen angeblich zu wenig Sauerstoff gab, soll der Verletzte bleibende gesundheitliche Schäden davongetragem haben.

Ein auf solche Fälle spezialisierter Anwalt erbot sich, auf eigene Kosten einen Prozeß gegen den Klub zu führen. Er forderte einen Schadenersatz von über 50 Millionen Dollar. Bei Erfolg sollte der Geschädigte 60 % und der Anwalt 40 % der Summe erhalten.

Der Anwalt heuerte sogenannte »Schatten-Geschworene« an, Personen, deren Herkunft, Beruf und Lebensweise dem der tatsächlichen Geschworenen entspricht. Wenn sich unter diesen beispielsweise ein Dachdecker befindet, nimmt der Anwalt einen Dachdecker in sein »Schattenkabinett« auf. Der Anwalt im o.g. Fall bezahlte solche Geschworenen und ließ sie den Prozeß als Zuschauer verfolgen. Am Abend nach Gerichtsschluß versammelte er sie in seinem Büro und spielte mit ihnen die Verhandlung des Tages noch einmal durch, um von ihnen zu erfahren, wie seine Argumente im Gerichtssaal gewirkt hatten. Anhand der Reaktion seiner gemieteten Schatten-Laienrichter bereitete er die Taktik für den folgenden Tag vor.

Der Prozeß wurde wie ein mittelgroßes Unternehmensprojekt gemanagt. Immerhin ging es für den Anwalt um ein Honorar von 20 Millionen Dollar. Schließlich scheiterte er mit seiner überzogenen Forderung. Der Kläger mußte sich mit der kärglichen Summe von einer Million Dollar begnügen.

Vergewaltigungsprozeß gegen einen Kennedy

Vielleicht haben Sie von dem Vergewaltigungsprozeß gehört, in den ein Mitglied des illustren Kennedy-Clans verwickelt war. Es war ein gewisser Smith-Kennedy, der von Senator Edward Kennedy in einer Karfreitagnacht aus dem Bett geholt und in die Au-Bar nach Palm Beach kutschiert wurde. Während der skandalumwitterte Senator schon angeheitert war, hatte der schlaftrunkene Smith-Kennedy noch keinen Alkohol getrunken. Nach Mitternacht betraten zwei Damen die Bar. Eine von ihnen war Mrs. Bowman, die Tochter eines in Palm Beach bekannten Unternehmers. Die ledige Mutter eines Kindes wurde von Smith-Kennedy zum Tanz aufgefordert. Daß er ein Kennedy sei, glaubte sie ihm erst, als er ihr seinen Führerschein zeigte. Später lud er sie zu sich nach Hause ein. Und weil die prächtige Villa der Kennedys direkt am Meer liegt, begehrte der junge Mann mit seiner Begleiterin schwimmen zu gehen. Während sie jedoch am Strand blieb, zog er sich aus und warf sich in die Wellen. Als er aus dem Wasser kam, umarmte er sie. Unter Küssen ließen sie sich auf einem Badetuch nieder. Zärtlich begann Smith-Kennedy Mrs. Bowman auszuziehen, wogegen sie nichts einzuwenden hatte. Im späteren Prozeß blieb strittig, ob Geschlechtsverkehr schon begonnen hatte oder ob es kurz davor stand, als der Unglücksrabe Smith-Kennedy nicht etwa unverfänglich »Oh, my darling!« hauchte, sondern der Geliebten ihren Vornamen zuflüsterte, diesen in der Erregung allerdings verwechselte. Da rief Mrs. Bowman voller Zorn: »Du liebst mich nicht!« und bestand auf sofortigem Abbruch des Liebesspiels. Weil der erhitzte Liebhaber aber nicht von ihr lassen wollte, handelte er sich eine Anzeige wegen Vergewaltigung ein. Ganz Amerika verfolgte den Prozeß mit angehaltenem Atem. Pikante Einzelheiten wurden wochenlang von allen Zeitungen des Landes ausgebreitet.

Die Moral der Pilgerväter und juristische Konsequenzen

Im prüden Amerika gilt es selbstverständlich wie überall als höchst verwerflich, wegen Vergewaltigung vor Gericht zu stehen. Zudem stand in diesem Fall einmal wieder der Ruf des katholischen Kennedy-Clans auf dem Spiel. Nach amerikanischem Recht hatten allein die Geschworenen über Schuld oder Unschuld des Angeklagten zu befinden. Deshalb wollten die Kennedys Justitia unbedingt wohlgesonnene Schöffen zur Seite stellen. Für eine Million Dollar schalteten sie eine auf die Auswahl von Geschworenen spezialisierte New Yorker Beraterfirma ein. Dieses Verfahren ist bei betuchten Angeklagten nicht ungewöhnlich. Die Verteidigung Smith-Kennedys stimmte der Auswahl eines Geschworenen nur dann zu, wenn die Beraterfirma nach psychologischer Begutachtung *thumbs up* (Daumen hoch) signalisierte.

Wie ging der Prozeß schließlich aus? Smith-Kennedy wurde von der Anklage der Vergewaltigung freigesprochen. Die Au-Bar, in der alles begonnen hatte, verlangt nun 20 Dollar Eintritt, weil die Touristen einen Blick in diese Lasterhöhle werfen wollen.

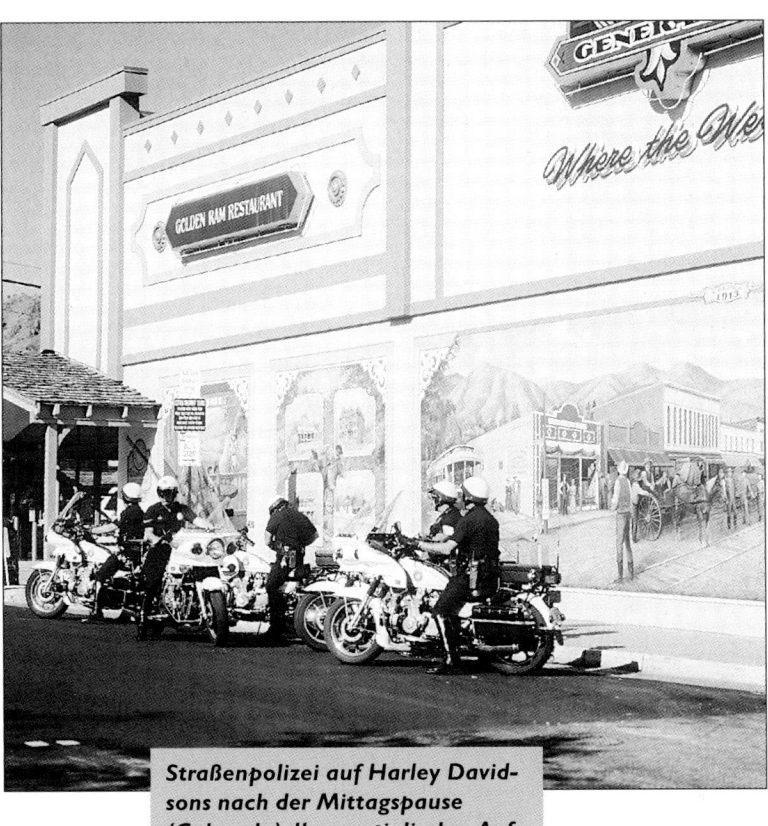

Straßenpolizei auf Harley David-sons nach der Mittagspause (Colorado). Ihr martialisches Auf-treten wurde schon in zahllosen Filmen dargestellt und karikiert.

Auch wenn jeder Angeklagte – dies gilt auch im Zivilrecht – grundsätzlich ein Geschworenengericht beanspruchen kann, werden kleinere Streit- und Straffälle bei Einverständnis der Parteien meist vom Richter entschieden. Sehr verbreitet ist auch das *plea bargaining*, das Aushandeln der Schuld. Dieser »Kuhhandel« zwischen Staatsanwalt und Verteidiger bringt den Vorteil, daß er viel Arbeit und Aufwand erspart.

Die Bekanntschaft mit einem amerikanischen Gericht blieb auch mir leider nicht erspart. An einem regnerischen Abend überholte ich einen Lkw. Einen Kilometer später wurde ich von der Polizei gestoppt. Ein baumlanger Polizist wies mich darauf hin, daß ich zu schnell gefahren sei, und schrieb mir ein *ticket*, einen Strafzettel über 70 Dollar, aus. Ich erzählte den Vorfall einem befreundeten Anwalt. Er riet mir, Widerspruch einzulegen.

Szenen in einem amerikanischen Gericht

»Das hat doch keinen Sinn und ist auch nicht der Mühe wert«, meinte ich. »Sei unbesorgt, ich werde Dich vertreten«, beruhigte er mich. »Das wird für mich aber ein verdammt schlechtes Geschäft. Du verlangst für die Stunde 180 Dollar. Für die Hin- und Rückfahrt brauchen wir zwei Stunden. Obendrein sitzen wir noch eine Stunde im Gericht. Ich zahle Dir also 450 Dollar, um, wenn ich Glück habe, ganze 70 Dollar zu sparen.«

»Nein, nein«, entgegnete mein Freund, »das ist ein Freundschaftsdienst. Du kannst mich ja zum Essen einladen.«

Wir fuhren also gemeinsam zur Verhandlung nach Fort Lauderdale. In einem etwa 150 Personen fassenden Saal hatten sich etwa 80 Zuschauer eingefunden, die sich plötzlich alle erhoben, als der Richter, ein großer schwarzer Mann mit weißmeliertem Haar, eintrat.

Es ging zu wie in einem Basar – nur ruhiger. Ein Kläger und Angeklagter nach dem anderen wurden aufgerufen und traten mit oder ohne Anwalt vor den Richter. Sehr leise wurde über den jeweiligen Fall verhandelt, bis der Richter das Urteil fällte.

Schließlich wurde ich aufgerufen und ging mit dem Anwalt zum Richtertisch. Als Zeuge war eigentlich auch der baumlange Polizist geladen, der mir ein »Knöllchen« verpaßt hatte. Er war aber nicht erschienen. In barschem Ton fuhr der Richter meinen Anwalt an, er solle seinem Mandanten, also mir, beibringen, das Gericht zu achten. Ich hatte nämlich beim Aufruf meines Namens »Your Honor« (»Euer Ehren«) zu sagen vergessen. Mein Anwalt entschuldigte sich mit dem Hinweis, daß ich aus Deutschland käme. Der Richter erwiderte unwirsch: »Aber Ihr Mandant steht vor einem amerikanischen Gericht. Ich weiß, daß er immer zu schnell fährt (ich hatte zuvor noch nie einen Strafzettel erhalten!) und hasse es, ihn freisprechen zu müssen, weil der Zeuge nicht erschienen ist. »He is dismissed.« Damit war ich entlassen. Die gesamt Verhandlung dauerte eine knappe Minute.

Kampf um die Gunst der Geschworenen

Die alte Erkenntnis, daß man vor Gericht und auf hoher See in Gottes Hand sei, gilt in den USA in besonderem Maße. Gerade bei großen Prozessen ist der Kampf um die Gunst der Geschworenen von entscheidender Bedeutung. Ohne die Vertretung durch einen exzellenten Anwalt bleibt dem Angeklagten kaum eine Chance. Und die Kosten für einen guten Anwalt liegen astronomisch hoch.

Prostitution

Eine pikante Geschichte ereignete sich in Florida, wo Prostitution eigentlich verboten ist. Als der Straßenstrich in einer bestimmten Gegend von West Palm Beach sich ausweitete, setzte das Sheriff Department attraktive Polizistinnen als *undercover agents* (verdeckte Ermittlerinnen) ein. Diese lockten Freier in ein Auto, das abgehört werden konnte. Sobald der Liebeshungrige sich bereit erklärt hatte, für das Schäferstündchen zu zahlen, wurde er festgenommen. In nur drei Nächten ertappte frau so 74 Männer bei ihrem ach so verwerflichen Treiben. Jeder der Angeklagten wurde pauschal zu 75 Dollar Geldbuße verurteilt. Tags darauf standen Name, Alter und Adresse aller Verurteilten in der Zeitung. Freie Presse! Der älteste Sünder war 83, der jüngste 19 Jahre alt.

Scharfrichterliche Moral

Die Affäre war damit aber noch nicht ausgestanden. 15 der Verurteilten legten Berufung ein. Ihre Namen erschienen erneut in der Zeitung. Die Angelegenheit nahm aber für künftige Freier eine hoffnungsvolle Wendung. Auf einer Pressekonferenz erwähnte der Sheriff die Geringfügigkeit der Strafe. Bei so minimalen »Einnahmen« könne man eine derart aufwendige Aktion nicht so bald wiederholen.

Anspruch und Wirklichkeit der Rechtsprechung klaffen oft weit auseinander. Im aufsehenerregenden Mordfall Simpson – ich habe ihn schon erwähnt – mußte man selbstverständlich voraussetzen, daß die Geschworenen nicht über den anstehenden Fall informiert waren. Da die Medien aber vor Prozeßbeginn in großer Aufmachung und pausenlos über diesen Mord berichtet hatten, hätten die Geschworenen schon Analphabeten oder eingefleischte Fernsehmuffel sein müssen, um dieser Anforderung genügen zu können. Da sie in Mehrheit der schwarzen Bevölkerungsgruppe angehörten, überraschte es nicht, daß sie den ebenfalls schwarzen Angeklagten O. J. Simpson, der zum ethnischen Märtyrer stilisiert worden war, schließlich freisprachen. So demokratisch das amerikanische Schöffensystem auf den ersten Blick auch erscheint, öffnet es doch Tür und Tor für Manipulation.

Der Fall O. J. Simpson

Mitunter macht die Rechtsfindung in den USA groteske Verrenkungen. Tom und Joyce Rutherford aus Springfield (Montana) haben eine 14jährige Tochter. Mit sieben Jahren litt das Mädchen an chronischen Schlafstörungen. Tom Rutherford arbeitete für die Kirche *The General Council of the Assemblies of God*. Er bat

Auch hinter den klinisch weißen Fassaden der Kirchen und der puritanischen Moral finden Tragödien statt, die das amerikanische Gerichtssystem schließlich der Öffentlichkeit als Dramen darbietet.

seine Kollegin Mrs. Strand, die für dieselbe Kirche als Psychotherapeutin tätig war, sich um seine Tochter zu kümmern. Dies tat Mrs. Strand in den folgenden Jahren mit großem Eifer. Durch Befragen des Kindes glaubte sie dabei herausgefunden zu haben, daß es über Jahre von seinem Vater, Tom Rutherford, vergewaltigt und sogar geschwängert worden sei. Unter dem Siegel größter Verschwiegenheit – man wollte doch die Kirche nicht in Verruf bringen – informierte Mrs. Strand den Kirchenvorstand. Dieser trennte sich mit fadenscheinigen Gründen von seinem Angestellten. Fortan mußte Tom Rutherford bei der Müllabfuhr arbeiten, weil er keinen anderen qualifizierten Job mehr fand. Er wunderte sich nur, daß ihn alle Nachbarn, Freunde und ehemaligen Kollegen mieden.

Als er schließlich den Grund erfuhr, ging er vor Gericht. Zwei Trümpfe hielt er in der Hand: Kurz nach der Geburt seiner Tochter wurde er zeugungsunfähig. Die Tochter aber war immer noch unberührt. Gottesfürchtig versöhnte er sich mit seiner Kirche, nachdem diese ihm eine Million Dollar Schmerzensgeld gezahlt hatte.

Vergleich der Rechtssysteme

Welchem Rechtssystem sollte man den Vorzug geben, dem amerikanischen, das auf dem angelsächsischen *common law* beruht, oder dem kontinentaleuropäischen, das die römische Tradition des kodierten Rechts fortsetzt? Lassen wir diese komplexe Frage offen.

Eines haben beide Rechtswesen aber gemein: Vor den Gerichtsgebäuden beider steht die Skulptur der Justitia mit verbundenen Augen, um die Unparteilichkeit des Gerichtes zu symbolisieren. Ich persönlich halte amerikanische Prozesse in erster Linie für den zwanghaften Versuch, die Geschworenen für die eigene Sache zu gewinnen. Ich muß aber zugeben, daß alle meine Gesprächspartner, die jemals als Geschworene tätig waren, mit großem Ernst von ihrem Bemühen um die Wahrheitsfindung und ihren Selbstzweifeln berichtet haben.

TIPS
Tips für wirtschaftliche Betätigung in den USA

Konkursrecht

Innerhalb des amerikanischen Rechts stellt das Konkursrecht eine Besonderheit dar. Als im 19. und zu Beginn des 20. Jh. täglich Schiffe mit überwiegend europäischen Einwanderern landeten, die all ihr Hab & Gut mitgebracht hatten, gerieten die Neuankömmlinge häufig an ausgebuffte Betrüger. Diese überredeten die unerfahrenen Neuamerikaner zu riskanten Geschäften und zweifelhaften Investitionen. Dann dauerte es meist nicht lange, bis der naive Einwanderer um seinen gesamten Besitz gebracht war.

Um nicht immer neue Generationen von Bankrotteuren entstehen zu lassen, wurde der Gedanke der Schuldvergabe in das Konkursrecht aufgenommen. Dieses Konkursrecht ist übrigens ein Bundesrecht. Verstöße dagegen werden deshalb durch die strengeren Bundesbehörden geahndet. Nicht der Dorfpolizist, sondern das FBI schaltet sich im Deliktfall ein.

Im Konkursrecht wird zwischen dem persönlichen Konkurs und dem Firmenkonkurs unterschieden. Kommt eine Firma in Zahlungsschwierigkeiten, so »stellt sie sich unter den Schutz des § *(chapter)* 11 des amerikanischen Konkursrechts«. Beachten Sie bitte die Formulierung »sich unter den Schutz stellen«. Danach ist es dem Gläubiger untersagt, gegen den Schuldner vorzugehen.

Der Richter setzt nun einen Treuhänder ein. Unter dessen Aufsicht muß der Schuldner einen Reorganisationsplan erarbeiten und dem Gericht vorlegen. Akzeptiert das Gericht diesen Plan, dann muß der Schuldner versuchen, in dessen Rahmen seine Defizite aufzuarbeiten.

Hier ähnelt der § 11 des amerikanischen Konkursrechtes dem deutschen Vergleichsrecht, insbesondere dem Zwangsvergleich.

»Sich unter den Schutz des § 11 stellen« wird häufig als scharfe Waffe in der Geschäftspolitik eingesetzt. So haben sich Ende der 80er Jahre eine Reihe von großen Fluggesellschaften dieses Instruments bedient. Nicht immer erfolgreich, wie der Fall von PanAm zeigt.

Gelingt es dem Schuldner nicht, das Gericht von seinem Reorganisationsplan zu überzeugen, so wird der § 7 des Konkursrechtes angewandt. Im Rahmen des § 7 wird das Vermögen der Gesellschaft liquidiert, d.h. der Konkurs wird ordnungsgemäß abgewickelt.

Bei einem persönlichen Konkurs steht der Schuldner nach Antragstellung ebenso wie das Wirtschaftsunternehmen »unter dem Schutz des Bankrottgesetzes« nach § 11. Dies schließt ein Vorgehen gegen ihn zunächst aus.

Der persönliche Konkurs ist an strenge Auflagen gebunden. Der vom Gericht eingesetzte Konkursverwalter, in Amerika *trustee* (Treuhänder) genannt, prüft sämtliche Geldbewegungen des Schuldners während der vergangenen zwei Jahre. Er ist sogar verpflichtet zu überprüfen, ob vielleicht seit noch längerer Zeit auf den Konkurs hingesteuert worden ist. So geschieht es nicht selten, daß Transaktionen, die 10 oder 15 Jahre zurückliegen, genau untersucht werden.

Sämtliches Vermögen muß dem Gericht übertragen werden. Der Treuhänder ist in der Regel sehr erpicht darauf herauszufinden, ob die einzelnen Gläubiger untereinander Vorzugsbehandlungen vereinbart haben. Wurde ein Gläubiger bevorzugt, dann muß er den beispielsweise aus einem Darlehen zurückgezahlten Betrag an das Gericht abführen. Das gleiche gilt selbstverständlich für Ehefrau, Kinder, Verwandte oder auch Anwälte des Schuldners.

Eine Besonderheit in Florida ist die Unantastbarkeit des *homestead*, des Daheim. Das Haus, in dem der Schuldner lebt, mit einem Grundstück bis zu 60 *acres* (24 ha), kann ihm nicht genommen werden. Zugriff darauf haben nur zwei Institutionen: die Bank, die eine auf diesen Besitz eingetragene Hypothek hält, und die Steuerbehörde, falls Grundsteuern nicht bezahlt wurden. Die übrigen Gläubiger können nicht gegen das als »Heimatrecht« bezeichenbare Rechtsgut des Schuldners vorgehen.

Ist der Treuhänder überzeugt, daß der Schuldner ihm außer dem erwähnten *homestead* alle Aktiva übertragen hat, dann wird dieser vom Gericht *discharged*. Das bedeutet, daß der seit Konkursantrag bestehende Schutz gegen jeden Gläubiger nun dauerhaft besteht. Hohe Strafen drohen demjenigen, der versucht, wegen alter Forderungen gegen einen in dieser Weise »entlasteten« Schuldner vorzugehen.

Wenn ein Konkurs den amerikanischen Traum beendet: Obdachlose im Zentrum von San Francisco, Kalifornien.

Ein aus dem Konkurs entlassener Schuldner kann kurz darauf eine Million Dollar verdienen, ohne daß sich ein Gläubiger daran schadlos halten kann. In Palm Beach war ein Konkursrichter dafür bekannt, daß er gegen einen Gläubiger sofort Haftbefehl erließ, wenn er hörte, daß dieser von einem aus dem Konkurs entlassenen Schuldner alte Forderungen einzutreiben versuchte.

Anleitung zum Grundstückserwerb

Sie haben sich auf Ihrer Reise verliebt. Und zwar in das Land Ihrer Träume: Amerika. Vielleicht wollen Sie am Strand von Kalifornien oder anderswo ein Grundstück erwerben, um Ihrer großen Liebe für immer hautnah zu sein. Doch jetzt heißt es, einen kühlen Kopf zu bewahren, da die Rechtsbestimmungen, die in Deutschland beim Kauf eines Grundstückes gelten, sich auf amerikanische Verhältnisse nicht übertragen lassen.

Für eine Investorengruppe sollte ich in Alabama ein großes Gelände erwerben, in dessen Nähe sich eine heiße Quelle befindet. Ich wußte bereits, daß die Landschaft flach war und die Gegend landwirtschaftlich genutzt wurde. Deshalb konnte ich die vollmundige Ankündigung, daß es dort bald wie in Baden-Baden aussehen würde, nicht glauben.

Ich war mit dem seinerzeit bereits mehrfach wiedergewählten Gouverneur von Alabama, George Wallace, gut bekannt. Dieser stellte mich dem umtriebigen Grundstücksmakler Henry D. vor. Mit einem kleinen Flugzeug flogen wir von Montgomery, der Hauptstadt Alabamas, nach Sealy Hot Springs, wo wir auf einer Graspiste landeten. Ein Gehilfe des Maklers fuhr uns zu dem angebotenen Grundstück.

Wie ich erwartet hatte, gehörte das von uns besichtigte Land zu einer Farm. Es wurden Erdnüsse angebaut, die gerade abgeerntet waren. Immerhin eignete sich das Areal für eine Erschließung und einfache Bebauung mit dem Ziel, die erschlossenen Grundstücke an Einheimische, Touristen und Rentner zu verkaufen. Zudem war das Land preisgünstig.

Nach meiner Rückkehr teilte ich Gouverneur Wallace mit, daß meine Interessenten das Land kaufen würden. Er lud mich daraufhin zu einem Bankett ein, das zwei Tage später stattfinden sollte.

Wenn man lange im Geschäftsleben tätig ist, entwickelt man ein Gespür für heikle Situationen. Nachdem ich das bevorstehende Geschäft immer wieder gedanklich hin und her bewegt hatte, wurde mir klar, daß ich Henry D. zu viel Glauben schenken würde, wenn ich das Angebot nicht noch einmal gründlich überprüfte. Denn in den USA kennt man keine Grundbücher. Das Land wird in *meters & bounds*, also in der Sprache der Vermessungsingenieure, beschrieben.

Selbstverständlich hielt ich eine solche *legal description*, welche die Grundlage unseres Kaufvertrages werden sollte, in der Hand. Von bestimmten Markierungspunkten ausgehend, definiert die *legal description* auf etwa einer Seite ein Grundstück in einer Sprache, die mir damals so fremd war wie das Chinesische noch heute.

Ich verschob also den Kaufabschluß um einen Tag und flog mit einem Landvermesser noch einmal nach Sealy Hot Springs, um dort mit der *legal description* in der Hand die Grenzen des Grundstückes abzuschreiten.

Ich hatte eine flaue Vorahnung. Als wir ins Flugzeug stiegen, fragte mich mein Begleiter, ob ich Gummistiefel mitgenommen hätte. Als ich verneinte, suchte er mir in letzter Minute aus seinem Kofferraum ein passendes Paar heraus. Eigentlich war ich nach diesem ahnungsvollen Vorspiel nicht überrascht, daß das Land, das ich zu kaufen beabsichtigte, weit entfernt von dem lag, das Henry D. mir gezeigt hatte. Es war Sumpfgebiet und für jede Erschließung ungeeignet.

Zurück in Montgomery bat ich den Gouverneur, mich von dem Bankett wieder auszuladen, da ich den Grundstücksvertrag nicht unterschreiben würde. Ich erklärte ihm die Situation und fügte hinzu, ich sei schließlich gekommen, um ein großes Stück Land quadratmeter- aber nicht literweise zu kaufen.

Er fand diese Bemerkung witzig. »Du kommst, Henry D. wird ausgeladen und bekommt Hausverbot.«

Diese Geschichte breitete sich wie ein Lauffeuer aus, nachdem Gouverneur Wallace sie während des folgenden Banketts genüßlich vorgetragen hatte. Daraufhin lernte ich in Alabama viele einflußreiche Leute kennen und konnte bei der Ansiedlung zweier deutscher Industriebetriebe behilflich sein. Im Rahmen einer Zeremonie wurde ich deshalb sogar zum Ehrenadmiral der Flotte von Alabama ernannt. Diese Auszeichnung bedeutete mir allerdings so viel wie eine Medaille des Schützenvereins. Die Amerikaner hingegen nehmen solche Ehrungen ernst, aber das tun die Schützen wohl auch, wenn man ihnen einen Orden verleiht.

Der Leser möge sich immer vor Augen halten, daß die USA ein sehr großes Land mit einer in weiten Teilen dünnen Bevölkerungsbesetzung sind. Wo heute Flugzeuge mit Hochpräzisionskameras eingesetzt werden, mußten sich noch vor 50 Jahren die Landvermesser mit Beil und Machete durchs Gebüsch schlagen. Wenn ausgedehnte Grundstücke gekauft werden, kommt es in der Tat nicht auf jeden einzelnen Zentimeter an. So ist zu verstehen, daß die *legal description* häufig ungenau, sogar fehlerhaft ist. Wenn dann große Landflächen in kleinere Parzellen aufgeteilt werden, setzt sich diese Ungenauigkeit nicht nur fort, sondern gewinnt an Gewicht.

Ein Landvermesser im nördlich von Palm Beach gelegenen County Oceola hatte für 1.900 Dollar die *legal discription* eines 700 *acres* großen Grundstücks angefertigt (*acre* = 4047 qm). Dieses Papier enthielt dreizehn Fehler, eine Tatsache, aus der ich unerwartet Vorteil zog: Auf der Grundlage dieser *legal description*, die vom Verkäufer in Auftrag gegeben worden war, schloß ich einen Kaufvertrag mit der Klausel ab, daß der Kaufpreis erst dann fällig würde, wenn keinerlei Rechte Dritter, außer denen, die in der vorliegenden *legal description* aufgezählt waren, existierten. Schon nach einer flüchtigen Durchsicht des Textes meinte mein Anwalt, es könne gar nicht sein, daß auf einem solch großen Gelände nur diese zwei oder drei namentlich genannten Rechte Dritter lägen. Denn überall in Florida gebe es alte Holz- und Schürfrechte und ähnliches mehr. Deshalb müsse man davon ausgehen, daß dieses Papier unvollständig sei.

Wir beauftragten also eine angesehene Firma mit der Neuvermessung des Areals. Dies kostete uns zwar stolze 30.000 $, mehr als das 15fache dessen, was der Landvermesser aus Oceola verlangt hatte, doch der Aufwand lohnte sich: Nicht weniger als 13 Rechte Dritter waren übersehen worden. Solche Fehler geschehen häufig, weil die *legal descriptions* immer wieder abgeschrieben werden. Irgendwann im Verlauf dieser Kette – in Amerika nennt man sie *chain of titles* – waren bestimmte Altrechte übersehen worden, in meinem Fall der Schutz und

Träumen Sie von einer solchen eigenen »Ponderosa«? (Ranch in Kalifornien)

Zugang zur Grabstätte der ursprünglichen Besitzer, die Ende des vorherigen Jahrhunderts gestorben waren. Es war aber auch das Recht einer Straßenbaufirma vermerkt, das Land zum Ausheben von Sand zu nutzen. Aber diese Firma war bereits 1910 liquidiert worden. Diese Rechte mußte der Verkäufer erst löschen, bevor mein Kaufpreis fällig wurde. Da es recht schwierig ist, mit Leuten zu verhandeln, die seit 90 Jahren tot sind, oder mit dem Präsidenten einer Gesellschaft, die 1910 liquidiert wurde, zog sich die »Bereinigung des Titels« – im Englischen: to *clear the title* – zwei Jahre hin. Danach war das Grundstück nur noch mit drei alten Rechten belastet.

Durch einen Zufall lernte ich einen Amerikaner kennen, der an diesem Stück Land lebhaft interessiert war. Da ich es eigentlich nicht verkaufen wollte, forderte ich einen Betrag, der um mehr als 50% über meinem Einkaufspreis lag. Dann machte ich den Interessenten darauf aufmerksam, daß das Grundstück noch mit verschiedenen Rechten Dritter belastet sei. Das störte ihn aber keineswegs, denn er wollte das Gelände wegen seines reichen Wildbestandes als Jagdgebiet nutzen. Wir schlossen also einen Vertrag (auf die Modalitäten eines solchen Abschlusses komme ich noch zurück) und begaben uns, nachdem der Kaufpreis hinterlegt war, zum *closing table*, d. h. zur Verbriefung. Ich hatte dabei ein kleines Problem: Mir selbst war ja die Auflassung noch nicht erteilt, da ich wegen der Rechte Dritter meinen Kaufpreis bislang nicht zu entrichten brauchte. Der Verkäufer war allerdings hocherfreut, als ich ihm mitteilte, ich würde auf die Bereinigung der letzten Rechte verzichten und den vereinbarten Kaufpreis zahlen.

Es fand ein sogenanntes *simultaneous closing*, also eine Doppelverbriefung, statt. Als mein Käufer zur vereinbarten Zeit erschien, nahm ich ihn kurz beiseite und teilte ihm mit, daß er sich heute noch sehr ärgern würde. Er war äußerst erstaunt. Würde denn der Kaufvertrag nicht über die Bühne gehen? Ich beruhigte ihn: »Nein, alles bleibt beim alten, es wird verkauft. Aber wahrscheinlich wird es Sie wurmen, daß ich im selben Augenblick, in dem ich das Grundstück an Sie weiterverkaufe, dafür einen Betrag entrichte, der um ein Drittel niedriger ist, als der, den Sie mir bezahlen. »Aber«, fügte ich hinzu, »die Amerikaner sind doch sportliche Leute.« Wenn es mir als Ausländer (damals besaß ich noch nicht die amerikanische Staatsbürgerschaft) gelinge, ein für mich so vorteilhaftes Geschäft abzuschließen, dann müsse er mir doch gerechterweise eine sportliche Prämie zugestehen. Er nahm es lachend zur Kenntnis, wir schlossen den Vertrag und sind seitdem gute Freunde.

Bei jeder Art von Grundstücksgeschäften ist dringend zu empfehlen, einen amerikanischen Anwalt einzuschalten. Dabei sollten Sie beachten, daß Sie mit ihm ein Höchsthonorar vereinbaren, da amerikanische Anwälte ihre Leistungen nach Stunden berechnen. Naturgemäß haben Sie nur wenig Einfluß darauf, wie viele Stunden der Anwalt für Ihr Problem aufwendet.

Häufiger als in Europa wird ein *appraiser*, ein Taxator bzw. Schätzer, zu solchen Transaktionen hinzugezogen. Der Kaufpreis muß im Kaufvertrag angegeben werden, bevor dieser beim Gericht registriert wird. Die anfallende Registrierungsgebühr hängt von der Höhe des Verkaufspreises ab. Die Aktivität auf dem so großen Grundstücksmarkt in den USA macht diesen transparent. Die Schätzungen sind deshalb relativ genau. Beim *fair market value*, dem Marktpreis, setzt man voraus, daß Käufer und Verkäufer nicht unter Zwang handeln. Die Erfahrung zeigt, daß zumindest der Verkäufer häufig unter Druck verkaufen muß. Insgesamt aber kommt der *appraised value* dem tatsächlichen Wert der Immobilie sehr nahe.

Es gibt allerdings ausgeprägte Rangunterschiede unter den Schätzern. Was im Judo der »Schwarze Gürtel« ist, bedeutet in diesem Zusammenhang die Buchstabenfolge »AAA« hinter dem Namen, i.e. die Abkürzung für Mitglied der *American Association of Appraisers*. Um in diesen illustren Kreis aufgenommen zu werden, muß der Schätzer etliche Berufsjahre, eine hohe Reputation und den Besuch von Seminaren nachweisen. Beim Verkauf von größeren Objekten verlangen US-Banken stets ein *AAA-Appraisal*, und Sie als potentieller Käufer einer Immobilie täten gut daran, es ihnen gleichzutun.

Wollen Sie ein Grundstück, eine Wohnung oder ein Haus erwerben, so wenden Sie sich am besten an einen Makler, den man in Amerika *broker* nennt. Dieser erhält vom Verkäufer eine Provision, die zwischen 5 und 10 Prozent schwankt. Kaum ein Amerikaner verkauft ein Grundstück, ohne einen Makler einzuschalten. Meist spricht der amerikanische Verkäufer auch gar nicht mit dem Interessenten, sondern überläßt dies seinem Makler. Es ist üblich, daß dieser von Ihnen, wenn Sie der Verkäufer sind, ein Exklusivvertretungsrecht verlangt. Dafür wird er das zu verkaufende Grundstück in den Zeitungen inserieren. Obendrein hat er Zugang zu dem sogenannten *multiple listing*. Das ist ein monatlich erscheinendes Buch, in dem alle Grundstücke verzeichnet sind, die von Maklern veräußert werden sollen. Auch der Kaufwillige schaltet meist einen Makler ein. Der *listing broker* und der den Käufer vertretende *buying broker* teilen sich die anfallende Provision.

In Deutschland geht man zum Gewerbeamt, bezahlt eine Gebühr und läßt sich dadurch als Makler eintragen. In Amerika muß ein Makler eine Ausbildung nachweisen und dann zwei Jahre für einen zugelassenen Makler gearbeitet haben, bevor er die *Broker-Prüfung* ablegen kann. Da die großen Maklerfirmen ausfallsversichert sind, kann man ihnen getrost eine Anzahlung für das Kaufobjekt anvertrauen, die sie auf einem Treuhandkonto deponieren. Bei Zweifeln an der Seriosität eines Maklers sollten Sie sich beim *board of realtors* erkundigen.

Sie wenden sich also an einen Makler Ihres Vertrauens. Dieser zeigt Ihnen ein Grundstück oder Haus, das Sie kaufen wollen. Jetzt muß ein *contract*, ein Vertrag, geschlossen werden. Dabei stoßen Sie auf eine Besonderheit im amerikanischen System, die Sie vermutlich stören wird: Sie müssen bei Vertragsabschluß eine Anzahlung leisten, die man *deposit* oder *earnest money* nennt. Ohne diese Anzahlung wird ein amerikanischer Makler einen Vertrag nicht weiterleiten, weil er davon ausgeht, daß Sie erst mit der Anzahlung Ihre »ernsthafte« Kaufabsicht bekunden. Erst danach wird man Ihnen auch die nötigen Unterlagen aushändigen, z. B. die Mieterliste, die Einnahmen, Ausgaben und Steuern, wenn Sie ein Mietshaus kaufen wollen. Die Höhe der Anzahlung sollte 5 Prozent der Kaufsumme nicht überschreiten.

Im Vertrag legt der Käufer fest, zu welchen Bedingungen er die gewünschte Immobilie kaufen wird. Kommt der Verkäufer diesen Auflagen nach – was in seltenen Fällen auf Anhieb der Fall sein dürfte – so ist die Anzahlung verfallen, wenn der Käufer es sich anders überlegt. Beim Kauf wird sie selbstverständlich auf die Gesamtsumme angerechnet.

Um zu einem für beide Seiten zufriedenstellenden Kaufabschluß zu gelangen, sind meist weitere Verhandlungen notwendig. Wenn diese zu einer Vertragsänderung führen, müssen sich Käufer und Verkäufer über die Höhe der Anzahlung neu einigen. Um aber in den USA überhaupt in eine Verhandlung eintreten zu können, ist die Bezahlung des *deposit* unumgänglich. Wenn beispielsweise beim unkomplizierten Verkauf einer kleinen Wohnung der Verkäufer alle Forderungen des

Siedlerblockhaus in Dallas, Texas. Die Erben dieses Farmlandes der Pionierzeit leben heute vielleicht im Stil der »Seifenoper Dallas«.

Käufers auf Anhieb erfüllen kann, dann ist der Interessent zum Kauf gezwungen, oder er verliert seine Anzahlung. Deshalb sollte man stets weniger bieten, als der Verkäufer verlangt. Auf keinen Fall darf das Angebot die Summe überschreiten, die man dann auch tatsächlich zu zahlen bereit ist.

Es ist durchaus üblich, daß Sie den Verkäufer nie zu Gesicht bekommen. Der Vertrag – mit allen Änderungen – zirkuliert zwischen Ihrem Makler und dem des Verkäufers. Dabei ist der Makler verpflichtet, jede Vertragsversion seinem Auftraggeber vorzulegen. Man lasse sich also nie abspeisen, wenn ein Broker ohne Rücksprache behauptet: »Diesen Vertrag akzeptiert mein Auftraggeber nie.« Haken Sie immer nach, um vielleicht zu einem noch günstigeren Abschluß zu gelangen.

Im gesamten deutschsprachigen Raum ist jeder Grundbesitz mit der Eintragung im Grundbuch rechtlich eindeutig abgesichert. Auch alle Belastungen sind dort exakt aufgeführt. Da es in Amerika eine solche Institution nicht gibt, hat man sich etwas anderes einfallen lassen müssen – die sogenannten *title-insurance*. Meist sind es für diese spezielle Aufgabe ausgebildete Rechtsanwälte, die zunächst die schon mehrfach erwähnte *legal description* prüfen und dann der *title history* oder der *chain of titles* nachgehen, d.h. der Grundstücksgeschichte bzw. der Kette der Vorverkäufe. Im Verlauf dieser Prüfung werden eventuelle Belastungen festgestellt, die aus Hypotheken oder anderen Verpflichtungen bestehen können. Wenn Sie also für einen bestimmten Betrag ein Grundstück erwerben wollen und sich an einen solchen »Versicherer« wenden, dann garantiert dieser Ihnen, daß auf dem Kaufobjekt lediglich die Belastungen ruhen, die in der *title insurance* aufgeführt sind, ob es sich nun, wie schon erwähnt, um Hypotheken, Wegerechte oder sonstiges handelt.

Nun kommt der berühmte Indianerhäuptling Winnetou dahergeritten und teilt Ihnen mit, Sie hätten Land seiner Vorfahren gekauft. Sie sollten es schleunigst räumen. Sie brauchen jetzt nicht erschrocken zum Tomahawk zu greifen, sondern nur zum Telefonhörer. Sie rufen Ihre »Titel-Versicherung« an und sind vor dem Ansinnen des Häuptlings gefeit.

Übrigens wird diese Versicherung / Bestätigung in der Regel vom Verkäufer bezahlt, wenn in der Verhandlung nichts anderes vereinbart wurde.

Mit dem Vertrag, der *title insurance* und vor allem mit der ausgehandelten Kaufsumme, meist in Form eines bankgarantierten Schecks *(cashiers cheque)*, begeben Sie sich nun an den erwähnten *closing-table* zum *closing*, d.h. zum krönenden Abschluß des Kaufvorgangs. Häufig ist der Betrag schon vorher auf ein Konto des den Käufer vertretenden Anwalts überwiesen. Nun nimmt Ihr Anwalt die *deed*, die Übertragungsurkunde, entgegen, die die Eigentumsübergabe besiegelt. Mit diesem Dokument sollten Sie sich schleunigst zum Gericht begeben, um es dort registrieren zu lassen.

Jetzt haben Sie endlich alle Klippen des amerikanischen Grundstücksrechts umschifft. Sie sind nun stolzer Besitzer eines Stückes Amerika.

Gesellschaftsrecht

Wenn auch Sie einmal »Präsident« werden wollen, dann gründen Sie in den USA mit einem Kapital von vielleicht nur 100 Dollar eine *corporation*, eine sogenannte Aktiengesellschaft.

Wie das Recht allgemein, so ist auch das Gesellschaftsrecht in den einzelnen Bundesstaaten unterschiedlich, worauf ich bereits an anderer Stelle hingewiesen habe. Im großen und ganzen gilt aber folgendes:

Ähnlich wie in Europa kennt man in den USA den Einzelkaufmann, der alle Risiken selbst trägt. Von einer solchen Rechtsform rate ich aber dringend ab. Man denke nur an das erheblich höhere Haftungsrisiko und den Anreiz, den ein Vermögender für klagefreudige Anwälte darstellt. Stellen Sie sich vor, Sie erwerben auf Ihren Namen ein Geschäftshaus. Jemand bricht sich auf Ihrer Treppe das Bein. Gewiß werden Sie gegen solche Unfälle eine Haftpflichtversicherung abgeschlossen haben. Sollten Sie jedoch noch anderes Privatvermögen in den USA besitzen, so könnte einer der gierigen Anwälte auf die Idee kommen, diesen Unfall juristisch aufzublasen.

Es empfiehlt sich deshalb, eine *corporation* (die Abkürzung lautet *Inc.* = *Incorporated*) zu gründen. Die Inc. entspricht der deutschen GmbH, außer daß in den USA kein Stammkapital erforderlich ist. Mit 100 Dollar sind Sie also dabei.

Dies ist wohl ein wenig simplifiziert dargestellt, denn Sie müssen, wenn Sie nicht selbst dazu in der Lage sind, einen Anwalt einschalten, der diese *Inc.* für Sie gründet. Dadurch und durch verschiedene Gebühren, die zu entrichten sind, verteuert sich die Angelegenheit für Sie. Dennoch sollten Sie aufhorchen, wenn die Kosten für die Gründung einer *Inc.* 500 Dollar übersteigen.

Dies ist jedoch nur der Beginn weiterer Verpflichtungen. Sie sind gehalten, jedes Jahr eine Steuererklärung abzugeben, wozu Sie einen Steuerberater brauchen. Sie müssen auch – zumindest in Florida – jährlich eine Gebühr für die »Erneuerung« *(good standing)* Ihrer Gesellschaft zahlen.

An dieser Stelle sei mir eine kleine Abschweifung erlaubt. Es ist schier unglaublich, mit welchen Tricks man gutgläubigen Investoren Geld aus der Tasche zieht. Ein Deutscher, der eine *Inc.* gegründet und die damals nur 40 $ betragende Gebühr für die »Jahreserneuerung« entrichtet hatte, ließ sich von einer Bank bestätigen, daß seine Gesellschaft den *good standing* besaß. Der Bankangestellte, der leichtfertig eine solche Erklärung gab, hat gewiß nicht geahnt, daß er dadurch bei deutschen Anlegern den Eindruck hervorrief, daß diese Gesellschaft vermögend sei.

Wie eine deutsche GmbH ist die *Inc.* ein eigenes Steuerobjekt und zahlt entsprechend den amerikanischen Steuersätzen eine Körperschaftssteuer. Wie in Deutschland muß der ausgeschüttete Gewinn als Einnahme vom Empfänger erneut versteuert werden, jedoch zu einem niedrigeren Steuersatz.

Wer diese Doppelbesteuerung vermeiden will, sollte, wenn es von der Sache her möglich ist, die Form der limited partnership (Ltd.) wählen. Diese Gesellschaftsform ähnelt der deutschen Kommanditgesellschaft. Neben einen persönlich haftenden Gesellschafter (Komplementär), einem *general partner*, treten beschränkt

Auf dem Weg zur Gründung eines eigenen kleinen Geschäfts im Eldorado der freien Wirtschaft? Latino-Immigrantin (Grenze Mexico-USA bei El Paso, Texas)

Haftende, die sogenannten *limited partners*, die Kommanditisten. Die Stellung des *general partner*, des Komplementärs also, ist gegenüber den Kommanditisten erheblich stärker als in deutschen Kommanditgesellschaften. Sollte es einen Streit mit der Finanzbehörde geben, ob eine bestimmte Gesellschaft wie eine *Inc.* besteuert wird, oder ob sie als Kommanditgesellschaft gilt, bei der die einzelnen Kommanditisten besteuert werden, so gibt dafür in Amerika nicht allein die Gesellschaftsform den Ausschlag. Der Gesellschaftsvertrag wird geprüft. Enthält er im Falle der *Ltd.* (KG) Einschränkungen in der Handlungsfreiheit des *general partner*, könnte die Finanzverwaltung die Gesellschaft als *Inc.* einstufen und sie der Körperschaftssteuer unterwerfen. Dahinter steckt der Gedanke, daß die Gesellschafter in einer *Inc.* mit Mehrheit Beschlüsse fassen und dem Geschäftsführer, dem *president*, Weisungen geben können. Bei der reinen *Ltd.* ist der *general partner* von der Entscheidung der/des *limited partners* unabhängig.

Während also bei dieser Art von Gesellschaft nur der *general partner* (evtl. auch mehrere Komplementäre) die Entscheidungsgewalt besitzt, verlangt in Florida das Gesetz für eine *Inc.* einen dreiköpfigen Vorstand: den *president*, den *treasurer* (Schatzmeister) und den *secretary* (Sekretär).

Meist schlagen die Anwälte bei der Neugründung einer Firma vor, daß Angestellte ihrer Kanzlei die Positionen des *treasurer* und des *secretary* übernehmen und daß der Investor *president* wird.

Die einfachen Gründungsmodalitäten und die Bestimmungen des amerikanischen Rechts legen nahe, sich in den meisten Fällen für die Gründung einer *Inc.* zu entscheiden. Wichtig können dabei auch Kleinigkeiten sein, so der Druck von Visitenkarten, der im übrigen nur einen Bruchteil dessen kostet, was er in Deutschland kosten würde. Deshalb versieht sich beinahe jeder *president* einer noch so kleinen *Inc.* mit diesen beliebten Kärtchen: *Frank Muller, President, US Rubber, Inc.* – das klingt doch nach was!

Es ist nicht – wie etwa in Deutschland – verboten, eine Gesellschaft mit einem hochtrabenden Namen zu bezeichnen. Die einzige Einschränkung bei der Benennung ist die, daß der gewählte Name im gleichen Staat noch nicht existiert.

Während der Hannover-Messe 1961 hielt ich mich jeden Tag auf dem Messestand meiner Firma auf. Wegen meiner guten Englischkenntnisse wurden viele amerikanische Geschäftsleute an mich verwiesen. Was kann bedeutender sein als der *president* einer Gesellschaft? Am Schluß der Messe war ich sehr stolz darauf, eine solch große Zahl von »Präsidenten« kennengelernt zu haben. Schon damals nahm ich gerne jede Gelegenheit wahr, nach Amerika zu fahren. Ich unternahm also eine geschäftliche Besuchsreise quer durch die USA zu den Firmen, deren Präsidenten ich von der Messe her kannte. Meine Überraschung war groß: Wo ich Bürotürme erwartet hatte, fand ich eine Garage mit Werkstatt oder gemietete Arbeitsräume in einem der vielen *warehouses*, Lagerhäuser, die es am Rand aller Städte gibt. Mehr als 20 % meiner »Präsidenten« waren nach den wenigen Monaten, die seit der Hannover-Messe vergangen waren, bereits *out of business*, d.h. ihr Geschäft existierte nicht mehr.

Lassen Sie sich durch vollmundige Visitenkarten und die Vielzahl von »Präsidenten« im Geschäftsleben nicht täuschen. Ich will noch von folgendem »pfiffigem« Versuch einer Gesellschaftsgründung und -benennung berichten:

Ein Deutscher dachte: »Aha, in Amerika kann ich jeden Firmennamen eintragen lassen.« Er gründete in Florida problemlos eine »Deutsche Treuhandgesellschaft

Die Monstranzen des amerikanischen Unternehmergeists: Reklametafeln für Groß- und Kleinunternehmen (hier: Greenville, Mississippi)

Inc.« für bloße 500 $. Versehen mit dem Gesellschaftsvertrag, der Gründungsurkunde und der Eintragung im Florida-Register *(Register of the Secretary of State)* begab er sich zur Bank, eröffnete unter dem Namen »Deutsche Treuhandgesellschaft Inc.« ein Konto und zahlte 50.000 DM ein. Mit einem zweiten Gesellschafter, der einen Anteil von 1.000 DM übernahm, gründete er nunmehr die »Westdeutsche Treuhand GmbH«.

So weit, so gut! Nun wurde aber die Eintragung dieser Bezeichnung in das Handelsregister verweigert, was den Pfiffigen natürlich ärgerte. Er strengte dagegen eine Klage an und verlor in allen Instanzen, obwohl er formal durchaus im Recht war. Der »übergeordnete Schutz« des Firmennamens ließ ihn seine Prozesse verlieren.

Es empfiehlt sich also schon aus Haftungsgründen bei jeder geschäftlichen Aktivität eine *corporation* zu gründen, in die die Immobilie oder das Geschäft eingebracht werden. Diese Empfehlung kann ich einem europäischen Investor schon allein deshalb geben, weil er einen Anwalt damit beauftragen kann, die Präsidentschaft dieser Inc. zu übernehmen. Er bleibt somit anonym und ist auch bei Abwesenheit in den USA handlungsfähig.

Zu Haftungsrisiken soll hier kurz und beispielhaft festgestellt werden: Die Forderungen bei Haftungsklagen für *malpractice* (ärztliche Kunstfehler) sind astronomisch hoch. Kaum wurde jemand operiert, schon erscheint ein Vertreter an seinem Bett und fragt, ob alles gut verlaufen sei. Beklagt sich der Patient, dann versucht der Vertreter sofort, seinen Anwalt ins Spiel zu bringen. Auf Basis eines Erfolgshonorars würde man den Arzt verklagen. Der Patient bezahlt zunächst nichts. Falls der Anwalt gewinnt, wird die erstrittene Summe folgendermaßen aufgeteilt: Ein Drittel zuzüglich seiner Kosten erhält der Anwalt, zwei Drittel verbleiben dem Kläger. Klagen weit über 10 Mio. $ sind keine Seltenheit. Deshalb wurden beispielsweise die Haftpflicht-Versicherungsprämien für Neurologen in Palm Beach drastisch erhöht.

Erwähnt sei noch eine Besonderheit des amerikanischen Gesellschaftsrechts (*corporation*). In Deutschland und Österreich kennen die Aktiengesellschaften eine strenge Trennung von Aufsichtsrat (von den Aktionären gewählt, bei »mitbestimmten« Firmen von Aktionären und Arbeitnehmrvertretern) und Vorstand. Letzterer wird vom Aufsichtsrat bestellt. In fast allen anderen Ländern, auf jeden Fall in den USA, gibt es nur den *board of directors*, die Versammlung der Direktoren. Innerhalb des *boards* finden Sie *executive directors*. Dies wären die hiesigen Vorstandsmitglieder. Der *chairman of the board* entspricht etwa dem Aufsichtsratsvorsitzenden, der *president* dem Vorstandsvorsitzenden.

Und eine weitere Besonderheit sei noch erwähnt: Wer genießt in Deutschland neben dem Arzt, Hochschulprofessor und Pfarrer das höchste soziale Ansehen – der Notar. Ich selbst bin Notar in Florida. Um diese Stellung zu erlangen, muß man ein hohes Ansehen genießen (Mörder und Räuber haben keine Chance), in Florida wohnen und eine Versicherungsprämie von 50 $ für vier Jahre bezahlen. Jede Unterschrift bei Grundstücksgeschäften muß notariell beglaubigt sein. Alle Anwälte beschäftigen deshalb mehrere Notare in ihrer Kanzlei: ihre Sekretärinnen. Notar wird man schnell in den USA. Allerdings wird für diese Tätigkeit nichts bezahlt. Der US-Notar *(notary public)* beglaubigt nur die Unterschrift oder eine eidesstattliche Erklärung. Von seiner Qualifikation her ist er keinesfalls mit einem deutschen (vor allem bayerischen) Notar zu vergleichen, der für die Beurkundung von Grundstücksgeschäften allein zuständig ist. Eine Beurkundung im deutschen Sinn mit Belehrung und unparteiischer Betreuung beider Parteien ist in den USA unbekannt.

»Hängt ihn höher«: Die Todesstrafe soll sein

»Auge um Auge, Zahn um Zahn« – alttestamentarische Rachsucht

Die USA sind nicht nur ein gewaltiges, sondern auch ein gewalttätiges Land, und zwar in einem Ausmaß, wie wir es in Europa (noch) nicht kennen. Allein schon aus diesem Grund spricht sich die überwiegende Mehrheit der Amerikaner für die Todesstrafe aus. Moralische oder gar religiöse Bedenken, daß nur Gott Leben nehmen darf, spielen kaum eine Rolle, zumal schon die strenggläubigen Einwanderer den alttestamentarischen Spruch »Auge um Auge, Zahn um Zahn« auf ihr Panier geschrieben hatten.

Die Todesstrafe *(capital punishment)* wurde als Bestandteil des englischen Strafrechts auch nach der amerikanischen Revolution übernommen. Immerhin heißt es im 5. Verfassungszusatz *(amendment)*, daß keine Person des Lebens beraubt werden darf, ohne zuvor in einem gesetzlichen Gerichtsverfahren verurteilt worden zu sein.

Im Wilden Westen war man schon bei unbedeutendem Viehdiebstahl schnell mit dem Strick bei der Hand. Bis weit ins 20. Jh. hinein galt die Todesstrafe für eine ganze Reihe von Verbrechen, nicht nur für Mord. Erste Kritik kam auf, als 1927 nach einem umstrittenen Prozeß die Anarchisten Sacco und Vanzetti hingerichtet wurden. Auch das Todesurteil gegen die Eheleute Rosenberg, die sich nach dem II. Weltkrieg wegen Atomspionage vor Gericht verantworten mußten, löste eine heftige Diskussion aus.

Der Fall Sacco und Vanzetti

1966 lehnten 47 % der Amerikaner die Todesstrafe ab. 1972 erklärte dann der Oberste Gerichtshof die *capital punishment* für verfassungswidrig, ließ sie aber vier Jahre später wieder zu, allerdings mit der Einschränkung, daß sie nicht »grausam und ungewöhnlich« sein dürfe. Außerdem solle sie nicht automatisch *(not mandatory)* für bestimmte Verbrechen verhängt werden.

Diese Gegend bei Virginia City (Nevada) wirbt sogar mit ihrer kriminellen Vergangenheit.

MARK TWAIN
Was Robbed Here

This "Divide" Between Gold Hill and Virginia City Was Once Densely Populated. It Was Also A Favored Spot For Footpads and Murderers. Mineshafts Here Have Produced Many Skeletons Whose Wrists and Ankles Were Bound with Wire. One Night in 1866 Mark Twain, Once A Reporter For The Territorial Enterprise, Was Held Up at this Spot and Robbed of His Watch and Money. The Divide Was Destroyed in a Fierce Fire on Friday the 13th 1942. For Fascinating True History of the Old West Visit The Territorial Enterprise, HOME OF MARK TWAIN MUSEUM

Die berühmt-berüchtigte Gefängnisinsel Alcatraz vor San Francisco, Kalifornien

80% für die Hinrichtung

Inzwischen haben 37 Einzelstaaten diese Höchststrafe wieder eingeführt. – in Kalifornien sogar durch eine Volksabstimmung. Die Richter des Obersten Gerichts dort wählte man wegen ihrer kritischen Haltung zur Todesstrafe kurzerhand ab.

Nach neuesten Umfragen sprechen sich nur etwa 20 % der US-Bürger gegen die Hinrichtung aus. Da die amerikanische Öffentlichkeit Mordprozesse weit intensiver verfolgt als wir, sind ihr die Leiden der Opfer und der Schmerz der Angehörigen bewußter. Der Ruf nach Abschreckung und Vergeltung steht im Mittelpunkt.

Hinrichtung

Bevor ein zum Tode Verurteilter hingerichtet wird, muß er oft jahrelang in der Todeszelle *(death row)* auf den Tod warten. Nur in sehr seltenen Fällen macht der Gouverneur des jeweiligen Staates von seinem Recht der Begnadigung Gebrauch. Die Hinrichtung selbst kann durch unterschiedliche Tötungsarten vollzogen werden: Erhängen, Vergasung mit Zyanidgas, Elektrischen Stuhl, Erschießen oder Giftinjektion. Die Verfassung schreibt lediglich vor, daß die Art der Hinrichtung die »Menschenwürde« wahren soll.

Tausend Religionen für einen Gott

Mit Kolumbus kam das Christentum: San Xavier Mission, Tucson, Arizona.

Mit erhobenen Händen und geschlossenen Augen wiegen sich die rund 200 Gläubigen zu Gitarrenklängen hin und her. »Möge kein schlechtes Wort, kein wertloses oder böses Geschwätz aus Eurem Mund kommen«, psalmodiert der Geistliche mit getragener Stimme. »Nur Worte, die der seelischen Erneuerung der anderen dienen«, erwidert die Menge inbrünstig. »Herr, vergib uns unsere Selbstgerechtigkeit, unsere Vorurteile – seien sie sexistisch, rassistisch, gegen Alte oder Arme gerichtet«, fährt der Geistliche fort. »Herr, wir bitten dich um Vergebung«, schallt es noch inbrünstiger zurück. Die Arme senken sich, die schwankende Bewegung erstirbt, die Augen werden langsam geöffnet. »Und nun, meine Lieben, umarmt und segnet Euren Nachbarn!« 200 Paar Arme verschlingen sich ineinander – bei züchtiger Distanz der Unterleiber.

Züchtige Nächstenliebe

So endet das tägliche Mittagsgebet an der christlichen *Regent University* in Virginia Beach. Ihr Gründer und Kanzler Pat Robertson ist derzeit der wohl einflußreichste Vertreter der Christlichen Rechten in den USA. Obendrein hat er sich als Fernsehprediger einen Namen gemacht. Das *Christian Broadcasting Network*, die größte christliche TV-Gesellschaft der USA, liegt direkt neben der Universität. Robertsons *Christian Coalition (CC)* genießt großen Zulauf, vielleicht weil seine religiöse »Gruppentherapie« mit einem kräftigen Schuß *political correctness* so zeitgemäß erscheint und deshalb besonders gut ankommt. Robertson steht dem rechten Flügel der Republikaner nahe und unterstützt sie großzügig mit Spenden, die er wiederum von seiner Anhängerschaft reichlich erhält. Televangelism – die Verkündigung des Evangeliums über Radio und Fernsehen – ist ein riesiges Geschäft in einem Land, in dem die überwiegende Mehrheit »voll auf Gott abfährt«.

»Tele-Evangeli-sierung«

Rund 95 % aller Amerikaner glauben laut Umfrage an Gott. Jeder zweite betet täglich. 65 % sind von der Existenz des Teufels überzeugt – und dies nach dem Zusammenbruch der »satanischen« Sowjetunion! 72 % der Amerikaner glauben an Engel. Über die Hälfte der Befragten gibt an, schon einmal Gott begegnet zu sein. 37 % behaupten, in ihrem Leben schon ein Wunder erlebt zu haben. Und 44 % nehmen mindestens einmal in der Woche an einem Gottesdienst teil. Nirgendwo im christlichen Abendland wird so viel gebetet wie hier. Amerika ist fromm.

»God's own country!« Amerika ist fromm.

Viele Einwanderer der ersten Stunde wurden in der alten Heimat wegen ihres Glaubens verfolgt. Sie säten in den neuen Boden die religiöse Saat, die bis heute unvermindert Früchte trägt. Damit die verschiedenen religiösen Gruppen aber einander nicht ins Gehege kamen, wurden Kirche und Staat von Anfang an strikt getrennt. Die Verfassung garantiert völlige Glaubensfreiheit, schließt aber aus, daß eine Konfession zur Staatskirche aufsteigt. Die Kirchen finanzieren sich ausschließlich

Rettendes Ufer für Glaubens-verfolgte

Das ländliche Amerika, die Keimzelle der nationalen Frömmigkeit (hier: Silverton, Colorado)

Reges Gemeinde-leben (Wohltätig-keitssammlung in Ipswich, Massachusetts)

durch Spenden ihrer Mitglieder. Eine Kirchensteuer, wie sie in Deutschland erhoben wird, gibt es nicht. Der Religionsunterricht ist aus den öffentlichen Schulen verbannt.

Strikte Trennung von Kirche und Staat

Gerade das ist den christlichen Eiferern ein Dorn im Auge. Sie verlangen die Einführung des Schulgebetes und wollen die Schöpfungsgeschichte im Biologieunterricht verankert wissen. Aber um »bayerische Verhältnisse« (siehe »Kruzifix«-Streit) zu erreichen, haben sie noch einen weiten Weg vor sich.

Christliche Eiferer

Zur »*moral majority*« haben sich fundamentalistische Protestanten, konservative Katholiken und auch Juden zusammengeschlossen, um bei den Wahlen Kandidaten mit einer »gesunden« Grundhaltung zu unterstützen. Gesund ist, wer Abtreibung, Homosexualität, Sexualkunde an den Schulen und die »übertriebene« Gleichberechtigung der Frau ablehnt. Als einen geographischen »Keuschheitsgürtel« könnte man den *bible belt* bezeichnen, der den Süden und Mittelwesten der USA umfaßt. Hier leben besonders viele konservative Christen, welche die Bibel wörtlich nehmen, keinen Alkohol trinken und Sexualität strikt auf die Ehe beschränken.

»Bible bell« – der geographische Keuschheitsgürtel Amerikas

Theologische Spitzfindigkeiten spielen für die pragmatisch denkenden Amerikaner keine Rolle. Auch das Streben nach dem Ewigen Leben steht nicht im Vordergrund. Vielmehr sucht man nach moralischen Werten, mit denen man den Alltag bewältigen kann. Ganz besonders auf dem Land herrscht ein reges Gemeindeleben. Man pflegt den Kontakt zu den Nachbarn und hilft sich gegenseitig. Wer sonntags nicht in die Kirche geht, schließt sich leichtfertig aus dem gesellschaftlichen Leben aus.

Reges Gemeindeleben

Roter Faden durch den Dschungel christlicher Konfessionen

▶ Anglikaner (Episcopal Church)

Die anglikanische Kirche ist die von Heinrich VIII. im 16. Jh. im Widerstreit zum Vatikan begründete englische Staatskirche. In Amerika konnte sie diese Rolle nicht übernehmen (siehe oben), blieb aber als *Protestant Episcopal Church* die Kirche der Oberschicht angelsächsischer Herkunft. Weil sie als prestigeträchtig galt, wechselten viele »Aufsteiger« zu ihr über. Der Schwerpunkt ihres Wirkens lag zunächst in Virginia. Die Präsidenten Washington und Jefferson kamen aus dieser religiösen Tradition.

▶ Puritaner

Schon sehr früh bildete sich innerhalb der englischen Staatskirche eine Opposition heraus, der Puritanismus, d.h. der »gereinigte« Glaube. Seine Geschichte in Amerika beginnt 1620 mit der Landung der *Mayflower*. Von Massachusetts aus beeinflußten die Puritaner die Entwicklung in ganz Neuengland. Nach ihrer Vorstellung hat jeder Christ das Recht und die Pflicht, in allen Gemeindefragen mitzuentscheiden. Andersdenkende wurden unnachsichtig verfolgt. Aus Protest gegen die puritanische Unterdrückung gründete Roger Williams die Kolonie Rhode Island und wurde so zum geistigen Vater des Baptismus.

▶ Baptisten

Mit rund 25 Millionen Anhängern sind die Baptisten die größte protestantische Glaubensgemeinschaft der USA. Sie heißen »Täufer«, weil sie sich erst als Erwachsene taufen lassen. Die meisten ihrer Anhänger leben im Süden des Landes, wo die *Black Baptists*, also die baptistischen Gläubigen schwarzer Hautfarbe, ihre eigenen Gemeinden organisiert haben. Einer ihrer bekanntesten Pfarrer war der ermordete Martin Luther King. Auch Präsident Carter bekannte sich als Baptist.

▶ Presbyterianer

Der Name bedeutet »Gemeindeälteste«. Eben diese Ältesten leiten die Gemeinde. Sie stehen vermittelnd zwischen ihr und Christus. Im 17. Jh. in Schottland entstanden, wanderten die Presbyterianer in die Neue Welt aus, um der Unterdrückung durch die englische Staatskirche zu entgehen. Mit ihrer Lehre von der Auserwähltheit, ihrer hohen Arbeitsmoral und der Betonung von Bildung und Wohltätigkeit haben sie gerade in der Oberschicht Fuß fassen können. Aus ihren Reihen stammt der progressive Präsident Woodrow Wilson (1913–1921).

▶ Methodisten

Diese Erweckungsbewegung hat sich im 18. Jh. von den Anglikanern abgespalten. Den »methodisch Lebenden« – so ihr Spottname – gehört vor allem die liberale Mittelschicht des Nordostens an.

Mormonen-Tempel in St. George, Utah

▶ Amish People / Die Amischen

Die Amischen sind eine extrem konservative Gruppe deutschstämmiger Mennoniten, die untereinander »Pennsylvaniendeutsch« sprechen. Sie nennen sich nach dem Schweizer Bischof Jakob Amman, der im 18. Jh. gelebt hat. Auf diese Zeit geht auch ihre Kleidung zurück. Die Männer tragen einen breiten, schwarzen Hut, einen Bart und ein knopfloses Gewand, die Frauen ein Häubchen auf langem Haar. Sie leben im Osten Pennsylvaniens von der Landwirtschaft und lehnen die moderne Technik ab. Ihre Kinder sind von der Schulpflicht befreit. Und noch ein Hinweis: Ihre Religion verbietet es ihnen, sich fotografieren zu lassen!

▶ Quäker

Von ihren Gegnern wegen ihrer bewußten Friedfertigkeit mit dem Namen »Zitterer« (*quake* = zittern, beben) belegt, konnten die Quäker unter ihrem Führer William Penn in Pennsylvanien ein Staatswesen nach ihren Vorstellungen gestalten. Sie haben sich besonders bei der Abschaffung der Sklaverei engagiert. Als überzeugte Pazifisten lehnen sie den Dienst mit der Waffe ab. Dafür sind sie bekannt für ihre großzügigen Spenden an die vom Krieg betroffene Zivilbevölkerung, wovon auch die Deutschen nach 1945 profitiert haben.

▶ Mormonen

Die wegen ihrer Vielweiberei verfolgte *Kirche Jesu Christi der Heiligen der Letzten Tage* zog sich in den Westen zurück und gründete den Staat Utah. Die Bezeichnung »Mormonen« leitet sich ab von dem Buch Mormon, das dem Begründer Joseph Smith in einer Vision offenbart worden sein soll. Heute haben sie die Polygamie längst aufgegeben, sind eher konservativ und leben enthaltsam. Nach ihrer Vorstellung sind Schwarze und Indianer den Weißen nicht ebenbürtig. Die Frau hat sich dem Mann unterzuordnen.

▶ Lutheraner

In ihren Reihen findet man vorwiegend Nachkommen deutscher und skandinavischer Einwanderer. Galten sie früher als konservativ, so kann man sie heute keiner bestimmten gesellschaftspolitischen Richtung mehr zuordnen. Rund neun Millionen Gläubige bekennen sich als Lutheraner.

▶ Reformierte

Zu ihnen zählen die Nachfahren holländischer Einwanderer und französischer Hugenotten.

▶ Evangelikale

Sie glauben an die persönliche Begegnung mit Gott und verlangen, die Bibel als einziges religiöses Dokument anzuerkennen. Ihr Missionseifer ist berühmt und berüchtigt. Ihr bekanntester Vertreter ist der wortgewaltige Billy Graham.

▶ Pentecostals

Die Angehörigen der Pfingstgemeinden übernehmen die meisten Glaubensgrundsätze der Evangelikalen. Im Mittelpunkt steht jedoch die unmittelbare Begegnung mit dem Heiligen Geist, den sie ekstatisch im Gottesdienst erleben. Sie sind die weltweit am schnellsten wachsende christliche Religionsgemeinschaft.

▶ Katholiken

Ursprünglich war der Katholizismus im protestantisch beherrschten Nordamerika nur sehr schwach vertreten. Erst die massenhafte Einwanderung von Iren, Polen und Italienern im 19. und von Lateinamerikanern im 20.Jh. veränderte das Bild. Das Immigrationsgesetz von 1921, das den Zuzug von Katholiken stark einschränkte, wurde erst 1965 aufgehoben. Nach dem Amtsantritt John F. Kennedys, des ersten katholischen Präsidenten der USA, wurden die Katholiken auch politisch akzeptiert. Heute bilden sie mit über 50 Mio. Anhängern die größte christliche Gruppe.

▶ Juden

Man unerscheidet drei große jüdische Einwanderungswellen: Die ursprünglich aus Spanien stammenden Sephardim (Spaniolen) kamen bis 1840 ins Land. Um die Mitte des 19. Jhs. wanderten deutsche Juden (Aschkenasim) ein. Die größte Gruppe stammt jedoch aus Osteuropa.

**Chassidischer
Jude in Brooklyn,
New York**

Ihr Zuzug hält seit 1880 bis heute unvermindert an. Unter ihnen fallen die chassidischen »Lubovitcher« durch ihre Kleidung (schwarzer Hut und Bart) auf. Die meisten der 6 Millionen Juden wohnen in den Großstädten des Nordostens und Westens und gehören der gebildeten Mittelschicht an. Auch wenn es keinen offenen Antisemitismus mehr gibt, bleiben ihnen jedoch manche einflußreiche *clubs* verschlossen.

Weitere Götter

Mit dieser kurzen Darstellung ist die Glaubensvielfalt Amerikas bei weitem nicht erschöpft. Selbstverständlich haben die Asiaten ihr eigenes Pantheon mitgebracht. Russische und griechische Einwanderer gründeten sogar konkurrierende orthodoxe Kirchen. Der Islam machte nicht nur als revolutionäre Bewegung der Schwarzen *(Black Muslims)* auf sich aufmerksam. Obskure Sekten schießen täglich wie Pilze aus dem Boden und verschwinden ebenso schnell wieder. Kein Wunder, daß auch und gerade der Rolls-Royce-Liebhaber Bhagwan Shri Rajneesh (später zu »Osho« gewandelt) seine Kolonie in Amerika aufbauen konnte. Sollten Sie missionarischen Eifer verspüren, dann sind sie in Amerika am richtigen Ort. Und wenn Sie sich noch eine Fernsehstation zulegen und wortgewaltig Ihre Botschaft zu verkünden wissen, dann können Sie sogar steinreich werden.

God's Own Country

Beten vor dem Polo-Spiel

Ich habe mich längst daran gewöhnt, daß im Polo-Club von Palm Beach vor dem sonntäglichen Spiel das Gebet steht. Auch die Zusammenkunft im renommierten Forum-Club beginnt stets mit dem Gebet, das abwechselnd ein Vertreter der zahlreichen Religionsgemeinschaften spricht. Ob es sich um eine Gemeindeversammlung irgendwo in den Rocky Mountains handelt, um eine der vielen Konferenzen, ein Festessen oder eine Parlamentssitzung – am Anfang steht das Gebet.

Keine Staatsreligion – aber Religion als Staatsangelegenheit

Selbstverständlich ist Gott auch im Weißen Haus zugegen. Der Erdnußfarmer und Baptistenprediger Jimmy Carter erteilte Sonntagsschulunterricht. Reagan sprach gern über religiöse Werte, und Präsident Bush besuchte sonntags demonstrativ den Gottesdienst. Zu Beginn des Golfkriegs ließ er Billy Graham, das »Maschinengewehr Gottes«, vor Ministern und hohen Militärs predigen. Er war es auch, der auf der anschließenden Siegesparade den Truppen zurief: »Die Feinde des Friedens, diese brutalen Aggressoren, konnten dem gemeinsamen Gebet von 250 Millionen Amerikanern nicht widerstehen.«

Nur wer fromm ist, kann ein guter Patriot sein.

Nur wer fromm ist, kann ein guter Patriot sein. Es wäre undenkbar, einen Atheisten zum Präsidenten zu wählen. Die Gründungsväter der Vereinigten Staaten hatten das Christentum als geistige Nahrung in ihrem Marschgepäck. Von Anfang an galt die Religionsfreiheit als kostbares Gut. Aber einen Glauben, welchen auch immer, sollte doch jeder haben. Es galt also nicht die Freiheit von Religion.

Religionsfreiheit, aber nicht Freiheit von Religion

Die Demonstration nationalen Stolzes mag manchen Europäer belustigen oder auch peinlich berühren. Niemand scheut sich, auf Autoaufklebern seine Überzeugung mitzuteilen: *America is beautiful* oder *Good news, God loves America* (»Gute Nachrichten, Gott liebt Amerika«). Wer diese frohe Botschaft bezweifelt, kann dann lesen: *America, love it or leave it* (»Amerika, liebe es oder verlasse es«). Vielleicht bedarf es eines besonders klebrigen patriotischen Kitts, um ein solch großes Land mit seinen unterschiedlichsten Rassen und Traditionen zusammenzu-

»Good news, God loves America.«

halten. Ist Amerika nicht das freieste und schönste Land der Welt? Wo sonst hat man solche Möglichkeiten, sich selbst zu verwirklichen und sein Glück zu finden? Diese tief verwurzelte Überzeugung verbindet Reiche und Arme, Umweltschützer und Konzernchefs, erzkonservative Kirchenmänner und Rockmusiker über alle Gräben hinweg.

Der amerikanische Patriotismus ist von einer religiösen Aura umflort. Selbst auf der Eindollarnote bekundet die Nation ihr Gottvertrauen. Leitsprüche wie *In God we trust* und *One nation under God* werden nicht nur so dahingeplappert, sondern bringen das amerikanische Selbstbewußtsein auf den Punkt. Man spricht von der *civil religion* (»Zivilreligion«) oder auch *national religion* (»Nationalreligion«), vom überkonfessionellen Glauben an Gott, dessen Wille sich durch demokratische Verfahren offenbart. Amerika sieht sich gern als *city upon a hill*, als »Stadt auf dem Berg«, die den Rest der Welt erleuchtet und ihr die eigenen Werte vermittelt. Sidney Mead spricht von einer »Nation mit der Seele einer Kirche«. Und vom ehemaligen Präsidenten Lyndon B. Johnson stammt der Satz: »Wir sind eine Nation von Gläubigen.«

Religiöser Patriotismus

Harley-Davidson-Truppe mit Flagge (Hartford, Connecticut)

»Gott segne Amerika!«

Bei aller Selbstkritik, zu der Amerikaner durchaus fähig sind, weiß man doch Gott auf seiner Seite, Amerika ist *God's own country* (»Gottes eigenes Land«). Und der Präsident ist der Hirte der Nation, der das Volk tröstet und auf den Pfad der Rechtschaffenheit (zurück)führt. Zugleich handelt er als Prophet, der das amerikanische Volk aufruft, den Willen des Allmächtigen zu vollbringen und für Sünden gemeinsam zu büßen. *God bless America!*

Flagge zeigt man auch am Altar

Hand aufs Herz

Ein rührendes Bild, mit welchem Ernst bereits die Schulanfänger ihren Eid leisten. Die Kleinen stellen sich vor der amerikanischen Flagge auf, legen ihre rechte Hand aufs Herz und sprechen im Chor: »Ich schwöre meine Treue zur Fahne der Vereinigten Staaten von Amerika und zur Republik, für die sie steht; eine Nation unter Gott, unteilbar, mit Freiheit und Gerechtigkeit für alle.« Diesen Treueschwur verlangt man nicht nur den Schulkindern ab. Ihn leisten auch Beamte, Militärs und Generaldirektoren täglich aufs neue.

Stars & Stripes

Die amerikanische Flagge ist nicht eine Fahne wie jede andere auch. Sie steht in jeder Behörde, aber sie weht auch vor der Bruchbude eines schwarzen Sozialhilfeempfängers.

Cooler Typ mit der Flagge als Kopftuch

Sie prangt in den Kirchen, in Läden und selbstverständlich im Amtszimmer des Präsidenten. Sie flattert am Pfahl eines Indianerzelts, im Vorgarten einer Villa in Palm Beach und auf dem Mond – wenn dort der galaktische Wind weht. Hunderttausende schwenken sie bei Paraden. Und oft ertrinken große Sportveranstaltungen im rot-weiß-blauen Fahnenmeer.

Seit 1976 ist im Detail festgelegt, was man diesem Tuch antun darf und was nicht. Ein US-Bürger kann die Flagge jeden Tag, besonders aber an nationalen Feiertagen, wehen lassen. Dabei sollte sie nie den Boden berühren. Verschlissene Fahnen sollten auf würdige Art »entsorgt« werden. Man kann sie beispielsweise im Freundeskreis feierlich verbrennen. Aber man darf sie nie für profane Zwecke mißbrauchen. Wer die Flagge mißhandelt oder verletzt, dem drohen 1.000 $ Strafe. *Flaggen-Knigge*

Da die Fahne so wichtig ist, hat man ihr einen eigenen Tag gewidmet, den Flag Day. Am 14. Juni 1777, also noch vor der Unabhängigkeitserklärung, wurde ihr Design vom *Continental Congress* angenommen. Die Fahne der USA wird bekanntlich aus Sternen *(stars)* und Streifen *(stripes)* in den Farben Blau, Weiß und Rot geformt. Das Blau steht für Gerechtigkeit und Wahrheit, Weiß für Reinheit und Rot für Mut. Die weißen, fünfzackigen Sterne auf blauem Grund symbolisieren die heutigen 50 Bundesstaaten. Die sieben roten und sechs weißen Streifen stellen die 13 Gründungsstaaten dar.

Merken Sie sich diese ausführliche Beschreibung gut, falls Sie die amerikanische Staatsbürgerschaft anstreben. Sie werden bei der Patriotismus-Prüfung mit Sicherheit danach gefragt.

Die Nationalhymne *(National Anthem)* ist eng mit der Flagge verbunden. Sie heißt *The Star Spangled Banner* (»Die sternenübersäte Fahne«) und verherrlicht verbal dieses unvergleichliche Tuch. Auf mythische, fast mystische Weise eint die Fahne die Nation über alle Rassengrenzen hinweg. Selbst Kriegsgegnern ist sie heilig. Kaum etwas schmerzt die US-Bürger mehr, als wenn sie bei antiamerikanischen Demonstrationen im Ausland in Flammen aufgeht. *National-hymne*

Vor meinem Haus in Florida ist stets die deutsche und die amerikanische Fahne gehißt, ohne daß sich die Nachbarn jemals daran gestört hätten. Allerdings muß die Landesfahne immer links – da wo das Herz schlägt – und höher hängen.

Ich hatte dies anfangs nicht gewußt und wurde deswegen von einem US-Obersten, der uns besuchte, getadelt. Denn als er zu uns kam, wehte von der Straßenseite her gesehen die amerikanische Fahne rechts. Ich entgegnete, daß sie, wenn ich morgens das Haus verlasse, links hänge, wie es sich doch gehöre. Unser Besucher war sich der Schwierigkeit des Problems wohl bewußt, hatte aber keine Lösung zur Hand. Ich überlegte hin und her: Es kommt auf den Standort an, von dem aus salutiert wird. Wenn sich jemand von der Straße her dem Haus nähert, grüßt er die Fahne aus dieser Position, und deshalb hing sie tatsächlich falsch. Ich habe es stillschweigend korrigiert. Damit war diese für Amerikaner so wichtige Frage gelöst.

Die hemmungslose Macht der Medien

*Publicity-
Sucht*

Während des dichtesten Berufsverkehrs stieg ein Mann auf einen der Türme der *Golden-Gate*-Brücke in San Francisco. Er saß dort etwa eine Stunde in Wind und Kälte, bis die Polizei auf ihn aufmerksam wurde. Alles gute Zureden bewirkte nicht, daß er den gefährlichen Platz verließ. Erst als man ihm zusicherte, daß seine Aktion in die Zeitung käme, kletterte er herab. Tatsächlich wurde der Publizitätssüchtige in der nächsten Morgenausgabe erwähnt, aber leider nicht namentlich. Und nur dies hätte ihn aus der anonymen Bedeutungslosigkeit herausgehoben. Mehr Glück hatte vor mehr als zweitausend Jahren der Grieche Herostrat. Er steckte den berühmten Tempel der Artemis nur in Brand, um dann in aller Munde zu sein.

*Wirklichkeit ist,
was die Medien
darstellen.*

Unzählige Amerikaner wünschen sich, einmal in der Presse oder im Fernsehen aufzutreten. Denn die scheinbar »wesentliche & eigentliche« Realität wird dort erzeugt. Früher und stärker als anderswo haben sich in Amerika die Medien zur »vierten Macht« im Staat entwickelt. Da Zeitungen, Rundfunk- und Fernsehstationen sich nahezu ausschließlich in privater Hand befinden, ist es zumeist die Meinung der Eigentümer und Medienmogule, die das öffentliche Leben beeinflußt.

In Europa genießen die amerikanischen Medien keinen guten Ruf. Der Nachrichteninhalt tauge wenig, man berichte vorwiegend über das eigene Land und fast nichts über den Rest der Welt. Die Sensationsberichterstattung habe Priorität vor der seriösen Information. Als ob dies bei uns so anders wäre!

*Informations-
vakuum?*

Glaubt man dem Psychologen und Philosophen Paul Watzlawick, tritt der Amerikabesucher unversehens in ein Informationsvakuum. Aber dennoch, es gibt sie, die vielgepriesene Meinungs- und Pressefreiheit der USA. Jeder Journalist kann die führenden Poliker des Landes in einer Weise vorführen, die unsere dünnhäutigen Staatsmänner gleich vor den Kadi triebe. Allerdings sucht man vielfach vergebens nach einer wahrhaft kritischen, zumindest hinterfragenden Presse. Die meisten Printmedien haben sich freiwillig so »konformiert«, daß der bösartige Begriff »Gleichschaltung« sich aufdrängt.

*Bedeutung der
Kolumnisten*

Allerdings, einen festen Platz auf der Meinungsseite nehmen die *columnists* ein, die sich regelmäßig über innenpolitische Ereignisse auslassen. Sie tun dies häufig so launig und (schreib)handfertig, daß selbst der letzte Hinterwäldler folgen kann. Den neuesten Beitrag bestimmter Kolumnisten nicht gelesen zu haben, gilt häufig als Bildungslücke.

Aber Amerika fasziniert – wie häufig – durch seine Extreme. Denn es gibt auch Berichterstattung von hoher Recherchenqualität. Nicht wenige Journalisten verstehen sich als Überwächer *(watchdogs)* der Regierung und versuchen Korruption

**Zeitungsautomaten
in Denver, Colorado**

und Betrug zu enthüllen. Diesem *investigative journalism* ist zu verdanken, daß die Watergate- und Iran-Contra-Affären ans Tageslicht gebracht wurden. Und haben nicht auch unerschrockene Journalisten nachgewiesen, wie die Regierung 1991 kurz vor dem Golfkrieg die öffentliche Meinung manipuliert hat, um die Bevölkerung für den Krieg zu gewinnen? Sie soll eine Werbeagentur beauftragt haben, Bildmaterial zu lancieren, auf dem Iraker kuweitische Babies aus Brutkästen zerren. Diese Aufnahmen trafen die kinderfreundlichen Amerikaner ins Mark und ließen sie nach Vergeltung rufen.

*Entlarvender
& enthüllender
Journalismus*

Zeitungsverlage haben eine lange Tradition in Amerika. Den ersten Versuch unternahm 1690 Benjamin Harris mit dem *Publick Occurences Both Foreign and Domestick*, einem Lokalblättchen, das nach der ersten Ausgabe verboten wurde.

*Lange Presse-
tradition*

Das Weltblatt New York Times neben einer osteuropäischen Einwandererzeitung

Pulitzer-Preis

Damals schützte die Verfassung noch nicht die Pressefreiheit. Die erste regelmäßig erscheinende Zeitung war der *Boston News Letter* aus dem Jahre 1704. Auch er bediente nur den lokalen Bereich – wie bis heute die überwiegende Zahl der Printmedien. Nach 1870 entstanden erste Massenblätter. Einer der Zeitungsmagnaten der ersten Stunde war J. A. Pulitzer, der den nach ihm benannten Preis für Journalismus, Literatur und Musik stiftete. Unzählige Journalisten haben sich die Finger wundgeschrieben, um diesen begehrten Preis zu erhalten.

Nur einige Zeitungen mit jeweils einer Auflage von über einer Million werden landesweit gelesen. Zu ihnen zählen *USA Today, Wallstreet Journal, New York Times, Los Angeles Times* und *Washington Post*. Hinzu kommen Nachrichtenmagazine wie *Newsweek* und *Time* sowie »Herren«-Magazine wie *Playboy, Penthouse* und *Hustler*. Die letztgenannten Magazine werden in der Provinz, wenn überhaupt, fast nur unter dem Ladentisch angeboten.

Deutschsprachige Einwanderer-Presse

Alte und neue Einwanderer informieren sich oft in speziellen Wochenblättern über die Vorgänge in ihrer alten Heimat. Früher gab es Hunderte deutschsprachiger Tageszeitungen, heute erscheinen nur noch einige wöchentlich, so die *Amerika-Woche* in Chicago.

Beliebt sind die Sonntagsausgaben der großen Zeitungen, auch wenn die der *New York Times* beispielsweise daumendick ist und zwei Kilo wiegt. Sie enthalten Beiträge für die ganze Familie, darunter die beliebten funnies, Comics mit lustigen Szenen aus dem Alltag. Sie allein schon lohnen den Kauf des umfangreichen Blattes.

Sonntags-ausgaben

Er läuft und läuft: Der Fernseher

Seit einiger Zeit gibt es den Sender *TPN (The People Network)*, der ausschließlich »positive« Beiträge ausstrahlt. Darin weist er immer wieder darauf hin, welcher Gefahr Kinder und Jugendliche ausgesetzt sind, die ständig vor der »Glotze« hocken. Nach den umfangreichen Untersuchungen des Senders sieht ein junger Mensch bis zu seinem 18. Lebensjahr durchschnittlich 200.000 mal *violence*, d.h. Totschlag, Mord, Einbruch, Straßenraub und Folter, also Gewalttaten aller Art.

Jugendgefähr-dung durch TV

TPN tut sich leicht mit seiner Kritik, weil es vorgeblich ein hehres Ziel anstrebt. Es behauptet, *self-improvement*, also die Persönlichkeitsentwicklung seiner Zuschauer, fördern zu wollen.

Wenn Rush Limbaugh in seiner Talk-Show täglich drei Stunden lang gegen weichliche Liberale, Schwule und Frauenrechtlerinnen vom Leder zieht, kämpft er scheinbar selbstlos für »amerikanische Werte«, die er von vielen Seiten bedroht sieht. Seine konservativen Fans danken es ihm mit hohen Einschaltquoten. *Rush is right* verkünden Autoaufkleber auf den Highways im ganzen Land.

Laut Statistik läuft in einem US-Haushalt täglich sieben Stunden der Fernseher. Die Kids sind die eifrigsten Zuschauer. Sie verbringen bis zum Schulabschluß 18.000 Stunden vor dem Fernsehgerät, also weit mehr als in der Schule. Zwei Drittel der Amerikaner erfahren Nachrichten ausschließlich durch das Fernsehen. Mit über tausend landesweit empfangenen oder regionalen Stationen ist das TV-Angebot so groß wie nirgendwo auf der Welt. Da die großen Medienkonzerne *ABC (American Broadcasting Corporation), CBS (Columbia Broadcasting System)* und *NBC (National Broadcasting Corporation)* wie die meisten Anbieter in privater Hand sind, müssen sie ihre Kosten über Werbung erwirtschaften. Hinzu kommen *cable networks* wie *HBO* und *CNN*. An die 90 % der US-Bürger sind verkabelt. Sie haben die Qual der Wahl zwischen immerhin mehr als 100 Kanälen. Außer bei Anschluß an das Kabelnetz ist das Programm gebührenfrei.

Durchschnittlich sieben Stunden täglich TV

Über tausend Fernsehsender

Amerikaner sind ausgesprochen mediensüchtig. Dennoch mißtrauen sie grundsätzlich Journalisten ebenso wie Politikern aller Couleur. Wenn aber die Showmaster – dazu gehören auch die sich äußerst medienwirksam gebärdenden TV-Prediger – »locker vom Hocker« im neuesten politischen Skandal herumstochern oder rätselhafte Krankheiten genüßlich untersuchen, dann bleibt der kritische Verstand der meisten Zuschauer ausgeschaltet.

Mediensucht

*Selbstprodu-
zierte TV-
Wirklichkeit*

*Weltnach-
richtensender
CNN*

Das Fernsehen produziert seine Wirklichkeit selbst. Wie kein anderer Sender berichtet der informationsmächtige und weltweit ausgestrahlte Nachrichtensender *CNN* von allen Schauplätzen des Weltgeschehens – und beeinflußt nachhaltig die öffentliche Meinung. Als seine Einschaltquoten zu Beginn dieses Jahrzehnts absackten, kam der Golfkrieg gerade recht. Die *CNN*-Berichte über die »Operation Wüstensturm« beherrschten den Nachrichtenmarkt der Welt. Der Sender aus Atlanta verdiente sich so eine goldene Nase. Böse Zungen behaupten, das Militär habe wohl die Schlacht gewonnen, der eigentliche Sieger sei aber CNN.

*Wenige TV-
Minuten
täglich prägen
die Weltsicht.*

Eine halbe Stunde entscheidet über das tägliche Weltbild der Amerikaner. Von 19 Uhr bis 19.30 Uhr sehen sehr viele Familien die Hauptnachrichtensendung, die über verschiedene Kanäle gesendet wird. Fast die Hälfte dieser Zeit ist der Werbung vorbehalten. Dann folgen Lokalmeldungen, Neues aus der Innenpolitik und schließlich zwei, drei kurze Notizen oder Spots aus dem Ausland. Wenn man bedenkt, daß die meisten Amerikaner ihre Kenntnis von der Welt aus dieser Quelle schöpfen, verwundert nicht, wenn »Zürich eine Bank in Tirol« und »Heidelberg die deutsche Hauptstadt« ist. Dabei halten sich die US-Bürger durchaus für gut infor-

Die CNN-Berichterstattung vom Golfkrieg erweckte patriotische Leidenschaft (hier bei Chama, New Mexico).

miert. Bevor man den Stab bricht, sollte man aber berücksichtigen: Das Land ist schier unendlich weit. Auch nach mehreren Tagesreisen befindet sich der Amerikaner immer noch unter seinesgleichen. Hat er nicht genug damit zu tun, die eigene, amerikanische Wirklichkeit zu erfahren?

Amerika ist sich selbst Welt genug.

Bisweilen stoßen Sie im schrillen Wirrwar der privaten Fernsehstationen auf einen Kanal, der ein kulturell anspruchsvolles Programm bietet. Sie reiben sich erstaunt die Augen, weil die gewohnte Unterbrechung durch Werbespots fehlt. Dann haben Sie wohl einen der 270 Sender erwischt bzw. ers*wicht*, die der nichtkommerzielle *PBS (Public Broadcasting Service)* beliefert. Zusammen mit dem *Educational TV* – dieses Kinder- und Schulfernsehen schuf die legendäre *Sesame Street* – stillt er den auch in den USA vorhandenen Hunger auf Kultur. *PBS* finanziert sich ausschließlich aus öffentlichen Mitteln sowie privaten Stiftungsgeldern und Spenden.

Es gibt sie: Kultur im Fernsehen – ohne Werbung!

Vor einigen Jahren wollten Forscher herausfinden, ob und wie eine Durchschnittsfamilie einen Monat lang ohne Fernseher auskäme. Von 120 nach Zufallsprinzip ausgesuchten Familien erklärten sich nur 27 zu diesem Experiment bereit. Da halfen auch die 500 Dollar »Schmerzensgeld« nicht. Alle Probanden – so der Forschungsbericht – litten an extremen Entzugserscheinungen. Der Vater, der sich mühsam das Rauchen abgewöhnt hatte, griff wieder zur Zigarette. Die Mutter fiel von einer Migräne in die nächste. Am schwierigsten war es, die übernervösen Kinder im Zaum zu halten. Aber diese künstliche Fernsehabstinenz hatte auch eine positive Seite: Die Ehepaare gingen früher zu Bett und hatten wieder Zeit und Spaß, miteinander zu schlafen. So manche Sitzung beim Sexualtherapeuten fiel deshalb aus.

Fernsehentzug

TIPS

Wie Sie sich über das Geschehen in der Heimat informieren können

▶ In den amerikanischen Lokalzeitungen erfahren Sie alles über Hochzeiten, Bälle, gesellschaftliche und sportliche Ereignisse der näheren Umgebung, nur keine Nachrichten aus Europa. Hierfür müssen Sie zu den überregionalen Blättern wie *New York Times* oder *Washington Post* greifen. Aber auch in diesen renommierten Zeitungen stehen die amerikanischen Ereignisse im Mittelpunkt der Berichterstattung. (In vielen Ortschaften der Provinz sind *Times* und *Post* obendrein gar nicht zu erhalten.)

▶ Erst seit wenigen Jahren können Sie die *Frankfurter Allgemeine* oder die *Neue Zürcher Zeitung* mit einer dreitägigen Verspätung an einigen Kiosken in den Großstädten kaufen. Davor erreichten die europäischen Zeitungen die USA, wenn überhaupt, erst drei bis vier Wochen nach Erscheinen. Die aktuellsten News finden Sie natürlich, wenn Sie im Internet surfen.

▶ Wenn Sie die neuesten Spielergebnisse von FC Bayern, Austria Wien oder Grasshoppers Zürich erfahren möchten, dann sollten Sie sich einen

Kurzwellenempfänger kaufen. Die Deutsche Welle bringt ab 17 Uhr (*Eastern Standard Time*, also die Zeit der Ostküste) zu jeder vollen Stunde Nachrichten, Kommentare, Sportereignisse und Wettervorhersagen aus deutschen Landen. Was gibt es Aufregenderes, als auf einem menschenleeren Highway im sonnigen Arizona die Meldung zu hören, daß ein beharrliches Regentief Deutschland von West nach Ost überquert und bei Garching Richtung München mit einem Stau von 15 km Länge zu rechnen ist?

»Schmuddel-TV« und »Seifenopern« als Familienprogramm

Auftreten ohne Lampenfieber

Lampenfieber zeigt sie nicht. Sie spricht flüssig, fast druckreif, als hätte sie einen monatelangen Rhetorikkurs hinter sich. Jovial blinzelt sie dem Moderator zu, als der seine nächste Frage stellt: »Sagen Sie, J. L., wie fühlt man sich denn so als Frau?« Der Gast der Talkshow gibt kein Kochrezept preis, sondern berichtet vor Millionen Zuschauern offenherzig von seiner / ihrer Geschlechtsumwandlung. Dabei kommt ihr die amerikanische Gepflogenheit zugute, daß man sich gern mit den Initialen der Vornamen anredet. Ob sich ein Mann oder eine Frau dahinter verbirgt, weiß nur der Eingeweihte. Und wundern Sie sich nicht, daß die meisten Amerikaner frei von der Leber weg reden können. Auch in den schlechtesten Schulen wird von Anfang an auf den mündlichen Vortrag großer Wert gelegt.

Rhetorik als wichtiges Schulfach

Es gibt fast kein Thema, das für das US-Fernsehen tabu wäre. Die Leute drängeln sich geradezu vor die Kamera, um einem Millionenpublikum ihre intimsten Geheimnisse zu offenbaren. Die brave Ehefrau listet selbstbewußt ihre Seitensprünge auf. Sie kann nur hoffen, daß ihr Mann nicht daheim vor dem Bildschirm sitzt. Ein Kinderschänder – er hat seine Strafe schon verbüßt – läßt nicht das kleinste Detail seiner »Karriere« aus. Ein homosexueller Geistlicher bekennt seine Zweifel an Gott. Zwischendurch wird eine Werbung für besonders blutroten Tomatenketchup eingeblendet. Dann tritt eine Frau auf, die mit ihrem zwölfjährigen Sohn schläft.

»Schmuddel-TV«

Gerade im Fernsehen kann sich der Exhibitionismus vieler Amerikaner hemmungslos ausleben. Daß dies kein amerikanisches Phänomen allein ist, belegen unsere hiesigen Privatsender mit ihren teilweise aggressiven und schamlosen »Schmuddel-TV«-Sendungen, die sowohl exhibitionistischen wie voyeuristischen Instinkten dienen.

Solche angeblich »familienorientierten« Shows sind in Amerika besonders am Nachmittag beliebt. Hinzu kommen Glücksspiele, Kindersendungen und Übertragungen von Gerichtsverhandlungen. Auf diese hat sich das *Courtroom Television* spezialisiert.

Gegen Abend nimmt der Nervenkitzel zu. Bei groß aufgemachten *game shows* (Spielshows) wird die Zockerleidenschaft und Geldgier angeregt. In der live gesendeten *crime show* nimmt die Polizei den Zuschauer mit auf Verbrecherjagd, die manchmal sogar mit einer Festnahme endet.

Nervenkitzel am Abend

Was wäre ein Tag aber ohne die *soap operas*? Mit diesen »Seifenopern« verfolgen 50 Millionen Hausfrauen über Jahre hinweg das Schicksal zahlreicher Fernsehfamilien. Sie bangen, leiden, zürnen oder frohlocken mit, wenn in Denver, Dallas oder L.A. geliebt, abgetrieben, betrogen, die Ehe versprochen oder gemordet wird. Die Identifikation mit diesen Fernsehfamilien kennt mittlerweile keine Grenzen. Die meisten US-Serien haben inzwischen die ganze Welt erobert. Die Intrigen in Dallas fesseln den Zuschauer in der sibrischen Taiga ebenso wie in China, Brasilien oder am Kongo.

»Seifenopern«

Die *soap opera* ist nach den Werbeauftraggebern benannt, die in den 30er Jahren – damals noch im Rundfunk – für Reinigungsmittel warben. Sie ist also schon etliche Jahrzehnte die »Schmierseife« des schlichten amerikanischen Gemüts. Die Serie »Jung und leidenschaftlich« *(As the World Turns)* ist seit 1956 auf Sendung. Und in *General Hospital* wird seit 1963 pausenlos operiert und geliebt.

Fast alle Fernsehfamilien zählen zur gehobenen sozialen Schicht. Schließlich soll sich der Zuschauer vom Aufstieg träumend mit ihr identifizieren. Man würde die Produzenten dieser Serien unterschätzen, wenn man glaubte, daß die *soaps* nur dahingepfuscht wären. Sie sind vielmehr äußerst subtil, raffiniert und stimmig hergestellt. Deshalb verfolgt halb Amerika mit Hingabe, wenn in einer sehr populären Fernsehfamilie ein Kind geboren wird, dieses dann zur Schule kommt, später eine Ehe eingeht und sich danach vielleicht scheiden läßt. Allmählich wird der Zuschauer mit seiner Fernsehfamilie alt.

Sehnsüchtige soziale Identifikation

Kaum zu glauben: Sucht nach TV-Werbung

Als in Deutschland die ersten Privatstationen auf Sendung gingen, schaltete ein amerikanischer Geschäftsmann, der sich häufig zwischen Hamburg und München aufhielt, voller Erwartung seinen Hotelfernseher ein. Die Enttäuschung war groß. »Eure Werbespots sind ja zum Gähnen langweilig. Die hat wohl eine Schulklasse gemacht.«

Der Mann gehörte zu den *Commercial*-Fans, einer großen Zahl amerikanischer TV-Konsumenten, die sich an lustig gemachten Werbespots nicht sattsehen können.

Commercial-Fans

Da die Privatsender mit ihren Programmen letztendlich nur dazu dienen, dem Zuschauer verschiedene Produkte schmackhaft zu machen, müssen die *commercials* unterhaltsam und voller Witz sein. Manche besonders gelungenen Werbefiguren werden zu Fernsehstars, flotte Reklamesprüche gehen in den Sprachgebrauch ein.

*Reiner Werbe-
kanal als
Unterhaltungs-
angebot*

Die schlimmsten Nachrichten verlieren durch die kommerziellen Einsprengsel viel von ihrem augenblicklichen Schrecken. Denn die Spots wiederholen penetrant immer die gleiche Botschaft: Verheißung von Glück und Erfolg.

Wen die lästigen Unterbrechungen durch Spielfilme und Informationssendungen stören, kann auch gleich den Werbekanal einschalten, der ihn rund um die Uhr mit verlockenden Angeboten beglückt.

Eine wachsende Zahl von Amerikanern versucht, auf werbefreie Sender auszuweichen. Dies sind landesweit aber nur drei Prozent der Stationen. Seit Jahren wird in den USA eine intensive Diskussion über den Sinn und die Bedeutung der Werbung geführt. Kritik fordern besonders die »geheimen Verführer« heraus, also unterschwellige Anpreisungen von Produkten, die in die Handlung von Spielfilmen und Serien eingeblendet werden *(product placement)*, ohne daß der Zuschauer sie bewußt wahrnimmt. Geschickt plazierte visuelle oder akustische Reize verlocken den Konsumenten dazu, bestimmte Erzeugnisse zu kaufen.

*Verdeckte
Werbe-
verführung*

Wie viel ehrlicher sind da doch die Werbespots herkömmlicher Machart. Je aufregender ein Krimi ist, je mehr sich ein Drama zuspitzt, um so häufiger wird die Handlung zu Werbezwecken durchbrochen. Schon in der Antike kannte man das »retardierende Moment« (Handlungsverzögerung) zur Spannungssteigerung im dramatischen Verlauf. Und vice versa: Wenn in einer Talkshow Kinder darüber plaudern, wie sie ihre Eltern umgebracht haben, kommt die Werbung für Abführmittel gerade recht, um die aufgewühlten Gemüter zu beruhigen.

Die USA – fast ein Kontinent für sich

Unser Bild vom männlichen Amerikaner ist erstaunlich festgefügt und monoton. Wir stellen uns meist einen hochgewachsenen, breitschultrigen Menschen vor, der Englisch spricht und zupackend seinen Lebenszielen nachgeht. Er ist geschäftstüchtig und technisch begabt, zugleich auch hilfsbereit, großzügig und aufgeschlossen. Er nennt jeden sogleich beim Vornamen und ist deutlich von einem Europäer zu unterscheiden.

Das Klischee vom Amerikaner

Gewiß ist diese Beschreibung nicht ganz falsch, sie vergröbert aber unzulässig, weil sie die spanischsprechende Minderheit, die Orientalen aus Fernost und die afrostämmigen Schwarzen nicht berücksichtigt. Dabei werden gerade diese ethnischen Gruppen schon bald die Mehrheit der US-Bürger bilden.

Amerika ist Vielfalt – hier Chinatown mit Italian Market in San Francisco, Kalifornien.

Die Dimension der USA

Was in Utah des Teufels ist, bildet in Nevada die Geschäftsgrundlage des Staates.

Aber auch die immer noch sehr große Gruppe der weißen Amerikaner unterscheidet sich erheblich in Dialekt, Aussehen, Verhalten oder Kleidung. Wie sollte dies auch anders sein in einem Land von solch gewaltigem Ausmaß. Auf einer Fläche von etwa 9,5 Mio. qkm leben über 250 Mio. Menschen. Die Vereinigten Staaten sind ungefähr 28mal größer als das vereinte Deutschland. Die Entfernung zwischen den beiden Ozeanen *(from sea to shining sea)* beträgt über 4.000 km Luftlinie. Houston im Süden von Texas trennen 2.000 km von der kanadischen Grenze im Norden. Über fünf Zeitzonen erstreckt sich das Land. Und ebenso viele Klimaregionen lassen sich ausmachen. Selbstverständlich haben diese Kontraste die Natur der Menschen unterschiedlich geprägt. Hinzu kommen die verschiedenartigen religiösen Traditionen. So ist im Mormonenstaat Utah alles verpönt, was vielen Spaß macht: Alkohol, Tabak, Glücksspiel und Sex. Im Nachbarstaat Nevada gelten gerade diese Dinge als des Lebens Süße.

»Countryboys« beim Souvenirhandel während der Pioneer Days in Crawford, Colorado

Auch wenn sich Mentalitätsunterschiede wegen der hochentwickelten Mobilität der Amerikaner bis zu einem gewissen Grad verwischt haben, fallen doch genügend Eigenarten der Regionen ins Auge. Im Gegensatz zur hektischen Welt der dicht besiedelten Ostküste verläuft das Leben im Süden eher geruhsam. Es braucht seine Zeit, bis sich die Bewohner von »Dixieland« zu einer Entscheidung aufraffen. Übrigens stammt diese spöttische Bezeichnung für die Südstaaten von der 10-$-Note, auf die eine Bank in New Orleans – damals noch die Hochburg der frankophonen Bevölkerung – statt des englischen *ten* das französische *dix* gedruckt hatte.

An der Börse in New York hingegen fallen wichtigste Entscheidungen in Sekundenschnelle. Noch turbulenter geht es im stark erdbebengefährdeten Kalifornien zu. Der dauerhafte »Tanz auf dem Vulkan« macht den Alltag hier schnellebiger als anderswo.

Seien Sie übrigens auf der Hut, wenn Ihnen jemand etwas schmackhaft machen will und zugleich beiläufig äußert: »Well, I am just a countryboy.« Er kokettiert mit schlichter ländlicher Herkunft, hat es aber vermutlich gerade deshalb faustdick hinter den Ohren.

Überhaupt verläuft das Leben auf dem »flachen« Land nach eigenen Gesetzen. Wenn jemand einen Raum betritt, bleibt jeder der Anwesenden sitzen. Nur den Hut, den man übrigens nie abnimmt, schiebt man als Geste der Höflichkeit leicht nach hinten. Hier ist auch der neue *pick-up truck*, ein kleiner Lieferwagen, ein höheres Statussymbol als ein Cadillac. Jackett und Krawatte trägt man nur zur Hochzeit. Ansonsten fühlt man sich wohl in Jeans und kurzärmeligen Hemden.

Ländliches Amerika

New York, New York!

Liegt New York nicht gleich vor unserer Haustür? So mancher Geschäftsmann, der morgens schnell nach N.Y. jettet und abends wieder nach Europa zurückfliegt, wird wohl zu dieser Meinung verleitet. Ein mittlerer Beamter aus Frankfurt erzählte mir, daß er, ein Fan von Opern und Musicals, etwa siebenmal im Jahr nach New York fliege. »Das kostet mich hin und zurück gerade einmal 500 $. Mit meiner Frau wohne ich in einem preiswerten Motel. Das kommt uns insgesamt billiger, als wenn wir für ein verlängertes Wochenende nach Hamburg oder München fahren würden.«

New York – mittlerweile ein Reisenahziel?

Nicht nur für Ausländer, auch für Amerikaner ist New York die Stadt der Superlative. Gleichwohl wird Ihnen jeder New Yorker Taxifahrer sagen, daß diese Weltstadt nicht Amerika sei. Andererseits ist Amerika ohne New York nicht vorstellbar. Es ist die einzige Metropole des Landes, die diese Bezeichnung wirklich verdient. An ihr müssen sich alle anderen Städte messen lassen.

In New York selbst wohnen etwa 7,5 Mio. Einwohner und weitere 9 Mio. im Umland. Die Megalopolis liegt an der Mündung des Hudson-Flusses. Die fünf Stadtviertel

New York ist nicht Amerika – aber Amerika ist nichts ohne New York. Dies symbolisiert der Nachbau der wichtigsten New Yorker Gebäude in Las Vegas, Nevada.

Auf engstem Raum prallen die Gegensätze aufeinander wie sonst nirgends in Amerika.

Manhattan, Bronx, Brooklyn, Queens und Staten Island ziehen sich beiderseits des East Rivers bis auf die vorgelagerten Inseln hin. Auf engstem Raum prallen die Gegensätze aufeinander wie sonst nirgendwo in Amerika. Im relativ kleinen Viertel Manhattan ballt sich alles zusammen: Macht, Geld, Kultur und Elend. Niemand nimmt zur Kenntnis, wenn eine Dame in sündteurem Zobel ohne mit der Wimper zu zucken über einen Obdachlosen hinwegsteigt, der ihr im Weg liegt. Kartonagenunterkünfte stehen neben Palästen. Schrottkarren fahren neben überlangen Luxuslimousinen mit abgedunkelten Fenstern, die von livrierten Chauffeuren gesteuert werden. Das im Gestern Verlorene trifft auf Morgen und Übermorgen. In der Nacht stehen die grellen und gleißenden Lichter der Amüsierviertel neben der silhouettenvertieften Schwärze in den Slums.

Mode – was beliebt, ist auch erlaubt.

Nach der äußeren Erscheinung der einzelnen New Yorker ist die Stadt sicher eine der freizügigsten der Welt. Die schrillsten und verwegensten Modecapricen werden ebenso toleriert wie eine verspielte Aufmachung im Stile der Biedermeierzeit. Es gibt keinen amerikanischen, schon gar nicht New Yorker Kleidungsstil, der für alle verbindlich wäre – trotz der Levi's Jeans. *Every thing goes:* Der bodygeb(u)ildete

Tarzan im Ringerhemd zeigt sich in New York ebenso ungeniert wie der Cowboy aus dem Westen oder ein Indio in Stammestracht. In einem Straßencafé in Little Italy sitzt ein schwarzgekleideter jüdischer Herr mit Käppchen und Bart neben einem Punker, der mit seinem grünen Irokesen-Haarkamm die Welt verschönt. Alles ist möglich. Erlaubt ist, was Spaß macht.

Wie gerne hätte ich als Geschäftsmann Peter Minnewit seinerzeit den Indianern ganz Manhattan für Glasperlen im Wert von 24 $ »abgekauft«. 1626 wurde das heutige Manhattan europäisch besiedelt. Nur 42 Jahre später übergab der Gouverneur Peter Stuyvesant die Stadt kampflos den Engländern. Aus Neu Amsterdam wurde New York. Der Aufstieg zur zeitweise größten Stadt der Welt begann aber erst mit der Unabhängigkeit der USA. Zwei Jahre lang – 1789 bis 1790 – war New York sogar die Hauptstadt des jungen Staates, bevor diese nach Washington verlegt wurde.

Aus Neu Amsterdam wird New York.

Dafür eröffnete 1792 in der kleinen Wall Street die Börse. Wer konnte damals ahnen, daß sich daraus einmal das wichtigste Finanzzentrum der Welt entwickeln würde. Und weil Geld und Freiheit in Amerika nun einmal zusammengehören, schuf der Elsässer Bildhauer Bartholdi eine »mächtige Frau mit einer Fackel« im Hafen von New York. Die Franzosen brachten damals 250.000 Dollar für die Freiheitsstatue auf, die Amerikaner keinen Cent. Generationen von Einwanderern hat die pathetische, sich reckende Schöne bei der Ankunft in der Neuen Welt begrüßt.

Die Freiheitsstatue – elsässische Französin mit griechischem Profil

Die Stadt ging in ihrer relativ kurzen Geschichte durch extreme Höhen und Tiefen. 1929 löste der *Black Friday* (»Schwarze Freitag«) an der Wall Street die bislang größte Weltwirtschaftkrise aus. Zuvor (1920–1932) hatte New York die »Durststrecke« der Prohibition ertragen. Andererseits: 1939 stiftete Abby Aldrich Rockefeller das Museum of Modern Art, die größte Sammlung moderner Kunst. 1946 wurde New York Sitz der Vereinten Nationen. 1950 wurde dem Empire State Building sein Fernsehturm aufgesetzt. Mit seinen nun 448 m Höhe war der Bau dann Jahrzehnte das höchste Gebäude der Welt, bis er von den noch höheren Türmen des World Trade Centers übertroffen wurde. Im obersten Stock des einen liegt das Restaurant *Windows on the World*. Diesen schwindelerregenden Aussichtspunkt sollten Sie unbedingt besuchen. Aber vergessen Sie nicht: Krawatte und Jackett gehören – in diesem Fall! – zur Kleiderordnung.

Extreme Stadtgeschichte

Skyscraper – »Wolkenkratzer«

Anfangs baute in New York jeder, wie er gerade wollte. Zwar versuchte man mit Bauvorschriften diesen Wildwuchs zu regulieren, aber kaum ein Bauherr hielt sich daran. 1902 entstand der erste der Wolkenkratzer, welche die heute immer noch futuristische Silhouette Manhattans prägen. Als Ludwig Mies van der Rohe und Philip Johnson 1958 das Segramam Building bauten, waren die New Yorker so begeistert, daß sie lange den in Dessau entstandenen Bauhausstil favorisierten.

New York ist auch eine Stadt der Theater und der Museen. Sie alle tragen sich ausschließlich durch Eintrittsgelder und Spenden. Kaum einer käme auf den Gedanken, öffentliche Gelder für das Privatvergnügen einiger Kunstbeflissener zu verschwenden. Ein Gerangel und Gezeter wie etwa um das Berliner Schillertheater,

Art is business

Blick auf die Straßenschluchten von Manhattan vom Empire State Building hinab

dem der Senat die Zuschüsse streichen wollte, ist dem Amerikaner völlig unverständlich. Wenn ein Theater pleite ist, geht es eben in den Konkurs oder bietet ein reizvolleres Programm.

Strukturiertes Labyrinth – Orientierung in New York

Der Fremde findet sich in New York relativ schnell zurecht, weil die Stadt schachbrettartig angelegt ist. Dieses *grid pattern* (Straßengitter) ist für viele amerikanische Städte typisch und hilft sehr dabei, eine gesuchte Adresse zu finden. Von Nord nach Süd verlaufen die großen *avenues*. Die bekannteste von ihnen ist die Fifth Avenue mit ihren Nobelhotels, edlen Juwelieren (z.B. Tiffany) und exklusiven Modehäusern. Von Anfang an bildete der Broadway die Hauptverkehrsader Manhattans. Mitte des 19. Jhs. wurde er zudem zur Amüsiermeile der weißen Mittel- und Oberschicht. Nirgendwo sonst auf der Welt drängen sich so viele Theater wie am *Great White Way* (»Großen weißen Weg«) – eine Bezeichnung, die auf die grelle Neonbeleuchtung nachts verweist. Während der Saison finden hier rund tausend Premieren statt. Wer am Broadway einen Hit landet, hat den Durchbruch im *showbiz* geschafft.

Die weltberühmte Metropolitan Opera soll ihre Entstehung der Laune einer Frau zu verdanken haben. Als die Gattin des Multimillionärs Vanderbilt für eine Opernvorstellung keine Karte mehr erhielt, beschloß sie angeblich verärgert, ihre eigene Oper zu errichten. 65 Mäzene aus ihrem Bekanntenkreis sammelten kurzerhand 1,5 Mio. $ und ließen diesen einmaligen Tempel der Sangeskunst entstehen.

Die »Met«

Weit mehr als die Künstler bestimmen Manager, Börsenmakler und Industrielle den Rhythmus der Stadt. Sie gehören zu den gewieftesten und härtesten ihres Metiers. Wer sich im New Yorker Business-Dschungel durchsetzt, der hat es weltweit geschafft.

Frank Sinatra sang über New York: »If I can make it there, I can do it everywhere.«

Alles hat gigantische Ausmaße. Der Hafen ist der größte der Welt. Die wichtigsten Banken, Verlage, Werbeagenturen, Versicherungen und TV-Stationen der USA – wenn nicht der Welt – haben sich innerhalb der sich hochtürmenden Wolkenkratzermauern dieser Stadt niedergelassen. Was bedeutet es da schon, daß der New Yorker Akzent als – na ja –»markant« gilt und dessen Sprecher im ganzen Land als unhöflich verschrien werden.

Nirgendwo sonst in Amerika haben die Einwanderer ihre ursprüngliche Nationalität so sehr bewahrt wie in diesem Völkerbabel. Die ethnische Vielfalt ist wohl das herausragendste Merkmal der Stadt. Hier leben angeblich mehr Juden als in Israel, fast mehr Italiener als in Rom, mehr Puertoricaner als in der Hauptstadt Puerto Ricos und nicht viel weniger Asiaten als in Hongkong. Als die Volkszählung von 1990 ergab, daß die Farbigen zum erstenmal die Mehrheit der Einwohner bildeten, waren die weißen New Yorker geschockt. Allein die Schwarzen stellen inzwischen 25 % der Bevölkerung.

Nicht »Schmelztiegel« (melting pot), sondern Völkerbabel

Die weltweit diskutierte Zero-Tolerance-(»Null-Toleranz«-) Politik gegenüber dem Verbrechen hat den negativen Ruf New Yorks als crime capital stark verbessert.

Jazz-Gruppe am Washington-Square, Manhattan. Aus dem Rotwelsch der frühen Jazz-Musiker stammt auch die Bezeichnung »The Big Apple« für New York.

Ein Viertel der Bevölkerung ist arm.

Dieser Anteil entspricht in etwa (aber nicht deckungsgleich) dem Anteil derjenigen, die unterhalb der Armutsgrenze leben. Ganze Viertel sind verslumt und Schauplatz blutiger Bandenkriege. In diesem Milieu werden Junkies zu Tätern, aber auch zu ausgebeuteten »Kostgängern«. Fast die Hälfte aller Drogensüchtigen der USA lebt in New York. Entsprechend hoch liegt die Zahl der Gewalttaten. Aber andererseits kenne ich eine ältere Dame, die direkt am (zumindest früher berüchtigten) Central Park wohnt. Sie führt dort täglich ihren Hund spazieren und ist noch nie Zeugin eines Verbrechens geworden.

Suburbia & Inselidylle

Wer es sich leisten kann, zieht in die ruhigere Umgebung der Metropole oder sucht zumindest am Wochenende sein Häuschen auf dem Land auf. Die Reichen wohnen in ihren abgeschirmten Villen auf Long Island. In East und South Hampton gibt es wahrscheinlich mehr Rolls Royces als in London. Spötter nennen diese feine Gegend daher »Cash Hampton«. Hier sind arrivierte Künstler, Schriftsteller, berühmte Modeschöpfer und Geschäftsleute unter sich. Zur *in-crowd* zählen Sie allerdings erst dann, wenn Sie ergänzend eine große Stadtwohnung in der City besitzen, die Sie in den Wintermonaten benutzen. Zudem zieht man sich, sobald es die gesellschaftlichen und geschäftlichen Verpflichtungen zulassen, zum Aufwärmen in seine Villa in Florida zurück. Der Sommer gehört dann wieder Long Island.

Consumer's Paradise, Cowboys, College, Correctness, Crime, Colts, Cops und mehr – ein amerikanisches Potpourri

In den verzweigten Gängen dieses Labyrinths können Sie Tage verbringen, ohne daß Sie die Zeit merken. Alles glitzert und funkelt. Selbst in der heißen Jahreszeit ist es hier angenehm kühl, während draußen die Hitze jede Bewegung lähmt. Endlos reihen sich schicke Läden, Restaurants, Boutiquen, Kinos und Cafés aneinander. Luxuswaren und Leckereien aus der ganzen Welt machen die Wahl zur Qual.

Shopping malls – die Paradiesgärten des Konsums

Sie erahnen den Glanz der überdachten Basare aus Tausendundeiner Nacht. Nur an den Düften mangelt es. Zu viele Gerüche irritieren den Amerikaner. Dafür wird alles peinlich saubergehalten. Und auch Ihre Juwelen können Sie ganz offen zur Schau tragen, ohne daß Sie einen Raubüberfall befürchten müssen. Rund um die Uhr wacht ein privater Sicherheitsdienst über die Unbehelligtheit der Besucher.

Amerikanische Einkaufszentren sind neuzeitliche Konsum-Kathedralen.

Vergessen Sie die europäische Dimension von Kaufhäusern!

Sie sind in eine der *shop malls* geraten, gigantische Einkaufszentren unter einem Dach, die auf Tausenden von Quadratmetern fast alle Wünsche erfüllen. Vergessen Sie die Kaufhäuser, die Sie in Europa gesehen haben. Im Vergleich zu dieser »Bannmeile« der Versuchung wirken sie wie etwas zu groß geratene Tante-Emma-Läden. Wenn dem Amerikaner die ohnehin schon gut sortierten *supermarkets* und die *open markets* mit ihrem reichen Angebot an Obst und Gemüse nicht mehr reichen, dann pilgert er – am liebsten gleich mit der ganzen Familie – in diese luxuriösen Konsum-Nirwanas. Kein Nationalpark, kein Museum, auch kein Disneyland wirkt so faszinierend wie diese *shopping malls. Shop until you drop!* (»Kaufe ein bis zum Umfallen!«) lautet die Devise, der man / frau auch bedingungslos folgt. Doch bereits das Flanieren und Staunen lohnt den Besuch.

»Ein einig Volk von Konsumenten«

Nirgendwo ist das Leben amerikanischer als in den *shopping malls*. Vielleicht prägt und verbindet die auseinanderdriftende Gesellschaft der USA nichts so sehr wie der Massenkonsum. Gewiß eint alle Amerikaner ungeachtet ihrer Herkunft das gemeinsame Streben nach Wohlstand und sozialem Aufstieg. Ohnehin spielt die Hautfarbe um so weniger eine Rolle, je reicher man wird. Aber mehr noch als vor dem Gesetz sind »alle vor dem Konsum gleich«, der damit fast »demokratiestiftend« wird.

Die Pflege wechselseitiger Vorurteile im freien Amerika

Erst wenn Sie die heile Welt der *shopping malls* verlassen, holt Sie die amerikanische Wirklichkeit wieder ein, die ethnischen Differenzen, die sich an den ungelösten sozialen Problemen entzünden und die Vorurteile, mit denen man einander begegnet. Zwar nimmt man das Wort Toleranz gern in den Mund, um dann aber seine Mitmenschen desto unbarmherziger an der eigenen Moralvorstellung zu messen. So beschloß vor kurzem die Baptistenversammlung, *Disney World* zu boykottieren, weil die firmeneigene Krankenversicherung homosexuelle Paare wie verheiratet eingestuft hatte. In den ländlichen Teilen von Virginia spricht man noch heute von »the slaves«, wenn man die schwarze Bevölkerung meint. Andererseits nennt der farbige Radikale Louis Farrakhan in aller Öffentlichkeit New York »Jew York« und die *United Nations* »Jewnited Nations«. In diesem Sprachspiel machte er also aus New York »Juden-York« und aus den Vereinten Nationen die »Verjudeten Nationen«.

Witz und Satire – besonders wenn sie religiös gefärbt sind – können den Amerikaner bisweilen an seinem empfindlichsten Nerv treffen. Das mußte der Karikaturist und Satiriker Spiegelmann erfahren, als er für eine Aprilausgabe des legendären *New Yorker* das Titelblatt gestaltete. Er nahm den zu dieser Zeit fälligen Termin der jährlichen Steuererklärung zum Anlaß, einen gekreuzigten Osterhasen zu zeichnen. Dem Hasen hingen die leeren Taschen aus der Hose heraus. Dazu war er auf eine Steuererklärung genagelt. Die Empörung war einhellig: »Zuerst bringen die Juden unseren Jesus um – und dann machen sie sich auch noch über ihn lustig.« Ein Mitglied der *Catholic League* wünschte dem Zeichner in einem Leserbrief, er und seinesgleichen mögen an der Matze, dem ungesäuerten Osterbrot der Juden, ersticken.

Belastete Beziehung: Schwarze vor jüdischen Geschäften in Brooklyn, New York

Insgesamt driftet die amerikanische Gesellschaft immer weiter nach rechts. Auch die beiden großen Parteien verspüren diesen Trend. Vor den Wahlen versuchen sie ihre »Falken« mit markigen Versprechungen bei der Stange zu halten. Schließlich könnten ihre Stimmen und die ihrer Gefolgsleute wahlentscheidend sein. Auch die Zahl der Fundamentalisten in den christlichen Kirchen nimmt ständig zu. Besonders radikal gebärden sich die *Militia*-Gruppen, die gerade aus den »ordentlichen Familien« Zulauf bekommen. Ihr Guru Mark Koernke wirbt für seine Ideen auf einem eigenen TV-Kanal: »Die UNO will Amerika beherrschen. Russische Truppen haben sich in Felsenhöhlen versteckt und warten auf ihren Einsatz. Eines Tages stürzen Bewaffnete in Ihr Haus. Schießen Sie auf sie! Am besten in den Kopf, denn ihr Körper ist durch Panzerwesten geschützt.« Vor diesem martialischen Hintergrund kommt dem Konsumrausch fast schon eine friedenserhaltende Funktion zu.

Rechtsdrift der amerikanischen Gesellschaft

Das Einkommen bestimmt den Rang

Sollte Sie der Weg einmal nach Palm Beach in Florida führen, dann schlage ich Ihnen ein schönes Spiel vor: Sie werfen sich in Schale und suchen eines der Maklerbüros in der vornehmen Worth Avenue auf. Dort äußern Sie nonchalant, daß Sie aus Deutschland kämen und sich für den Kauf eines großen Hauses interessieren würden. Lassen Sie beiläufig einfließen: »Money is no object. And as you know, we Germans pay in cash.« Daß Geld keine Rolle spiele und Sie als Deutscher die ganze Summe bar auf den Tisch des Hauses blättern würden, macht Sie sogleich zu einem heiß begehrten Kunden. Wahrscheinlich werden Sie nun in einen Rolls hofiert und durch ein Viertel mit den imposantesten Villen kutschiert. Setzen Sie an jedem Haus etwas aus und bedauern Sie am Ende: »Nothing you have shown me really fits my imagination.« Der Verkäufer wird verstehen, daß keines der Ihnen gezeigten Objekte ganz Ihren Vorstellungen entspricht. Und Sie haben eine aufregende Sightseeing-Tour durch die Welt der Superreichen erlebt.

Palm Beach, Insel der Superreichen

Die Bewohner der Düneninsel Palm Beach gehören zu den wohlhabendsten Bürgern der Vereinigten Staaten. Und da die weniger begüterten Amerikaner keinen Neid kennen, dürfen diejenigen, die es »geschafft« haben, ihren Reichtum ungeniert zur Schau stellen. Sie lassen sich Häuser von solchen Ausmaßen bauen, wie man sie sich in Europa nicht mehr vorstellen kann – denen höchstens die schloßähnlichen Bauten der industriellen Gründerzeit annähernd gleichkämen. Diese palastartigen *mega-mansions* prägen weite Teile der Ostküste Floridas.

»My home is my palace.«

Terry und Irwin Kramer bauen gerade ein Haus mit einer Wohnfläche von 3.700 qm. Abe Gosman lebt auf geräumigen 6.400 qm. Darin inbegriffen ist eine Galerie mit Gemälden von Picasso, Willem de Kooning und Larry Livers. Jimmy Buffet bezahlte 4,4 Mio. $ für sein bescheidenes Eigenheim mit nur 1.600 qm. Bud Paxson, dem mehrere TV-Stationen gehören, zog in eine 16.000 qm große Villa um. Die »bessere Lage« ließ er sich 12 Mio. $ Dollar kosten. Jerome und Anne Fisher, Inhaber einer Schuhladenkette, geben sich mit 3.500 qm Wohnfläche zufrieden. Dafür müssen sie jährlich 116.957 $ Grundsteuer zahlen.

Eine palastartige mega-mansion

Einige Bewohner fühlen sich inmitten einer solchen Ansammlung von Palästen beengt und ziehen fort, um sich ein noch größeres und noch aufwendigeres Domizil mit mehr eigenem Umland zu errichten. Wer sich bis ganz nach oben durchgeboxt hat, will auch zeigen, was er erreicht hat. Keiner käme auf den Gedanken, dem Erfolgreichen die »Früchte seiner Arbeit« zu mißgönnen. Vielmehr nimmt man sich ihn zum Vorbild, dem man nachzueifern versucht.

Reichtum erweckt nicht Neid, sondern Ehrgeiz.

Anders als der Europäer kennt der Amerikaner keine Hemmungen, darüber zu sprechen, was er verdient oder besitzt. Schon zu Beginn einer Unterhaltung plaudert er freimütig über seine Eigentumsverhältnisse. Deshalb sollten auch Sie sich nicht genieren, Ihren »Marktwert« offenzulegen, wobei Sie durchaus großzügig nach oben aufrunden dürfen. Schließlich gehört Klotzen zum Geschäft. Und Ihr Gesprächspartner ermittelt ja nicht im Auftrag der Steuerbehörde. Nichts spiegelt bei Amerikanern den Grad persönlicher Tüchtigkeit besser als ein hohes Einkommen.

Offenbaren Sie Ihren Marktwert!

Vielleicht lernen Sie jemanden kennen, der Ihnen so nebenbei mitteilt: »My net worth is 300.000 $.« Sie können davon ausgehen, daß diese Zahl keineswegs untertrieben, wohl eher zu hochgegriffen ist. Unter *net worth* versteht der Amerikaner sein Nettovermögen. Gewöhnlich rechnet er sein Haus dazu, und zwar zum *fair market value*, d.h. zum realen Marktwert. Dieser wird allerdings nur erzielt, wenn der Verkauf stattfindet, ohne daß der Verkäufer unter finanziellem oder zeitlichem Druck steht. Die Fehleinschätzung des eigenen *net worth* beginnt also meist damit, daß der Marktwert von Immobilien illusionär bewertet wird. Von diesem Betrag zieht Ihr Gesprächspartner dann die Hypothek ab und rechnet sein sonstiges Vermögen hinzu, das meistens aus Aktien und weiteren Grundstücken besteht. Er vergißt gewöhnlich, daß seine 20 Kreditkarten alle einen erheblichen Saldo zu seinen Ungunsten aufweisen. Und er verdrängt, daß er seiner geschiedenen Frau noch 50.000 $ schuldet. Der wahre *net worth*, die materielle »Seele« des Amerikaners, schrumpft also meist beträchtlich unter realistischer Betrachtung.

Personen definieren sich durch »net worth«.

Die Höhe des Einkommens bestimmt auch die Gegend, in welcher der US-Bürger wohnt. »This is an upper-middle-class-area«, also ein Gebiet, in dem Angehörige der oberen Mittelschicht leben. Wenn Sie mit amerikanischen Freunden durch die Gegend fahren, hören Sie solche Erklärungen häufig. Tatsächlich findet man selten ein 200.000-$-Haus neben einem, das vielleicht 500.000 $ gekostet hat. Schon zu Beginn meines USA-Aufenthaltes fiel mir auf, daß die einzelnen Stadtviertel in sich erstaunlich gleichförmig sind. Ein Haus ähnelt dem andern. Selbst die Höhe der Dächer scheint genormt zu sein. Wie in einem Kastensystem, das sich nicht nach religiösen, sondern nach materiellen Kriterien bestimmt, wohnen die verschiedenen Schichten der Gesellschaft streng voneinander getrennt. Wenn beispielsweise ein Angestellter befördert wird, bleibt ihm gar nichts anderes übrig, als in eine Gegend umzuziehen, die zu seinen neuen Einkommensverhältnissen paßt. Wer in der »falschen« Umgebung wohnt, den lassen dies die Nachbarn durch soziale Meidung spüren.

Wohngegend = Einkommensteuererklärung

Ich bin, wo ich wohne.

Ich bin, wo ich wohne (hier: Chinatown, Manhattan, New York).

Die USA sind eines der reichsten Länder der Welt. In knapp 20 Jahren hat sich die Zahl der Millionäre auf über 1,5 Mio. verdreifacht. Der durchschnittliche Jahresverdienst eines Arbeitnehmers liegt immerhin noch bei 30.000 $. Allerdings haben 40 % der Bevölkerung sehr viel weniger in der Lohntüte.

Die Zweidrittel-Gesellschaft

Annähernd 40 Mio. Amerikaner gelten laut Statistik als arm. Dazu gehören nicht nur Arbeitslose, Sozialhilfeempfänger, Schwarze und Latinos (die zum Teil illegal im Land leben), sondern auch die *working poor*. Diese Menschen haben zwar Arbeit – einen sogenannten McJob – aber sie können von dem, was sie verdienen, nicht ihren gesamten Lebensbedarf finanzieren.

Kontrastsystem City-Ghettos und »Suburbia«

Auch die Armen haben ihre »eigenen« Viertel, wo sie weitgehend unter sich bleiben. Besonders die Innenstädte in den Ballungszentren »gehören« ihnen, nachdem die Bessergestellten das Weite gesucht haben, d.h. in die Vororte gezogen sind. In den heruntergekommenen City-Ghettos blüht die Kriminalität. Hier finden auch die Obdachlosen eine Nische, in der sie ihr Leben fristen können und wo sie die Mehrheit ihrer Landsleute nicht wahrzunehmen braucht. Ihre Zahl liegt an der

Millionengrenze. Ein Bummel durch diese »Wohn«gegenden nach Einbruch der *Kinderarmut*
Dunkelheit wäre lebensgefährlich. Aber welcher der bessergestellten Amerikaner
käme schon auf eine solche abenteuerliche Idee?

Ein Viertel aller Kinder unter sechs Jahren, darunter etwa die Hälfte aller schwarzen
Kinder, lebt unterhalb der offiziellen Armutsgrenze. Schlecht ausgestattete Schulen
und fehlende Arbeitsplätze machen die Hoffnung auf Besserung fast illusorisch.
Das Schicksal des Ausgestoßenseins überträgt sich also von den Eltern auf die Kinder. Zwar greift die staatliche Fürsorge ein und verteilt Lebensmittelmarken *(food*
stamps), die inzwischen jeder zehnte Amerikaner bezieht, doch die wirklich wirk- *»Private*
same Hilfe bleibt der privaten Wohltätigkeit überlassen. Ohne Spendengelder und *charity«,*
ehrenamtliche Helfer wäre das soziale System der USA längst zusammengebrochen. *private*
Die Amerikaner wissen, daß ihre Spendengelder oft über Leben und Tod entschei- *Wohltätigkeit*
den, und geben entsprechend großherzig. Aber die Schlange der sozialen Bittsteller
wird immer länger: Museen, wissenschaftliche Einrichtungen, Umweltschützer
und AIDS-Forschung – um nur einige zu nennen – buhlen um die Gunst der Spender. Je schriller der Ruf nach Hilfe erschallt, um so eher wird er erhört. In diesem
lautstarken Chor geht die Stimme der Allerärmsten häufig unter.

Essensausgabe in San Francisco, California

Steuerparadies mit Tücken

Einer Ihrer Freunde wird wegen Steuerhinterziehung zu einem Jahr Gefängnis verurteilt und nach Abbüßen seiner Strafe am 15. Juni entlassen.

Steuermoral

Was täten Sie, wenn Sie Franzose wären? Sie würden Ihre für Anfang Juli geplante Party vorverlegen, um am 15. Juni die Entlassung Ihres Freundes gemeinsam feiern zu können.

Als Deutscher würde man vielleicht sagen »Der arme Hund hat Pech gehabt!« und den Freund einige Tagen nach seiner Entlassung anteilnehmend anrufen, um zu hören, wie es ihm geht.

Der Amerikaner aber würde diesen nunmehr ehemaligen Freund ein für allemal von seiner Gästeliste streichen. Denn der Verstoß gegen die Steuermoral ist für ihn kein Kavaliersdelikt.

Wahrscheinlich hat die Steuerhinterziehung in Höhe von 20.000 $ seinerzeit Präsident Nixon mehr geschadet als die gesamte Watergate-Affäre. Und der berüchtigte Mafiaboß Al Capone hat viele Jahre seinen blutigen Geschäften unbehelligt nachgehen können, bis ihm ausgerechnet seine Steuerschulden das Genick brachen.

Kein Mensch auf der Welt, auch nicht der Amerikaner, zahlt gern Steuern. Da sie aber in Amerika moderat sind, greift der US-Bürger bereitwilliger in die Tasche als sein europäischer Leidensgenosse, zumal er genau weiß, wofür er bezahlt.

Bis zum 15. April muß die Steuererklärung für das abgelaufene Jahr abgegeben und die angefallene Steuer bezahlt werden.

Internal Revenue Service

Im Unterschied z.B. zu Deutschland finden Steuerprüfungen äußerst selten statt. So wurden 1994 nur zwei Prozent der Einkommenssteuerpflichtigen überprüft, und dies meist auch nur, weil sie Verluste rückwirkend geltend gemacht und Steuererrückzahlungen beantragt hatten. Nach einem zufälligen Auswahlverfahren wird ein weiteres Prozent der Bürger einer Prüfung unterzogen. Dabei will der IRS, der *Internal Revenue Service*, lediglich bestimmte statistische Daten ermitteln und feststellen, inwieweit die Betroffenen das geltende Steuerrecht verstanden haben. Das gilt allerdings nicht für die großen Konzerne. So hat General Motors eigens Büroräume bereitgestellt, in denen die Prüfer des IRS ständig tätig sind.

TIPS   **Steuerprüfung in den USA**

Nach meinen Beobachtungen geht der IRS wie folgt vor: Zunächst prüfen Experten der Behörde, ob in der jeweiligen Steuererklärung Einnahmen und Ausgaben mit ihren Erfahrungswerten übereinstimmen. Erst wenn dies nicht der Fall ist, wird der IRS aktiv. Er hinterfragt einzelne

TIPS

Angaben, die ihm nicht plausibel erscheinen. Und nur im äußersten Notfall veranlaßt er eine umfassende Betriebsprüfung.

Vor einiger Zeit erhielt ich ein Schreiben von der IRS. Darin kündigte man mir eine bevorstehende Steuerprüfung an, nicht weil man irgendeinen Verdacht gegen mich hegen würde, vielmehr handele es sich lediglich um eine Routineuntersuchung, die von Zeit zu Zeit stichprobenartig durchgeführt werde. Zufällig habe der Computer meinen Namen ausgespuckt. Ich möge die dadurch entstehenden Unannehmlichkeiten doch bitte entschuldigen.

Gemeinsam mit meinem Steuerberater ging der Prüfer die Akten durch, ohne irgendwelche Beanstandungen zu finden – oder auch nur danach zu suchen. In Deutschland drängt sich oft der Verdacht auf, der Prüfer wolle unbedingt fündig werden, um gegenüber seinen Vorgesetzten Erfolg aufweisen zu können

Die ermittelten Steuern müssen umgehend bezahlt werden. Denn bei Verzug kennt das *collection department*, die Eintreibungsabteilung, kein Pardon. Mit Steuerschulden kann in den USA kein Geschäftsmann überleben. Er tut also gut daran, alles aufzubieten, um die Forderungen zu begleichen oder ein Stundungsabkommen mit der Steuerbehörde zu treffen.

Es gibt in den USA spürbar höhere Grundsteuern als etwa in Deutschland. Dies liegt daran, daß sich die Gemeinden und Landkreise zum wesentlichen Teil über diese Art der Steuer tragen. Ob Feuerwehr, Schulen, Straßenbau, öffentliche Büchereien, Wasserversorgung, Kinderberatungsstellen oder Gesundheitsdienst – all dies wird vornehmlich durch die Einnahmen aus der Grundsteuer finanziert.

Grundsteuern

Orte wie Palm Beach, wo die meist wohlhabenden Einwohner besonderes auf ihre Sicherheit bedacht sind, leisten sich einen aufwendigen Polizeiapparat. Deshalb liegen hier die Grundsteuern höher als andernorts. Für ein durchschnittliches Haus in mittlerer Qualitätslage werden im Monat fast 1.000 $ Steuern gefordert. Der stolze Besitzer einer Prunkvilla muß gar mit dem Zehnfachen rechnen. Dies trifft manchen Bürger hart, aber weil diese Abgaben unmittelbar erkenntlich seinen Interessen dienen, nimmt er den schmerzhaften Aderlaß hin. Bezahlt er die Steuer nicht, wird auf sein Grundstück eine Zwangshypothek eingetragen, die grundsätzlich jeder anderen Belastung vorgesetzt ist. Die Banken rechnen deshalb zur Hypothekenbedienung die Grundsteuer hinzu, die als monatlich fälliger Betrag zunächst an die Bank zu überweisen ist. Diese zahlt dann pünktlich die Grundsteuer des von ihr beliehenen Hauses.

Da der Kunde auch bei den Behörden stets König ist, steht auf jedem Grundsteuerbescheid die Telefonnummer der zuständigen Behörde. So kann der Bürger rasch zum Hörer greifen, um nähere Auskünfte einzuholen oder um sich zu beschweren.

**Modernes Nomadentum –
auch eine Art, Grundsteuern
zu vermeiden (Airstream
Mobile Homes bei Medicine
Bow, Wyoming)**

*Auch bei den
Behörden ist
der »Kunde«
König.*

Weil die Behörde dies vermeiden will, setzt sie vor jeder Änderung des Steuersatzes ein *hearing* an, eine Anhörung, deren Termin lange vorher öffentlich bekanntgegeben wird.

*Einkommen-
steuer*

Die Einkommensteuer fließt zum größeren Teil dem Bund zu, zum kleineren Teil dem Bundesstaat, in dem sie erhoben wird. Dieser verfügt über eine eigene Steuerhoheit und kann nach freiem Ermessen die Höhe der Steuern bestimmen, soweit nicht die Ansprüche des Gesamtstaates davon berührt werden. Florida verzichtet auf seinen Anteil an der Einkommensteuer – eine freundliche Geste, die seinen Ruf als *sunshine state* mitbegründet. Personen mit geringem Einkommen zahlen gar keine Steuern.

Die Einkommensteuersätze liegen weit unter denen in der Bundesrepublik Deutschland. Da sie sich aber von Jahr zu Jahr ändern, empfiehlt es sich, daß Sie einen Steuerberater hinzuziehen, wenn Sie in den USA eine Firma gründen wollen.

Das zu versteuernde Einkommen setzt sich aus den Gesamteinkünften zusammen – abzüglich der Beträge, die der Steuerpflichtige absetzen kann. Neben den nachzuweisenden Geschäftskosten sind dies die Zinsen für die Hypotheken auf den ersten Wohnsitz, die dafür anfallende Grundsteuer, bestimmte Arzt- und Krankenhauskosten und alle Arten von Spenden.

Das amerikanische Steuerrecht kennt auch die *corporate tax*, die Körperschaftssteuer, und die *capital gains tax*, die Gewinnsteuer, der auch alle Dividenden unterliegen, die eine Aktiengesellschaft ausschüttet. Gewinne aus Investitionen werden ebenso wie Dividenden dem Einkommen hinzugerechnet. Dadurch gelangt der Steuerpflichtige möglicherweise in eine höhere Progressionsstufe. Die Kapitaleinnahmen werden aber dennoch nur mit maximal 28 % versteuert. Anders als in Deutschland gibt es in Amerika allerdings keine Spekulationsfrist. Gewinne aus Aktien, Immobilienverkäufen und ähnlichem unterliegen grundsätzlich der *capital gains tax*.

Körperschafts- und Gewinnsteuer

Ein heikles Thema ist die Erbschaftssteuer. Im Unterschied etwa zu Deutschland unterliegt in Amerika nicht der Empfänger, also der Erbe, sondern der Nachlaß als solcher der Besteuerung. Zwar räumt man dem Erben einen großzügigen Freibetrag von 600.000 $ ein. Der diese Summe übersteigende Betrag aber wird progressiv besteuert mit einem Höchstsatz von 55 %.

Erbschafts- steuer

Zahlreiche Seminare bieten dem Betroffenen Gelegenheit, sich kundig zu machen, wie er seine Erbschaftsangelegenheiten möglichst am Fiskus vorbei regeln kann. Zudem stehen ihm eine eigene Zunft von Steuerberatern und Anwälten zur Verfügung, die sich auf dieses Rechtsgebiet spezialisiert haben. Wer ein größeres Vermögen besitzt, würde am falschen Punkt sparen, wenn er auf den Rat dieser Experten verzichten würde. *Estate planning* heißt das »vorausplanende« Regeln des Nachlasses.

Ein Blick auf die nachgelassenen Besitzverhältnisse prominenter verstorbener Amerikaner zeigt, welches Vermögen sie bei ihrem Tod besaßen und wie wenig davon schließlich in die Hände der Erben gelangte. Deshalb setzt jeder Erblasser alles daran, dem würgenden Zugriff des Fiskus zu entgehen. Zum einen kann kann dies durch den Abschluß von Versicherungen erreicht werden. Ein anderer Ausweg, die Steuer zu umgehen und sich obendrein ein Denkmal zu setzen, ist die Gründung einer Stiftung. Die heftigen Erbschaftssteuern sind ein wesentlicher Grund dafür, weshalb reiche Amerikaner wohltätige Stiftungen der verschiedensten Art ins Leben rufen. Denken Sie nur an das Getty-Museum, die McArthur-Stiftung und ähnliche Einrichtungen.

Nachlaßregelung durch Stiftungen (hier: Guggenheim Museum in New York)

TIPS Doppelbesteuerungsabkommen

Für länderübergreifende Investitionen und Einkünfte, die man in zwei Staaten erzielt, gilt das Doppelbesteuerungsabkommen. Das DBA USA / Deutschland z.B. ist ein Vertrag zwischen der Bundesrepublik Deutschland und den Vereinigten Staaten mit dem Ziel, die doppelte Besteuerung von Einkünften zu vermeiden.

Das DBA ermöglicht unternehmerische Aktivitäten unter Steuerbedingungen, die höchst interessant sind. So sind Einkünfte aus Vermietungen und Verpachtungen nur dort zu versteuern, wo sie anfallen. Ein Deutscher, der unter gewissen Voraussetzungen in den USA solche Einnahmen erzielt, braucht diese Gewinne in Deutschland nicht zu versteuern. In Amerika sind höhere Abschreibungen möglich. Durch sie können Einnahmen aus Vermietung und Verpachtung kompensiert werden. Im günstigsten Fall sind sie dann weder in den USA noch in Deutschland zu versteuern. Das gilt jedoch mit der Einschränkung, daß man nicht selbst *in business* ist. Man darf also nicht selbst seine Grundstücke und Immobilien verwalten. In diesem Fall unterliegt man der amerikanischen Einkommensteuer.

Sie sehen also, daß das DBA für den Unternehmer ein durchaus nützliches Instrument sein kann, um die Steuerbelastung zu reduzieren, ein Instrument allerdings, mit dem richtig umzugehen nicht leicht ist.

Der Mythos vom Cowboy

Als ich noch Rinder züchtete, hatte ich meine erste Begegnung mit leibhaftigen Cowboys. Wenn meine 400 Tiere von Zeit zu Zeit sortiert und geimpft werden mußten, rief ich die dicke Woddy an, die in Indiantown einen Futterladen betrieb. Das »Cowgirl« holte sich zwei Männer und kam mit einem Truck, auf dem drei gesattelte Pferde standen. Dann lenkte sie mit ihren Helfern die Rinder äußerst behutsam in Schleusen, wo sie das Vieh beim Durchlaufen »verarzten« konnte. Unbedingt versuchte sie zu verhindern, daß die Tiere in Panik gerieten und dadurch Fleischmasse verloren.

Die große Zeit der Cowboys begann im vorigen Jahrhundert nach dem Bürgerkrieg, als die offene Prärie für *Longhorn*-Rinder genutzt wurde. Der Cowboy mußte die riesigen Rinderherden betreuen und sie auf dem *cattle drive* (Viehtrieb), der oft mehrere Wochen dauerte, zur nächsten Verladestation lotsen. Als um 1890 immer mehr Ackerland eingezäunt und das Eisenbahnnetz ausgeweitet wurde, hatte er ausgedient. Danach war er nur noch Handlanger, der Stacheldrahtzäune ausbesserte, Pfähle neu setzte oder Heu zu wenden hatte, also ein schlecht bezahlter Feldarbeiter.

Die große Zeit der Cowboys

Eigentlich war der Cowboy immer ein Knecht auf einem Pferd gewesen, der sich durch harte Arbeit mühsam ernährte. Doch schon sehr früh setzte die Verklärung

Die große Zeit des Viehtriebs war auch die große Zeit der Cowboys (hier: Wandgemälde Chisholm Trail in Fort Worth, Texas).

*Was wäre
Hollywood
ohne Vieh-
treiber
geworden?*

des Viehtreibers ein. Der legendäre Büffeljäger Buffalo Bill zog mit seinen Wild-West-Shows ab 1872 durch die USA und Europa, wo er erfundene Heldentaten dieser rauhen Gesellen verkündete. Später griff der Film-Western das Thema auf. In zahllosen Zelluloidrollen – und später in Endlosserien des Fernsehens wie etwa *Bonanza* – wurde das Hohelied des amerikanischen Mannes gesungen, der voller Selbstvertrauen mit bloßen Fäusten gegen das Böse kämpft und dafür auch den Colt zieht. Die Regisseure John Ford und Howard Hawks haben sich durch ihre Westernklassiker *Rio Grande*, *Chisum* oder *Rio Bravo* einen Namen gemacht. Und der polnischstämmige (und eigentlich auch einen polnischen Namen tragende) John Wayne ritt ein Leben lang für Recht und Ordnung durch die Kinos. Drei oder vier Kerle seines Kalibers könnten vermutlich die GSG 9 oder den gesamten deutschen Bundesgrenzschutz ersetzen.

Die wenigen heute noch »praktizierenden« Cowboys nennen ihren Kino-Kollegen geringschätzig »Staniol-Cowboy«. Dennoch verkörpert dieser die Tugenden des amerikanischen Mannes: Er ist unabhängig, freiheitsliebend, einsam, risikofreudig, maskulin und hart. Er schwingt gekonnt ein Lasso und rauchte bis vor kurzem Zigaretten einer bestimmten Marke.

*Der Cowboy –
die Ikone
Amerikas*

Die Amerikaner haben den Cowboy zu einer Ikone stilisiert, die sie verehren – wenn auch nicht mit feuchten Augen und so inbrünstig, wie viele Christen ihren Ikonen huldigen. Schmunzeln über die Rauhbeine ist durchaus erlaubt.

Stunt Show in den Universal Filmstudios (L.A., Burbanks, California)

Der alte Westen ist in den USA immer noch lebendig. Besonders die Texaner haben ihre Cowboyhüte und -stiefel anscheinend nie abgelegt. Auf zahlreichen Western-Festivals wird eine Zeit beschworen, die es so nie gegeben hat. Wenn Sie Lust haben, können Sie bei diesem Mythenspiel mitspielen. Manche Ranch bietet einen Job als Cowboy an — und Geld bekommen Sie auch noch dafür. Sollten Sie diesen Ferien-job annehmen, dann vergessen Sie nicht das Toilettenpapier. Es kann »notdürfti-ger« sein als eine warme Mahlzeit.

Schule heißt Punkte sammeln

Während eines Urlaubs an der Westküste von Costa Rica lernte ich drei amerikani-sche Ehepaare kennen, die sich auf einer Weltreise befanden. Wir kamen ins Gespräch. Eine der Frauen fragte mich beiläufig, welche Sprache man denn in Costa Rica spräche. Auf meine Antwort, daß man hier Spanisch spräche, entgegne-te sie: »Ach ja, Spanien liegt ja auch gleich hier nebenan.« Zunächst dachte ich, sie scherze, merkte dann aber schnell, daß sie es ernst meinte. Später stieß ich immer wieder auf Amerikaner, die in der Geographie wie in einem dunklen Keller herumtappten, obwohl sie die halbe Welt gesehen hatten.

Amerikanisches Weltbild

Caesar ist ein fröhlicher Mensch, den wir gern zu uns einladen. Sein Vater, der völ-lig mittellos in die USA eingewandert war, besitzt heute etliche Speiseeis-Wagen, die nach Schulschluß von Schülern umdrängt werden. Caesar selbst ist mit 29 Jahren Leiter einer Kette von etwa 50 Sportgeschäften. Als er einmal äußerte, alle großen Tiere fräßen Fleisch, hielt ich das zunächst für einen Scherz. Um so erstaunter war ich, als ich feststellte, daß er tatsächlich glaubte, Elefanten, Pferde und Rinder würden sich von Fleisch ernähren.

»Do you buy kuckuck-clocks in Holland and cheese in Switzerland or Bavaria?«

Auf Ihrer Reise durch die USA begegnen Sie häufig Menschen, die einfache Gege-benheiten oder Tatsachen nicht kennen oder wissen, die den meisten Europäern wohlvertraut sind. Dies bringt Ihnen erstaunliche, manchmal sogar erschütternde Erfahrungen. Andererseits stellen die Amerikaner mit Abstand die meisten Nobel-preisträger. Bei der Anmeldung von Patenten stehen sie ebenfalls an der Spitze. Und waren sie nicht auch die ersten Menschen, die den Mond betreten haben?

Amerikanische Selbstbezogen-heit

Den Schlüssel für diesen Widerspruch finden Sie in der Eigenart des amerika-nischen Schulsystems. Nirgendwo ist der Unterschied zwischen öffentlichen und privaten Schulen so kraß ausgeprägt wie in den USA. Und nirgendwo sind die zweit-genannten so ausgezeichnet — und deshalb auch so teuer.

Die Eigenart des amerika-nischen Schul-systems

Ich habe in Amerika viele Häuser gebaut und sie dann verkauft. Gewöhnlich arran-gierten wir für die Käufer die Finanzierung. Dabei erhielt ich einen genauen Ein-blick in ihre Einkommensverhältnisse. Manchmal stieß ich dabei auf ein *student loan*, ein Darlehen, das der Käufer für sein Studium aufgenommen hatte. Die stu-dienbedingte Verschuldung eines Universitätsabsolventen ist oft extrem hoch.

Am Ende ihrer Ausbildung sind junge Akademiker häufig bis zu 300.000 $ verschuldet (hier: Studenten des Dartmouth College, Hanover, New Hampshire).

Studium – Hypothek auf die Zukunft

Obwohl ein Geldgeber – sei es eine Bank, eine Stiftung oder sonst eine Institution – ein Studiendarlehen eher knapp bemißt und auf eine möglichst kurze Studienzeit drängt, sind junge Ärzte am Ende ihrer Ausbildung nicht selten mit 300.000 $ verschuldet. Ein Medizinstudium kostet also etwa eine Viertelmillion Dollar, die der Student sich entweder selbst erarbeiten oder durch ein Darlehen beschaffen muß. Nur sehr selten gelangt er in den Genuß eines Stipendiums. Schon die Studiengebühren für die Ausbildung zum Diplomingenieur belaufen sich auf etwa 100.000 $. Hinzu kommen noch die Aufwendungen für den Lebensunterhalt.

Diese finanzielle Belastung zwingt den Studenten in der Regel dazu, sein Studium zielstrebig durchzuziehen und läßt ihm keine Zeit, anderen Neigungen nachzugehen. Daß selbst hervorragende amerikanische Ärzte in europäischen Augen »ungebildet« erscheinen, mag hierin einen Grund haben.

Vielfalt des amerikanischen Bildungssystems

Das amerikanische Bildungssystem verwirrt durch seine Vielfalt. Ein Rückblick in die Geschichte zeigt, daß die religiös motivierten Einwanderer ihre Kinder im jeweiligen eigenen Glauben erziehen lassen wollten. Zudem gestaltete jede Gemeinde den Unterricht nach eigenen Regeln. Erst viel später schufen die einzelnen Bundesstaaten verbindliche Richtlinien, um den schulischen Wildwuchs zu beschneiden.

Im Gegensatz zu Europa gab es in Amerika zunächst nur Privatschulen. Mit der Ausdehnung der Städte und der wachsenden Armut breiter Schichten entstanden nach und nach kommunale und staatliche Schulen, die sich jeder leisten konnte.

Dies hat zur Folge, daß bis heute die private Schule die öffentliche an Niveau deutlich übertrifft.

Meine beiden Söhne haben anfangs in Deutschland die Schule besucht. Eigentlich sollten sie dort auch ihre Ausbildung abschließen. Aber sie weigerten sich mit der Begründung, daß die Schule in den USA »leichter« sei. Warum sollten ausgerechnet sie eine »schwere« Schule besuchen, wo es doch ihre Freunde viel einfacher hätten. Und zum Geldverdienen befähigt das amerikanische Bildungssystem allemal.

Überspitzt könnte man sagen: Besucht in Kontinentaleuropa ein Kind eine Privatschule, so drängt sich der Verdacht auf, daß es ein Problem beim Lernen hat. Geht in den USA ein Kind in eine öffentliche Schule, so besteht der Verdacht, daß die Eltern ein Problem haben – und zwar ein finanzielles.

»Non scholae, sed vitae discimus.«

Gewöhnlich schicken amerikanische Eltern ihre Kinder ab dem vierten Lebensjahr für etwa zwei Jahre in eine Vorschule. Wenn die Kids dann im Alter von sechs Jahren in die Grundschule (*elementary school*) eintreten, erwartet man von ihnen, daß sie das Abc beherrschen, bis zehn zählen und leichte Texte lesen können.

Kinder einer Grundschule (hier beim Ausflug in Vineyard Haven, Martha's Vineyard, Massachusetts)

Struktur des Schulsystems

Die *elementary school* führt die Kinder bis zur siebten Klasse. Dann folgen die *middle school* bis zur neunten und anschließend die *highschool* bis zur zwölften Klasse. Die Ausbildung endet mit dem *highschool diploma*. Diesen Abschluß erlangt der junge Amerikaner mit 17 oder 18 Jahren. Für diese *graduation from high-school* bzw. *highschool graduation* legt jeder Schuldistrikt seine eigenen Richtlinien fest, die in ein Punktesystem (*credits*) gefaßt sind. In jedem Fall müssen die Schüler mindestens 24 *credits* erzielen, um die Abschlußprüfung zu bestehen.

»Credits« – das amerikanische Lernver-dienstsystem

Ich will etwas näher auf den Begriff *credit* eingehen, ein Bewertungsverfahren, welches das gesamte amerikanische Schulsystem wie ein Roter Faden durchzieht. Für jeden Kurs, d.h. für jedes Schulfach, das der Schüler belegt, wird eine bestimmte Anzahl von Punkten, nämlich die *credits*, vergeben. Die meisten Kurse zählen drei Punkte. Für zwei Jahre Deutsch als Fremdsprache bekommt man vier *credits*. Zudem erhalten die Schüler pro Jahr einen *credit* für jedes Fach, das sie belegen. Wie an deutschen Gymnasien unterscheidet man auch an der *highschool* zwischen Wahl- und Pflichtfächern. Obligatorisch sind vier Jahre Englisch – dazu zählen englische, amerikanische und Weltliteratur – und je drei Jahre Naturwissenschaften und Geschichte. In einer Hinsicht gleicht die amerikanische *highschool* bereits der deutschen Universität. Die Schüler versammeln sich im Hörsaal oder im Klassenzimmer des Lehrers. Dies bringt viel Unruhe in den Schulbetrieb, weil die »Studenten« jede Stunde unter Zeitdruck den Raum wechseln müssen. Und der erste Flirt bleibt bei dieser Hast eine hektische Angelegenheit.

Lehrinhalte und Punkt-system

Die Naturwissenschaften umfassen Biologie, Chemie und Meeresökologie. Im Geschichtsunterricht steht die amerikanische Geschichte an erster Stelle. Daneben treten Weltgeschichte, Staatslehre und Volkswirtschaft. In den Fächern Englisch, Naturwissenschaften und Mathematik können 14 der verlangten 24 *credits* erworben werden. Die restlichen Punkte muß der Schüler in seinen Wahlfächern sammeln. Viele Schulen erweitern den Rahmen der Pflichtfächer noch um jeweils ein Jahr Zeichnen und eine künstlerische Ausbildung, worunter die Mitwirkung im Chor, im Orchester oder im Theater zu verstehen ist. Häufig kommt noch ein Jahr Sport hinzu.

Obwohl man den Amerikanern nachsagt, Fremdsprachen seien ihnen ein Buch mit Sieben Siegeln, verlangt die *highschool* einen zweijährigen Unterricht in einer fremden Sprache. Will der Absolvent dieser Schule anschließend ein weiterführendes College besuchen, muß er häufig Kenntnisse in zwei Fremdsprachen nachweisen.

In Florida ist Spanisch die beliebteste Fremdsprache, gefolgt von Französisch. In der Wellington Highschool bei Palm Beach zum Beispiel stehen aber auch Russisch, Deutsch, Japanisch, Latein und Hebräisch auf dem Lehrplan.

Was zum Teufel ist der TEFL?

Nichtamerikanische Schüler müssen neben ihrer Muttersprache Englisch als zweite Sprache wählen. Für die spätere Aufnahme an eine amerikanische Universität kommen sie um den TEFL nicht herum. Diese Abkürzung steht für *Test of English as a Foreign Language*.

Wie es dem praktisch denkenden Amerikaner entspricht, ist die *highschool* weit mehr als etwa ihre deutsche Entsprechung praxisorientiert. Neben Philosophie, Psychologie und Religion vermittelt sie nämlich Kenntnisse des internationalen Handels, der Computertechnik und sogar der Filmproduktion. Obendrein wird dem Schüler beigebracht, wie er ein Auto repariert und den Führerschein besteht. Eine Berufsschule oder eine organisierte Lehrzeit wie in Deutschland gibt es in den Staaten nicht.

Das College

Aufnahme-prüfung für das College

Hat der Schüler seine *basic credits* (also die 24 oder 25 Mindestpunkte) glücklich erreicht und sein *highschool diploma* in der Tasche, dann kommen neue Schwierigkeiten auf ihn zu, bevor er einen Platz an einem College erhält. Wie die Götter vor den Erfolg den Schweiß gesetzt haben, so muß er jetzt die Hürde der Aufnahmeprüfung nehmen. Die beiden bekanntesten Aufnahmeprüfungen sind der SAT (*Scholastic Aptitude Test* = »Gelehrsamkeits-Eignungstest«) und der ACT *(American College Test)*. Diese Tests werden von den meisten amerikanischen Colleges als Teil des Aufnahmeverfahrens verlangt und in allen Bundesstaaten auf die gleiche Weise durchgeführt. Auch bei diesen Verfahren kommt die Neigung der Amerikaner, »Punkte zu sammeln«, zur Geltung. Von 1.600 möglichen Punkten muß der Prüfling beim SAT mindestens 1.100 erzielen, um den Sprung ins College zu schaffen. Wer sich um eine Aufnahme bemüht, sollte sich unbedingt vorher erkundigen, welchen Test das anvisierte College einsetzt. Wenn der Kandidat Pech hat, muß er sich beiden Tests stellen.

Doch damit nicht genug. Gerade ein renommiertes College malträtiert seine Bewerber zusätzlich mit eigenen Ausleseverfahren nach dem Motto: Das Hervorragende ist nur mit den Außergewöhnlichen zu erreichen.

Härtetest College-Prüfung

Kein Wunder, daß sich die amerikanischen Schüler schon ab der 11. Klasse auf diese Härtetests vorbereiten. SAT und ACT dauern jeweils genau drei Stunden. Die Kriterien für diese Tests wandeln sich ständig. So wurde im Februar 1994 der *TSWE (Test of Standard Written English)* aus dem Standardtest herausgenommen. Und zur Lösung der mathematischen Fragen ist seit kurzem die Benutzung von Rechencomputern erlaubt.

Im Literaturteil des Tests erwartet man vom Kandidaten, daß er einfühlsam mit dem vorgelegten Text umgeht. Er muß das Handwerk der Textanalyse beherrschen und anhand von zwei Erzählungen im Vergleich die stilistischen Unterschiede herausarbeiten können.

Kritik an den Aufnahmetests

Die Aussagefähigkeit der Tests ist umstritten. Kritiker behaupten, daß sie weniger verarbeitetes Wissen abverlangen als die Befähigung, sich »testfest« durchzuschlagen. Aus Kreisen der schwarzen Bevölkerung kommt der Vorwurf, die Tests seien einseitig auf die Fähigkeiten weißer Schüler zugeschnitten. Die Schwerpunkte zielten auf logisch-analytische Begabungen, während praktische Fähigkeiten unberücksichtigt blieben.

Die Vielfalt des amerikanischen Schulsystems gilt selbstverständlich auch für die Colleges. Zunächst unterscheidet man grob zwischen dem privaten und dem öffentlichen College, dann aber auch zwischen dem regulären College und dem *junior college*. Dieses könnte man als Teil des regulären College bezeichnen, da die ersten zwei Jahre der Ausbildung in beiden Anstalten weitgehend identisch sind. Viele Eltern wählen für ihre Sprößlinge das *junior college* aus, weil es in der Regel nahe am Wohnort liegt. Allerdings hat sich der Studierende hier schon frühzeitig zu entscheiden, welche spezifische Fachrichtung er einschlagen will.

Junior College

Wer später ein gehobenes Hochschulstudium beginnen will, sollte sich rechtzeitig informieren, welches College für den Besuch der ins Auge gefaßten Universität am besten vorbereitet. Bei der Vielfalt der Möglichkeiten und den großen inhaltlichen und qualitativen Unterschieden ist es empfehlenswert, sich fachkundig beraten zu lassen.

Das College als Brücke zum gehobenen Hochschulstudium

Sonderfall der akademischen Ausbildung: Kadetten der Militärakademie Westpoint im Staat New York

Das *junior college* verläßt man mit dem Titel *Associates Degree*. Wenn z.b. jemand diesen Grad am Suffolk Community College in New York erlangt hat, kann er das *bachelor program* an jeder staatlichen Universität des Staates New York absolvieren, wobei man ihm die ersten beiden Studienjahre erläßt.

Ein *community college* wird vom Landkreis finanziert. Wer mindestens zwei Jahre in dem Bundesstaat wohnt, zu dem dieser Kreis gehört, und die *highschool* abgeschlossen hat, dem fällt es relativ leicht, an einem solchen College aufgenommen zu werden.

Hier noch ein TIP, falls Sie eine Ausbildung in den USA in Erwägung ziehen: Jedes College ist an der Aufnahme ausländischer Studenten interessiert. Dadurch erlangt es ein internationales Flair, mit dem sich renommieren läßt.

Ausländer an einem US-College

Ursprünglich war das College eine reine Fachschule, die sich dem Recht, der Religion, Medizin oder Pädagogik verschrieben hatte. Erst allmählich erlangte es den heutigen Charakter einer universalen Lehranstalt, die sogar – der amerikanische Pragmatismus läßt fröhlich grüßen – eine Ausbildung zur Krankenschwester, zum Autohändler oder zum Makler ermöglicht.

Nach vier Jahren schließt man / frau das College mit dem Bachelor's Degree (BA bzw. BSc, wenn eine Naturwissenschaft studiert wird) ab. Voraussetzung dafür ist allerdings, daß man in der Studienzeit 120 bis 150 der bereits erwähnten *credits* erworben hat. An einigen Colleges kann man auch den Master's Degree (MA bzw. MSc) erwerben. Dazu sind zwei weitere Jahre gefordert und zusätzlich 60 bis 80 *credits*.

»Bakkalaureus« in Geistes- und Naturwissenschaften

»Magister« in Geistes- und Naturwissenschaften

Während der ersten beiden Jahre seiner Collegezeit widmet sich der Student vorwiegend den *liberal arts*, allgemeinbildenden Fächern, die geisteswissenschaftliche, soziologische und naturwissenschaftliche Disziplinen einschließen. Danach beginnt der »Ernst des Lebens«. In den abschließenden zwei Jahren konzentriert sich der Auszubildende auf seinen zukünftigen Beruf. Er vergräbt sich in seine *majors* (Haupt- und Zielfächer). In diesem Abschnitt seiner Ausbildung nimmt der Studierende Kontakt zu späteren möglichen Arbeitgebern in der Industrie oder anderen Bereichen auf, was das College nachdrücklich fördert. Es gilt akut, die theoretische Ausbildung mit der praktischen sinnvoll und zielstrebig zu verknüpfen. Wie in Europa sind auch in Amerika die Betriebe an einer Zusammenarbeit mit dem College bzw. den gehobenen Ausbildungsstätten interessiert. Wenn eine Firma von den Leistungen eines Studenten, der bei ihr sein Praktikum absolviert, überzeugt ist, greift sie ihm vielleicht finanziell unter die Arme oder gewährt ihm zumindest einen Kredit, damit er sein Studium ohne materielle Not rasch zu Ende führen kann.

»Liberal Arts«

Studium als Berufsbewerbung

Der *Bachelor's Degree* ist der krönende Abschluß im gehobenen (vor dem höherem) Bildungssystem der Vereinigten Staaten. Damit stehen dem jungen Amerikaner (fast) alle Eingangstüren in Wirtschaft und Gesellschaft offen. Wer will, kann seinen Weg durch die Bildungsinstitutionen fortsetzen. Die Aufnahme an der Universität ist der Sprung in eine andere Welt und in eine neue gesellschaftliche Dimension.

Die Universität als Sesamöffne-dich in höhere gesellschaftliche Sphären

Tips für deutsche bzw. europäische Eltern, die ihre Kinder auf eine amerikanische Schule schicken wollen.

▶ Zunächst sollten Sie überprüfen, ob die Schule Ihrer Wahl vom *Education Department*, dem Erziehungsministerium, anerkannt wird.

▶ Erkundigen Sie sich bei der Schulverwaltung nach Klassengröße, Lehrangebot und Häufigkeit des Lehrerwechsels (die Lehrer können im amerikanischen Schulsystem jederzeit entlassen werden). Erfragen Sie, wie viele Schüler nach Schulabschluß ein College besuchen.

▶ Dann sollten Sie zusammen mit Ihrem Kind die Schule persönlich besichtigen. Sprechen Sie mit den Lehrern und entscheiden Sie erst dann, ob die Schule für Ihr Kind in Frage kommt.

▶ Neben den amerikanischen Ausbildungstätten gibt es z. Zt. auch drei deutsche Schulen in den Staaten, und zwar in Washington, D.C., New York und San Francisco. Nur die beiden erstgenannten Schulen führen zum deutschen Abitur. Die Unterrichtssssprache ist Deutsch. Der Besuch dieser Schulen ist sinnvoll, wenn sich Ihr Kind später an einer Universität in Deutschland einschreiben will.

▶ Falls Sie nicht in Reichweite der drei genannten Städte wohnen, können Sie auch den Fernunterricht in Deutschland wählen. Er ergänzt den amerikanischen Unterrichtsstoff spezifisch. Dadurch erleichtern Sie den weiteren Schul- bzw. späteren Universitätssbesuch Ihres Kindes in Deutschland.

▶ Grundsätzlich berechtigt der High-School-Abschluß zum späteren Studium an einer amerikanischen Universität. In Deutschland reicht er dafür nicht aus. In Bayern beispielsweise gilt er als Mittelschulabschluß. Mit Sicherheit werden mehr oder weniger umfangreiche Anerkennungsprüfungen verlangt.

Die abgeschirmte Welt der Universitäten

Eliteuniversitäten

Es gibt Augenblicke, in denen sogar die unbefangenen Amerikaner schier vor Ehrfurcht erstarren. So habe ich es immer wieder bei Geschäftsverhandlungen erlebt, daß mich ein Bekannter kurz zur Seite nahm und mir hinter vorgehaltener Hand zuflüsterte, daß unser Gegenspieler sein Studium in Harvard abgeschlossen hätte. Ein an dieser Eliteuniversität erworbener akademischer Grad beeindruckt Amerikaner eines bestimmten Milieus mehr als jede andere Auszeichnung (andere hingegen nennen Eliteakademiker abwertend *eggheads*, »Eierköpfe«).

Wenn sich ein deutscher Diplomingenieur um eine Stelle bewirbt, spielt es kaum eine Rolle, ob er in Aachen oder in München studiert hat. Der Qualität der einzel-

Campus der Yale University, New Haven, Connecticut. Yale zählt den acht prestigeträchtigen Universitäten der »Efeu-Liga«.

nen deutschen Hochschulen weist keine extremen Unterschiede auf. In Amerika (übrigens auch in Japan) ist dies völlig anders.

Zunächst gibt es die *state universities*, öffentliche Universitäten, die großenteils von den jeweiligen Bundesstaaten unterhalten werden. Jeder Staat hat zumindest *eine* solche Hochschule eingerichtet. Die University of Florida beispielsweise bietet den Studierenden eine große Auswahl an Fächerkombinationen. Dagegen hat die University of Akron, Ohio, sich auf Gummiverarbeitung spezialisiert. Als Fachuniversität genießt sie ein hohes Ansehen.

Staatsuniversitäten

Was für die *highschools* und *colleges* gilt, trifft auch auf die hohen akademischen Institute zu: Die qualifizierteste Ausbildung bieten die zahlreichen privaten Hochschulen. An ihrer Spitze steht die Ivy League (»Efeu-Liga«), acht prestigeträchtige Universitäten, an denen aufgenommen zu werden der (meist unerfüllbare) Traum vieler junger Amerikaner ist. Zu diesen Leuchttürmen der Gelehrsamkeit zählen das schon erwähnte Harvard, dann Princeton, Yale, Brown, Dartmouth, Cornell, Stanford und die University of Pennsylvania. Der Großteil von ihnen liegt in Neuengland, dem kleinen Zipfel im Nordosten der USA, der nur halb so groß ist wie

Die acht bedeutendsten Universitäten

Deutschland. In diesem »Herzen« Amerikas wurden bereits im 17. Jh. die ersten Universitäten gegründet und großzügig mit Landfläche (»Campus«) ausgestattet. Ihren liebevollen Sammelnamen beziehen sie vom Efeu, der die alten Ziegelsteingebäude längst überwuchert hat.

Der Erwerb eines akademischen Grades an einer dieser »Kaderschmieden« gilt nahezu als Garantie für eine Karriere in Politik, Wirtschaft, Kultur oder Wissenschaft. Allein Harvard hat 29 Nobelpreisträger und sechs US-Präsidenten hervorgebracht.

Eliteauswahl

Nur Bewerber mit überragenden Leistungen erhalten einen Platz an einer dieser Hochschulen. Harvard beispielsweise nimmt im Durchschnitt nur 19 % der Kandidaten auf. Haben Sie die Aufnahmehürde glücklich genommen, dann kommen erhebliche finanzielle Belastungen auf Sie zu. Ein Studienjahr kann bis zu 25.000 Dollar kosten. Deshalb treten viele Universitätsabsolventen hochverschuldet ihr Berufsleben an. Nur wenige Bedürftige und Hochbegabte erhalten ein Stipendium.

Finanzierung der privaten Universitäten

Selbstverständlich können sich die privaten Hochschulen von den Studiengebühren allein nicht finanzieren. Hinzu kommen gut dotierte Forschungsaufträge der Industrie und des Verteidigungsministeriums – und vor allem Spendengelder aus privater Hand.

20.000 Stiftungen

Die private Spendenbereitschaft der Amerikaner kann gar nicht hoch genug eingeschätzt werden. Sie zeigt sich auch in den zahlreichen Stiftungen, die alljährlich mit Milliardenbeträgen Kunst und Wissenschaft unterstützen. Manche Namen verraten sogleich die edlen (oder aus steuerlichen Gründen berechnenden) Spender wie etwa die Ford Foundation oder die Rockefeller-Stiftung. Kellogg hat einen Teil seiner Gewinne mit Cornflakes und Hartford beträchtliche Einkünfte aus seiner Lebensmittelkette für Stiftungszwecke zur Verfügung gestellt. Insgesamt sind nicht weniger als 20.000 Stiftungen entstanden, die über ein Kapital von mehr als 20 Milliarden $ verfügen.

Zu diesen Stiftungsgeldern kommen kleinere Spenden der sogenannten *alumni*, ehemaliger Studenten, die zeitlebens eine enge Verbindung zu ihrer einstigen Alma Mater (»Mutter der geistigen Nahrung«) erhalten.

Der Campus, eine abgeschlossene Welt

Der Alltag des Studenten ist viel enger mit seiner Universität verknüpft, als dies zum Beispiel in Deutschland, Österreich oder der Schweiz der Fall ist. Er wohnt und arbeitet auf dem *campus*, einer in sich geschlossenen akademischen Welt. Neben den Studien findet er hier auch ein reichliches Angebot an zusätzlichen Aktivitäten *(extracurricula activities)*, wozu in erster Linie der Sport zählt, der aber Teil des Studienabschlusses ist. Als Angehöriger der hochschuleigenen Football-, Basketball- oder Polo-Mannschaft versucht er seinem Team den Sieg zu sichern, um Glanz und Ansehen der Universität zu mehren.

Es werden auch eigene Radiosender betrieben und Zeitungen von oft beachtlichem Niveau herausgegeben. Häufig bahnen sich auf dem Campus auch zukünftige Ehen an.

Football-Team einer amerikanischen Universität

Eine wichtige Rolle im Leben des Studenten spielen die *fraternities* (Bruderschaften, von lat. *frater*), während die Studentinnen den *sororities* (Schwesternschaften, von lat. *soror*) beitreten können. Die bekanntesten dieser Verbindungen benennen sich nach den griechischen Buchstaben Alpha, Gamma, Delta oder Phi. Nur durch außergewöhnlichen Leistungen gelangt man in der Regel in diese Bünde. (Allerdings sind manche Bruderschaften auch durch exzessives Biertrinken als besonderer Leistungsform etwas in Verruf geraten und werden dann z.B. als »Phi Beta Kappa« verulkt.)

Studentenverbindungen

Die Definition der beiden Bezeichnungen *college* und *university* ist kompliziert. »Universität« im eigentlichen Sinne heißen nur solche Institutionen, in welchen es über die vierjährige College-Ausbildung hinausführende Studiengänge gibt. Diese weiterführenden Studien *(graduate studies)* kann der Student erst nach dem *Bachelor*-Abschluß (Bakkalaureat) aufnehmen. Die geisteswissenschaftliche Fakultät *(school)* beendet er / sie nach einem insgesamt sechsjährigen Studium mit dem M.A. (*Master of Arts* = Magister Artium bzw. Magistra Artium). Der entsprechende Grad in den Naturwissenschaften heißt M.S. *(Master of Science)*.

Vom College zur Universität

Akademische Titel

Auf den Magistergrad kann dann die Promotion folgen, um den Titel Ph.D. (Doktor der Philosophie), J.D. (Doktor des Rechts), D.D. (Doktor der Theologie) u. ä. zu erlangen. Außer von Ärzten wird der Doktortitel nicht vor den Namen gesetzt, wie es bei uns üblich ist, es sei denn, der junge Akademiker schlägt eine wissenschaftliche Laufbahn ein.

Die verschiedenen Studiengänge und der Doktorgrad wurden im vorigen Jahrhundert von den europäischen Universitäten übernommen. Auch die Prädikate »rite« (ausreichend) »cum laude« (befriedigend), »magna cum laude« (gut) und »summa cum laude« (»insgesamt löblich«) stammen daher. Aufgrund seines soliden Unterbaues der *Bachelor-* und *Master*-Studien hat der amerikanische Doktortitel inzwischen mehr Gewicht als etwa seine deutsche Entsprechung. Er kommt häufig einer Habilitation gleich, die es in Amerika nicht gibt.

»Political correctness« – inzwischen auch ein deutscher Begriff

Sensibles Thema: Rassenbeziehungen

Auf Druck der Studenten und der Leitung der Universität Michigan mußte Reynolds Farley seinen Kurs über Rassenbeziehungen streichen. Der auf diesem Gebiet führende Forscher hatte aus der Autobiographie des militanten Schwarzenführers Malcolm X zitiert, worin sich der Autor selbst als früheren Dieb und Zuhälter bezeichnete. Nach Meinung der Kritiker war mit diesem Zitat der Tatbestand der Rassendiskriminierung erfüllt. Dem Historiker Stephen Thernstrom erging es nicht besser. Er mußte seine Vorlesung in Harvard abbrechen, weil er die Indianer als solche und nicht als *Native Americans* bezeichnet hatte. Seinem Kollegen Bailyn wurde zum Verhängnis, daß er aus den Aufzeichnungen eines Südstaaten-Pflanzers, nicht aber aus denen eines Sklaven vorgelesen hatte.

Was ist »politisch korrekt«?

Seit Mitte der 80er Jahre geht ein neues Gespenst in Amerika um: die *political correctness* (»PC«), der Zwang zum »korrekten« Sprachgebrauch. Gerade von liberalen Hochschulkreisen ging diese Bewegung gegen die Diskriminierung von Minderheiten aus. Die ursprünglich löbliche Idee pervertierte unter dem Druck moralischer Eiferer (vielleicht ein Vermächtnis der puritanischen Missionare) zur Gängelung. Politisch korrekt verhält sich, wer gegen Rassismus und Sexismus kämpft und wer sich für Schwule, Feministinnen, Schwarze, den radikalen Tierschutz etc. einsetzt. Am »unverdächtigsten« ist, wer einer Minderheit angehört. Dieser Mensch gerät *eo ipso* nicht in den Verdacht, einer der *dead white males*, der »toten weißen Männer« zu sein, die letztlich alles Übel – vom Kolonialismus über den Faschismus bis hin zur Abholzung des Regenwaldes – zu verantworten haben. Der Kampf gilt also dem »Eurozentrismus« in Tradition, Politik und Kultur und somit auch dessen (wahrhaftig sehr unterschiedlichen) Vertretern wie Dante, Joyce oder Freud.

Waren Dante und Freud Kulturimperialisten?

Politisch korrekte »speech codes« = Sprachregelungen

Von gewissen intellektuellen Kreisen ausgehend, haben sich auch in den meisten Medien sogenannte *speech codes*, also konforme »Sprachregelungen«, durchgesetzt. Wer dagegen verstößt, wird sehr oft von den Betroffenen, aber auch von selbsternannten Hütern des respektvollen Umgangs mit Minoritäten gerichtlich belangt. »Alte« sind nicht länger als solche zu bezeichnen, sondern (angeblich wortverschönernd) als Senioren. (Auch bei uns treibt dieser Euphemismus seine gedanklichen und verbalen Blüten). Das Wort »Mafia« wird aus allen Dokumenten gestri-

»Politisch korrekt« ist die Darstellung der Geschichte Amerikas aus der Sicht der »eingeborenen Amerikaner«, die nicht »Indianer« genannt werden dürfen.

chen – es könnte ja die italienischstämmige Bevölkerung diskriminieren. Jemanden aufgrund seines Äußeren zu beurteilen heißt schlicht *lookism* (frei übersetzt: »Schau- und Scheinideologie«). Wer Kinder und Greise sprachlich »unterdrückt«, ist ein *ageist* (frei übersetzt: »Altersfaschist«). Und der nicht entsprechend sensible Umgang mit Behinderten wird mit dem Wort *ableism* (frei übersetzt: »Fitneßfetischmus bzw. Krüppelhaß«) gebrandmarkt.

Wer die Mafia beim Namen nennt, beleidigt die Italiener.

Kritiker der *political correctness* sehen durch ein Klima der Einschüchterung die Redefreiheit und die ungehinderte wissenschaftliche Diskussion bedroht. Wo ursprünglich gutwilliges und liberales Gedankengut zum Dogma wird, verkehrt es sein Wollen ins Gegenteil.

Gesundheit ist lebensnotwendig

Nicht weit von meinem Haus in Florida wohnte eine alleinstehende Frau, die – wie der Großteil meiner Nachbarn – in guten finanziellen Verhältnissen lebte. Ihr Unglück war nur, daß sie eines Tages erkrankte und mehrfach operiert werden mußte.

Nach ihrer Genesung stand sie vor einem Berg von unbezahlten Arzt- und Krankenhausrechnungen. Sie wird die von ihr geforderte Summe von 250.000 $ wohl nie aufbringen und bis zu ihrem Lebensende ein Sozialfall bleiben.

Krankenkosten als Existenzbedrohung

Dieses Beispiel ist kein Einzelfall. Ein Amerikaner, der es sich leistet, häufig krank zu werden oder länger zu sein, steht über kurz oder lang vor dem Bankrott. Vielleicht ist er deshalb so besessen davon, gesund zu bleiben. Die Fineßstudios an fast

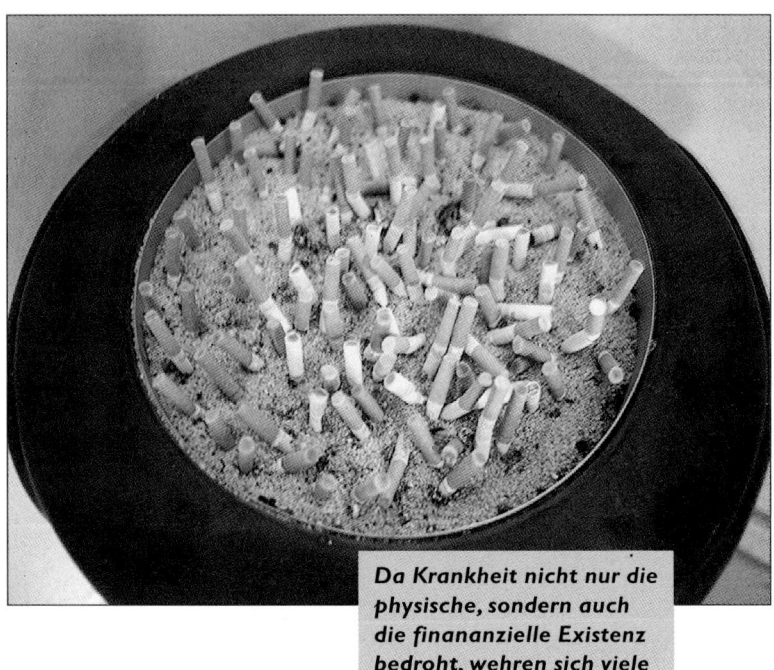

Da Krankheit nicht nur die physische, sondern auch die finananzielle Existenz bedroht, wehren sich viele amerikanische Passivraucher besonders militant.

jeder Straßenecke sind ein Beweis. Nirgendwo in der westlichen Welt kommt den Betroffenen Krankheit so teuer zu stehen wie in den USA.

Staatliche Gesundheitsfürsorge

Die mangelhafte soziale Gesundheitsfürsorge in den Staaten erstaunt um so mehr, als der Staat jährlich 18 % des Bruttosozialprodukts für die medizinische Versorgung ausgibt, mehr als doppelt soviel wie etwa in Deutschland. Die fast 300 Milliarden $ kommen ausschließlich den staatlichen Versorgungsprogrammen *Medicare* und *Medicaid* zugute, welche die Arzt- und Krankenhauskosten von Rentnern und Sozialhilfeempfängern übernehmen. Mehr als die medizinische Grundversorgung steht den Hilfsbedürftigen allerdings nicht zu.

Eine allgemeine Krankenversicherung gibt es nicht.

Eine allgemeine Krankenversicherung, wie sie in den meisten westeuropäischen Ländern seit hundert Jahren selbstverständlich ist, gibt es in Amerika nicht. Die Folgen sind für viele US-Bürger lebensgefährdend. 37 Millionen sind überhaupt nicht versichert. Sie müssen jede ärztliche Leistung aus der eigenen Tasche bezahlen. Weitere 20 Millionen haben eine unzureichende Krankenversicherung abgeschlossen, welche die freie Arztwahl nicht vorsieht und nur minimale Leistungen gewährt. Sehr viele Beschäftigte sind über ihren Arbeitgeber privat versichert. Doch verlieren jeden Monat zwei Millionen Amerikaner ihren Versicherungsschutz durch

Arbeitslosigkeit, Stellenwechsel oder Umzug. Zum Glück besitzen zwei Drittel der US-Bürger ein kleines Haus, mit dem sie zur Not über Hypothekenbelastung ihre Blinddarmoperation bezahlen können.

Die medizinische Versorgung in den Vereinigten Staaten ist die beste, die man für Geld bekommen kann − vorausgesetzt man besitzt davon genügend. Selbstverständlich läßt man einen zahlungsunfähigen Patienten nicht verbluten, aber mehr als die allernötigste Grundversorgung kann er ohne finanziellen Rückhalt oder einen ausreichenden Versicherungsschutz nicht erwarten.

Gesunder Körper bei profundem Geldbeutel

Auch die sich verbreitende Prozeßsucht läßt die ärztlichen Honorare in die Höhe schnellen. Schon beim leisesten Verdacht auf falsche Behandlung geht der Patient vor Gericht. Etliche Anwälte haben sich darauf spezialisiert, die Kranken noch an ihrem Krankenbett zu einem Prozeß zu überreden. Immerhin kassieren sie bei Erfolg bis zur Hälfte der zugesprochenen Entschädigung. Wer kann es unter diesen Umständen den Ärzten verdenken, daß sie eigentlich unnütze Tests und Untersuchungen anordnen, nur um sich gegen mögliche Regreßforderungen doppelt und dreifach abzusichern. Ohne eine Versicherung gegen ärztliche Kunstfehler wagt kein Mediziner mehr zu praktizieren. Die aber kostet im Jahr bis zu 80.000 $, eine Schreckenssumme, die der Arzt in der Folge auf seine Rechnungen umlegt.

Krankheit als Schadensgeschäft

Neun von zehn Amerikanern sind mit diesem maroden System unzufrieden. So konnte Präsident Bill Clinton seinerzeit auch mit einer breiten Zustimmung rechnen, als er sein Amt mit dem Versprechen antrat, eine einschneidende Gesundheitsreform zu wagen. Die First Lady höchstpersönlich hatte sich diesem Projekt verschrieben. Nur der Kongreß konnte sich für eine umfassende Neuregelung nicht erwärmen. Die Abgeordneten, alle eingefleischte politische Individualisten, verfolgen ihre eigenen Interessen und die ihrer jeweiligen Klientel.

Um sich rundum gesund zu fühlen, brauchen viele Amerikaner mehr als ein regelmäßig schlagendes Herz oder eine aktive Verdauung. Schönheit und eine penible Hygiene sind in bestimmten sozialen Schichten Teil des Gesundheitempfindens. Seelisch krank macht dann, wenn jugendliches Aussehen nicht bis ins gehobene Alter bewahrt werden kann. Deshalb haben die Schönheitchirurgen alle Hände voll zu tun. An der operativen Entfernung von Bauchspeck oder an einer Brustvergrößerung beteiligen sich die Krankenkassen. *Face lifting* hingegen gilt als Privatvergnügen, wofür man sich gern verschuldet.

Zur Gesundheit zählt auch »body shaping« = Körpergestaltung.

Haare kann man gar nicht genug haben, sofern sie auf dem Kopf sind. Schönes und gesundes Haar ist wichtiger als ein Porsche oder ein guter Leumund. Ein Musical mit dem Titel *Hair* konnte wohl nur in Amerika so überaus erfolgreich werden. Kaum eine Frau der kleinbürgerlichen bis gutbürgerlichen Gesellschaftsschicht zählt die Stunden, die sie beim Friseur zubringt. Sie besitzt einen Fön, eine Trockenhaube, Lockenwickler, Bürsten mancher Art, Clips, Haarbänder und vieles mehr. Die aufwendige Frisur signalisiert ihre Zugehörigkeiten zu den »besseren Kreisen«. Und über was hätte sie auf Parties zu reden, wenn es nicht dieses uner-

Lieber schönes Haar als einen Porsche

Wellness, Fitness, Bodybuilding und -shaping sind auch im Deutschen längst eingeführte Begriffe. (Amerikanische Jogger vor der Skyline von Denver, Colorado)

schöpfliche Thema gäbe? Auch der Mann pflegt seine Lockenpracht (wie etwa der Deutsche sein Auto). Sobald sich die ersten lichten Stellen zeigen, greift er weit eher als sein Leidensgenosse diesseits des Atlantiks zu Haarwuchsmitteln oder zahlt für eine Transplantation.

Andererseits entfernen die amerikanische Frauen jedes noch so winzige Härchen in den Achselhöhlen und an den Beinen. »Natürlichen« Geruch verströmen dürfen ein würziges Steak, eine Rose oder der Highway während der *rush hour* – aber nie der menschliche Körper. Deshalb besprühen viele Amerikaner sich und ihre Kleidung reichlich mit Parfüm. Und erst das Raumspray verleiht der Wohnung die besondere heimisch-wohlige Duftnote der Marke *My home is my rosegarden.* Selbst das Auto wird in die heile Welt der Düfte einbezogen. Durch den eingesprayten Geruch *New car* riecht es nach dem Waschen tatsächlich wie neu.

Parfüm & Spray verschönen die Welt.

Was machen Sie im Krankheitsfall?

▶ Lassen Sie sich von Freunden, Kollegen oder Apothekern einen Arzt empfehlen. Die richtige Arztwahl kann viel Zeit, Ärger und Kosten sparen. Schließen Sie unbedingt vor Ihrem Abflug eine Reise-Krankenversicherung ab.

▶ Zeit und Kosten sparen Sie auch, wenn Sie eine Gemeinschaftspraxis *(medical group)* aufsuchen. Dort schließen sich Ärzte mehrerer Fachrichtungen zusammen, um gemeinsam Labors, technische Geräte und Kundenkarteien zu benutzen. Deshalb können Sie günstiger als ihre Kollegen kalkulieren & praktizieren.

▶ Auch im Krankenhaus ist der Patient in erster Linie Kunde. Seine Rechte während seines Aufenthalts sind im *patient's bill of rights* festgelegt. Dazu zählt, daß Sie respektvoll behandelt und in die Diskussion über Ihre Krankheit einbezogen werden. Bei Untersuchungen müssen Sie durch Vorhänge um das Bett vor den Blicken anderer abgeschirmt werden.

▶ Stimmen Sie weitergehenden Untersuchungen nur zu, wenn Sie von ihrer Notwendigkeit überzeugt sind. Die amerikanischen Ärzte neigen zu unnötigen Tests, um jedes Risiko auszuschließen, d.h. für einen Kunstfehler haften zu müssen. Wenn Spezialisten hinzugezogen werden, lassen Sie sich die Gründe dafür erläutern. Denn alle dieses Leistungen finden Sie später auf Ihrer Rechnung wieder.

▶ Vermeiden Sie es nach Möglichkeit, am Freitag ins Krankenhaus zu gehen. Dadurch sparen Sie fast 2.000 $. Gewöhnlich »verwahrt« man Sie über das Wochenende nur. Denn die eigentliche Behandlung beginnt erst am Montag.

Crime: Kriminalität ist ein Reizwort der Nation

Eigentlich suchte der 16jährige Japaner nur nach einer Party, zu der er eingeladen war. Als der Austauschschüler ein Grundstück betrat, um nach dem Weg zu fragen, lief die Frau des Hauses schreiend vor dem vermeintlichen Einbrecher davon. Der beherzte Ehemann stellte sich dem Fremden mit dem Gewehr entgegen und rief »Freeze!« (»Halt! Nicht rühren!«). Der junge Japaner verstand kein Wort und ging freundlich lächelnd auf den Hausbesitzer zu. Der Mann gab mehrere Schüsse ab, bis der Junge tot umfiel. Das Gericht sprach den Schützen frei. Schließlich hatte dieser ja nur seinen Grund und Boden verteidigt. Und der ist dem Amerikaner heilig. Wenn Sie also das Wort *freeze* hören, dann »frieren Sie sich da ein«, wo Sie sind und rühren sich nicht vom Fleck.

Sicherheits-
bedürfnis

Die Sicherheit geht über alles. Wer es sich leisten kann, stattet sein Haus mit einer Alarmanlage aus. Zumindest sorgt er für solide Türschlösser, die nicht jeder Dieb mühelos knacken kann. Besonders Ängstliche und Betuchte postieren einen Wachmann im Foyer oder bauen ihr Anwesen gar zu einer Festung aus.

Vielleicht halten Sie solche Maßnahmen für übertrieben. Aber die Angst, Opfer eines Verbrechens zu werden, ist begründet. Die Kriminalität nimmt zwar auch in Europa zu, hat aber in den USA bereits erschreckende Ausmaße erreicht. Alle sechs Minuten wird eine Frau vergewaltigt, alle zweieinhalb Minuten geschieht ein Wohnungseinbruch. Die Dunkelziffer liegt noch weit höher. Die Anzahl der Morde nahm sogar im neuenglischen Boston in wenigen Jahren um 56 % zu. In Miami verlieren täglich drei Menschen durch Mord ihr Leben. Kein Wunder, daß nur die Lokalpresse darüber in einer knappen Notiz berichtet.

Alle sechs
Minuten eine
Vergewaltigung

Crime lautet das Reizwort in aller Munde, das den Alltag der Amerikaner überschattet. Man nimmt Umwege in Kauf, um ein gefährliches Stadtviertel zu meiden. An jeder Straßenecke kann ein *mugger* einem die Tasche entreißen. Und wer in seinen vier Wänden vor dem Fernseher sitzt, macht sich Sorgen, ob seine Kinder in der Schule sicher aufgehoben sind.

Beschaffungs-
kriminalität

Ein großer Teil der Verbrechen wird unter Einfluß von Drogen begangen. Um sich das nötige Geld für die nächste Spritze zu besorgen, greifen immer mehr Junkies zur Waffe und plündern eine Ladenkasse oder rauben einen Passanten aus. Dro-

Selbst das geschichtsträchtige Boston, Massachusetts, leidet unter sprunghaft gestiegener Kriminalität.

genhändler suchen vor den Schulen neue Kunden und rekrutieren unter den Schülern ihren Nachwuchs.

Das große Drogengeschäft aber ist fest in den Händen mächtiger Syndikate, die generalstabsmäßig organisiert sind. Kartelle aus Kolumbien sorgen für den ständigen Nachschub an Heroin und Kokain. Das Crack-Geschäft läuft über Jamaika. Und die chinesische Mafia bringt Heroin aus dem »Goldenen Dreieck« (Burma, Thailand, Laos) ins Land. Die Gefängnisse sind zu einem Drittel mit Häftlingen belegt, die wegen Rauschgiftdelikten verurteilt wurden. Die großen Bosse der Szene sind allerdings kaum darunter.

Drogenproblem

Die wachsende Armut und die folgende Verelendung der Städte sind der fruchtbare Nährboden für Kriminalität. Über 40 % der schwarzen Jugendlichen sind ohne Arbeit. Wegen ihrer Hautfarbe diskriminiert und meist ohne Ausbildung, bleibt ihnen kaum eine Chance, ihr Los zu ändern. Einer Gesellschaft, die sie ausgrenzt, antworten sie mit Gewalt. Ihren Protest äußern sie im Rap, einer Art Sprechgesang, der zu harten Rhythmen vom harten Leben in den Slums erzählt. Im *Cop Killer* wird dem Zuhörer »eingehämmert«, daß man sich gegen Polizisten am besten wehrt, in dem man sie erschießt.

Verelendung der Städte

Auch das Fernsehen produziert und reproduziert Gewalt am laufenden Band. Ein amerikanischer Jugendlicher hat bis zur Volljährigkeit im Schnitt 20.000 TV-Leichen »konsumiert«.

Gewalt im Fernsehen

Inzwischen wächst der Widerstand gegen die Gewaltverherrlichung in den Medien. Persönlichkeiten des öffentlichen Lebens ermahnen die Verantwortlichen der Fernsehgesellschaften, moralischer Verpflichtung gegenüber der Gesellschaft nachzukommen und die Sendungen von brutalen Exzessen zu säubern.

Die Gefängnisse der USA quellen über. Mehr als zwei Millionen Amerikaner sitzen hinter Gittern. Damit ist das Land auch führend in der Verwahrung der eigenen Bürger. Nur genützt hat dies wenig. Polizei und Gerichte können dem Verbrechen mit ihren beschränkten Mitteln nicht richtig beikommen. Die Gesellschaft ist ratlos. Niemand kennt ein Mittel, wie der die Gewalt auslösende soziale Sprengstoff zu entschärfen ist.

Zwei Millionen Amerikaner sitzen hinter Gittern.

Auf der anderen Seite kennt das Vertrauen vieler Amerikaner in die Redlichkeit ihrer Mitmenschen kaum Grenzen. Ich bin mit meiner Familie viermal innerhalb der USA umgezogen. Für kein Domizil besaßen wir einen Schlüssel. Wenn wir einer Einladung folgen – und selbst wenn wir in Urlaub fahren – lassen wir das Haus immer unverschlossen. Auch die Autotür bleibt unverriegelt. Und der Schlüssel steckt im Zündschloß. In unserer dünnbesiedelten Gegend ist dies durchaus üblich. Von einem Einbruch in einem der nachbarlichen Anwesen habe ich nie gehört.

Das Gegenteil von Kriminalität: Vertrauen in Redlichkeit

Ein amerikanischer Freund lud mich in sein Chalet ein, das in den Bergen von Colorado liegt. Zwei Monate lang stand es zuvor leer. Auf die Idee, das Haus zu verschließen, kam der Besitzer nicht.

Die Null-Toleranz-Strategie der New Yorker Polizei wird mittlerweile weltweit als präventive Verbrechensbekämpfung diskutiert.

TIPS

Wie Sie sich vor Verbrechen schützen

▶ Nur ignorante Touristen wagen, »malerische« Gegenden wie Harlem oder andere *bad neighborhoods* (heruntergekommene Stadtviertel mit hoher Kriminalitätsrate) zu Fuß zu erkunden. Verzichten Sie auf solche abenteuerlichen Trips! Wenn Sie unbedingt die Schattenseite Amerikas kennenlernen wollen, dann schließen Sie sich einer organisierten Bustour durch ein solches Viertel an. Denn schon die Bibel wußte: Wer sich in Gefahr begibt, kommt darin um.

▶ Manchmal sind Sie gezwungen, relativ unsichere Straßen zu benutzen. Wenn Sie beispielsweise in Miami einen Leihwagen mieten, lauern Kriminelle den Fahrern gern auf der Strecke zwischen den Stellplätzen der Autos und der Überlandstraße auf. Touristinnen sind bevorzugte Opfer, weil sie in ihren Handtaschen oft höhere Geldbeträge verwahren. Hält Ihr Auto nun vor einer roten Ampel, ist es leicht, die Beifahrertür aufzureißen, die Tasche zu greifen und dann zu verschwinden. Dies können Sie vermeiden, indem Sie alle Türen von innen verriegeln.

▶ Wie verhalten Sie sich, wenn ein Unfall provoziert wird? Eine deutsche Fahrerin ist in einer solchen Situation ausgestiegen, um den Schaden zu prüfen. Sie wurde kaltblütig überfahren. Auch auf die Gefahr hin, »Fahrerflucht« zu begehen, sollten Sie wenigstens bis zur nächsten Hauptstraße fahren und dort mit gelbem Blinklicht einen Streifenwagen auf sich aufmerksam machen. Die Polizeipräsenz auf amerikanischen Straßen ist erheblich größer als etwa in Deutschland.

▶ Grundsätzlich sollten Sie wie die Amerikaner möglichst wenig Bargeld bei sich tragen und mit Kreditkarten zahlen. Zücken Sie bei einem Überfall schleunigst einen Zwanzigdollarschein, um den Dieb zu befrieden. Vielleicht erspart Ihnen dieses »Entgegenkommen« eine Beule am Kopf oder Schlimmeres.

»My pony, my rifle and me«: Waffenfetischismus

1993 stieg die National Rifle Association, die mächtige Waffenlobby, auf die Barrikaden, um wieder einmal die amerikanische Freiheit zu verteidigen. Die Regierung hatte sich erdreistet, den Zugang zum Waffenbesitz zu »beschränken«. Das ein Jahr später verabschiedete *Brady Law* schreibt lediglich eine fünftägige Wartefrist vor, ehe ein Käufer sein Schießeisen erhält. In dieser Zeit soll der Kunde auf eine eventuelle kriminelle Vergangenheit überprüft werden. Bei 200 Millionen Waffen in privater Hand und rund 280.000 Waffenhändlern greift dieses Gesetz aber nur unzulänglich. Das Recht, überhaupt eine Waffe zu besitzen, wird ohnehin nicht angetastet.

Ein 17jähriger Amerikaner darf in der Öffentlichkeit noch kein Bier trinken, aber er kann sich jederzeit ein Gewehr kaufen. Der gültige Führerschein genügt als Legitimation. Scheinbare Gründe genug gibt es, eine Waffe zu tragen. Man braucht sie zum Jagen, aber auch, um die freiheitlichen Werte der Nation zu wahren. Außerdem hat man sich gegen Kriminelle, die überall lauern, und gegen das »Böse« schlechthin zu verteidigen.

Nie wird ein Europäer den Waffenwahn der Amerikaner verstehen. Der Besitz von Pistolen und Gewehren gilt in den USA bei vielen als Menschenrecht. Die zweite Ergänzung zur amerikanischen Verfassung drückt klar aus, daß das Recht des Volkes, Waffen zu besitzen und zu tragen, nicht beeinträchtigt werden darf. Schließlich war man nicht in die Neue Welt gekommen, um sich das Jagen verbieten zu lassen. In Europa war dies dem Adel vorbehalten.

Das Recht auf Waffenbesitz als Menschenrecht

Seitdem die Indianer sich brav in ihre Reservate zurückgezogen haben, ist das Jagen die Lieblingsbeschäftigung eines weißen Mannes von Schrot und Korn. An

Eines von zahlreichen zerschossenen Verkehrszeichen entlang amerikanischer Straßen, die die wilde Schießwut vieler Waffenbesitzer belegen.

seinen freien Tagen steht er schon vor Morgengrauen auf, stapft durch den dunklen Wald und wartet auch bei bitterster Kälte stundenlang, bis ihm etwas vor die Flinte läuft. Anschließend trifft er sich mit seinen Kameraden in einer Jagdhütte, um kräftig zu bechern.

Mars heißt in Amerika Martia.

Aber längst ist Schießen nicht mehr reine Männersache. 15 Millionen Frauen ballern, was die Flinte hält. Sie stellen 60 % der Teilnehmer an Schießkursen der oben erwähnten National Rifle Association. Bonnie und Clyde haben in dieser fragwürdigen Angelegenheit Gleichberechtigung erwirkt. Nach der abenteuerlustigen Dame Bonnie ist sogar ein Revolver benannt, den Smith & Wesson eigens für Frauenhände entwickelt haben. Und eine schnuckelige 32er Magnum paßt schließlich in jede Handtasche. Findige Firmen bieten die nötige Unterwäsche und Spezialhalfter, damit das niedliche Spielzeug den weiblichen Körper nicht entstellt.

Für Gott und Vaterland: Das Militär

Was würden Sie empfinden, wenn der Verteidigungsminister Ihren gerade zum Militär einberufenen Sohn in einem Schreiben dazu beglückwünschte, dem großartigsten und schönsten Land der Welt dienen zu dürfen? Wahrscheinlich wären Sie ob dieser schrillen Töne etwas peinlich berührt, selbst wenn Sie ein erhebliches Maß an Nationalstolz besitzen. Der amerikanische Soldat erhält bei Dienstantritt ein solches vollmundiges Begrüßungsschreiben, ohne daß es ihm überzogen vorkäme.

Die USA – das großartigste und schönste Land der Welt

Der Dienst mit der Waffe zählt für die meisten Amerikaner zu den Pflichten, denen sie bereitwillig (und neuerdings sogar als Freiwillige) nachkommen. Seit Beginn ihrer jungen Geschichte mußten sich die Amerikaner martialisch behaupten: Zunächst trotzten sie den Engländern die Unabhängigkeit ab. Dann kämpften sie in den Sezessionskriegen sogar gegeneinander, um die Einheit des Landes zu erhalten. Weniger rühmlich waren die Kriege mit den Indianern. Hier ging es schnöde um Bodenschätze und Land.

Unabhängig- keitskampf

Sezessions- kriege

Militärische Traditionspflege in der amerikanischen Gesellschaft (hier in Hartford, Connecticut)

Fast jedem Amerikaner fällt das Verständnis für das Martialische & Militärische um so leichter, als er doch auch im Zivilleben eine Liebe für Schußwaffen jeder Art pflegt.

Integration in die Gesellschaft

Positiv kommt hinzu, daß die amerikanische Armee sich nie dazu mißbrauchen ließ, die eigene Bevölkerung zu unterdrücken. Das Militär hat sich immer dem Primat der Politik untergeordnet (was übrigens auch in der ehemaligen Sowjetunion der Fall war). Deshalb ist die Armee völlig selbstverständlich in die Gesellschaft integriert.

Berufs- und Freiwilligenarmee

Bis in die 70er Jahre bestand allgemeine Wehrpflicht (die aber in einer Art Lottosystem umgesetzt wurde). Seit Ende des Vietnam-Krieges im Jahr 1975 ist der Militärdienst freiwillig. Allerdings wurde dieses Prinzip 1980 wieder in gewisser Weise eingeschränkt. Jeder US-Bürger männlichen Geschlechts muß ab dem 18. Lebensjahr seine Adresse beim Postamt seines Wohnortes hinterlegen, um im Kriegsfall für die Army verfügbar zu sein. Im Zuge der Gleichberechtigung können auch Frauen ihren Dienst an der Waffe leisten. Weibliche Soldaten scheinen aber manchen Ausbilder und Kameraden um den Verstand zu bringen: Sexuelle Übergriffe auf Frauen nehmen zu, obwohl sie hart geahndet werden.

Weibliche Armeeangehörige und sexuelle Aggression

Die Gesamtstreitkräfte, *Armed Forces*, der Weltmacht USA bestehen aus der *U.S. Army*, der *U.S. Navy* und der *U.S. Air Force*. Eine Unterabteilung der Marine bildet das *Marine Corps*, stolz *marines* genannt. Diese besonders hart ausgebildete Truppe soll Boden-, Luft- und See-Operationen unterstützen. Die *National Guard* (Nationalgarde) mit über 500.000 Mann untersteht der Armee und der Luftwaffe zugleich. Sie hilft in Katastrophenfällen und bei größeren Polizeiaktionen. Äußerst umstritten war ihr Vorgehen gegen Bürgerrechtler und Demonstranten in den 60er und frühen 70er Jahren. So hat die Garde beispielsweise 1970 an der Kent State University in Ohio auf Studenten geschossen und vier von ihnen getötet.

Die Teilorganisationen der Armee

Zur Zeit stehen etwa zwei Millionen Männer und Frauen in Militärdienst. Hinzu kommen noch über eine Million Zivilisten, die bei den Streitkräften beschäftigt sind. Rechnet man noch den *Military-Industrial Complex*, also die gigantische Rüstungsindustrie, hinzu, so sind das Militär und seine Zulieferer mit Abstand der größte Arbeitgeber des Landes. Eine Entmilitarisierung – an die selbstverständlich fast niemand denkt – hätte für den Arbeitsmarkt verheerende Folgen.

Der »militärisch-industrielle Komplex«

Als Integrationsfaktor der unterschiedlichen Rassen und Ethnien spielen die Streitkräfte eine Rolle, die weit über ihre eigentliche Aufgabe hinausgeht. Häufig sehen Jugendliche aus den Schwarzenghettos ihre einzige Chance in einer militärischen Karriere. Inzwischen gibt es etwa 1.500 Offiziere asiatischer und 8.000 afroamerikanischer Herkunft. Im Golfkrieg wurde der schwarze Viersternegeneral Colin Powell als oberster Militär der ganzen Nation bekannt und beliebt. Er galt sogar als möglicher Präsidentschaftskandidat, winkte aber ab, weil er die Zeit für einen farbigen Präsidenten noch nicht gekommen sah.

Integrationsfaktor der Rassen und Ethnien

Militärkarriere als sozialer Ausweg

Die Army als Inte-
grationsfaktor
zwischen Rassen
und Ethnien (hier:
Wachablösung am
Militärfriedhof
Arlington)

Verdiente Militärs in das höchste Staatsamt zu hieven hat übrigens von George Was- *Vom General*
hington bis Dwight D. Eisenhower Tradition. Präsident Reagan kämpfte wenigstens *zum*
auf der Leinwand als B-Movie-Star. Nur Bill Clinton war nie Soldat und hat als Stu- *Präsidenten*
dent in London sogar gegen den Vietnamkrieg demonstriert.

Die amerikanischen Streitkräfte sind eine Berufsarmee. Wie die Personalbüros
großer Firmen werben die einzelnen Waffengattungen in eigenen Rekrutierungs-
büros Interessenten an. Der Bewerber oder die Bewerberin muß den Highschool-
Abschluß haben und sich für mindestens drei Jahre verpflichten. Die Offizierslauf- *Sozialleistungen*
bahn setzt den erfolgreichen Besuch eines Colleges voraus. Dafür wird ein sicherer *bei magerem*
Arbeitsplatz geboten, eine Ausbildung und soziale Vergünstigungen im Krankheits- *Einkommen*
fall, beim Hausbau, Autokauf oder bei der Finanzierung eines Studiums. Schon
nach wenigen Dienstjahren winkt eine Pension, die zumindest ein bescheidenes
Leben garantiert. Allerdings ist die Bezahlung im Vergleich zu anderen Berufen
eher mager. Der Oberkommandierende der Flotte erhält etwa 150.000 $ Jahressalär.
Doch winken den Generälen, wenn sie in den früh möglichen Ruhestand treten,
lukrative Jobs in der Wirtschaft.

*Die Grundaus-
bildung ist kein
»Gammel-
dienst«*

Die Ausbildung ist hart. Besonders die Militärakademie Westpoint – darin den Eliteuniversitäten vergleichbar – genießt einen fast schon legendären Ruf. »Yes, Sir!«
lautet die zackige Antwort, die von einem Untergebenen grundlegend erwartet wird.
Ansonsten ist der Umgang in den Streitkräften aber eher leger. Er hat wenig mit
dem preußischen Drill und dem »Kadavergehorsam« vergangener Zeiten zu tun.
Bevor der Offizier im Ernstfall das Leben der eigenen Leute aufs Spiel setzt, opfert er
lieber Tonnen von Munition und läßt die andern Opfer sein. Soweit es der Dienst
erlaubt, versucht man den Soldaten den Alltag möglichst angenehm zu gestalten.
Ein wenig Spaß soll der Job zumindest in Friedenszeiten machen.

*Den American
Way of Life im
Marschgepäck*

US-Militär ist in vielen Ländern der Erde stationiert. Um sich in oft unwirtlichen
und fremdartigen Gegenden heimisch zu fühlen, nehmen die Amerikaner ihren
Lebensstil überall huckepack mit. Einer meiner Söhne dient bei der US-Navy in
Japan. Er lebt abwechselnd auf seinem Schiff oder auf dem Stützpunkt. Und dort
gibt's Amerika pur: McDonalds, Burger King, Büchereien, Kegelbahnen und
Restaurants. Erst wenn er den Stützpunkt verläßt, taucht er wieder in eine fremde
Welt ein.

*Veteranen und
ihr Feiertag*

Aus dem Kriegsdienst entlassene Soldaten heißen wie bei den Römern »Veteranen«.
Sie werden in der Regel zwar finanziell versorgt. Aber gerade die psychisch und kör-
perlich versehrten Heimkehrer aus dem Vietnamkrieg mußten schmerzlich erfahren, daß der Dank der Nation seine Grenzen kennt. Ihre Kollegen in der Antike
konnten mit einem Landgut rechnen. Die 27 Millionen Veteranen haben immerhin
ihren eigenen Feiertag. Der Veteran's Day – ursprünglich hieß er »Waffenstill-
standstag« und erinnerte an das Endes des I. Weltkriegs – fällt in 16 Bundesstaaten
auf den 11. November, sonst überall auf den vierten Montag im Oktober. So mancher Patriot blickt an diesem Tag stolz auf vergangene Taten zurück und poliert seine Orden auf.

Vietnam – ein nationales Trauma

*Arroganz der
Macht und
des Erfolgs*

Scheinbar harmlos fing alles an und wurde von der amerikanischen Öffentlichkeit
zunächst nicht wahrgenommen. Die USA hatten unter Aufbietung all ihrer enor-
men Kräfte den II. Weltkrieg gewonnen. Dann wurde der Mega-Feind Kommunismus in die Schranken gewiesen. Im Korea-Krieg war dies bereits bravourös geschehen. Als die Franzosen sich als geschlagene Kolonialmacht aus Indochina zurück-
zogen und Vietnam 1954 geteilt wurde, fühlten sich die Amerikaner im Rahmen der
Domino-Doktrin dazu aufgerufen, den Süden gegen das kommunistische Nordvietnam und die Vietkong-Partisanen im Süden zu verteidigen. Genügten anfangs
noch finanzielle Unterstützung und ein Stab von über 16.000 »Beratern«, die dem
südvietnamesischen Präsidenten Diem zur Seite standen, so mündete das amerikanische Engagement 1963 in einen unerklärten Krieg. Zuweilen waren mehr als

500.000 US-Soldaten in Vietnam an den Kämpfen beteiligt, ohne daß sie den Widerstand des Gegners brechen konnten.

So nahmen Härte und Grausamkeit der Kampfhandlungen auf beiden Seiten zu. *Napalm und* Die Amerikaner warfen innerhalb von zehn Jahren sieben Millionen Tonnen Bom- *Massaker von* ben ab, setzten Napalm ein und begingen das schreckliche Massaker von My Lai. Als *My Lai* die Medien die Bilder des Horrors in jedes amerikanische Wohnzimmer trugen, begann sich Ende der 60er Jahre eine Anti-Kriegs-Bewegung zu bilden, wie sie Amerika nie erlebt hatte. Hunderttausende gingen gegen die Unmoral der Politik auf *Anti-Kriegs-* die Straße. Wehrpflichtige zerrissen ihre *draft cards* (Einberufungsbescheide) und *Bewegung* flohen außer Landes. Die linksradikale Studentenorganisation SDS *(Students for a*

Wie ein willentlich umgekehrter Stachel im Leib Amerikas: Vietnam Chapel Val Verde bei Eaglenest, New Mexico

Democratic Society) und die *yippies*, die aus der Hippie-Bewegung *(flower power)* der 60er Jahre hervorgegangen waren, liefen gegen den Krieg Sturm. Im Mai 1970 kam der Betrieb an vielen Universitäten zum Erliegen. Ein Jahr später zogen mehrere tausend Soldaten vor das Weiße Haus, um ihre Auszeichnungen zurückzugeben. Der Druck der Öffentlichkeit und die Aussichtslosigkeit, den Krieg noch zu gewinnen, veranlaßten Präsident Nixon (der später einem Amtsenthebungsverfahren durch Rücktritt zuvorkam), einem Waffenstillstand mit Nordvietnam zuzustimmen und die amerikanischen Truppen aus Vietnam abzuziehen.

Der Sieg Davids gegen Goliath – unverständlich für ein bibelfestes Land

Bis heute empfinden die Amerikaner widerstreitend über diesen Krieg. Vielen bleibt unverständlich, warum diese großartige Nation von einem kleinen Land wie Vietnam besiegt werden konnte. Stand vielleicht der wahre, heimtückische Feind, der die Truppen demoralisiert hat, im eigenen Land? Die »Patrioten« haben längst an ihrer »Dolchstoßlegende« gestrickt, die von den üblichen konservativen Strickmustern (etwa gegen die »sozialweinerlichen Liberalen« laufend) geprägt ist.

Die Rückkehr der gedemütigten GIs

Als die geschlagenen Soldaten aus Vietnam zurückkehrten – nicht wenige von ihnen verwundet, verkrüppelt oder drogenkrank – , war die Nation entsetzt. Viele der Heimkehrer waren so stark psychisch geschädigt, daß sie sich nicht mehr reibungslos oder aktiv in die Gesellschaft einzugliedern vermochten. Die Hilfe, die der Staat seinen *veterans* gewährte, reichte nicht aus, um alle hinreichend vor materieller Not zu bewahren. Der stolzen Nation blieb scheinbar nichts anderes übrig, als dieses Trauma zu verdrängen – um es damit nur nachhaltig zu verankern.

Als Folge entwickelte sich auch das *Vietnam Syndrome* im Bereich der Außenpolitik. Damit war das Zögern der amerikanischen Führung gemeint, nach dem Vietnam-Debakel massiv US-Truppen im Ausland einzusetzen.

Der Golfkrieg als Seelenmassage

Der Golfkrieg *(Operation Desert Storm)* ließ schließlich die schwärende Wunde etwas vernarben. Mit geringem Aufwand, gleichsam durch »virtuellen Computerkrieg«, hatte Amerika einen Bösewicht bestraft und dadurch sein eigenes Selbstvertrauen wiedererlangt. Dies bewies auch die Wahl Bill Clintons zum amerikanischen Präsidenten, der nie Soldat gewesen war und während des Vietnamkriegs im englischen Oxford studierte, wo er als Vietnamkriegsgegner Verachtung für die US-Army äußerte. Mit einer solchen Kritik kann Amerika heute leben. Denn der Glaube an die eigene Größe ist gefestigter denn je.

Die Arbeit soll Spaß machen

Nicht nur auf der Straße gehen die Amerikaner freundlicher miteinander um als die meisten Deutschen. Auch am Arbeitsplatz grüßt man häufiger, lächelt mehr und wird nicht müde, sich nach dem Befinden der Kollegen zu erkundigen.

Selbstverständlich antwortet der / die Gefragte, daß es ihm / ihr ausgezeichnet gehe. Eine andere Antwort wäre undenkbar und würde dieses liebenswerte Ritual der Fürsorge & Entlastung unerwartet stören.

»How are you?«

Auch wenn der höfliche Umgang miteinander nur oberflächlich und nett gemeint ist, wirkt er sich positiv auf das Arbeitsklima aus. Kollegen reden sich in der Regel mit den Vornamen an. Überhaupt ist der Umgangston locker & leicht. Jedoch würde kein Untergebener seinen Chef mit dem lässigen *»Hi!«*, sondern nur mit dem standesgemäßen *»Hello!«* begrüßen. Die Klassenunterschiede in der amerikanischen Gesellschaft sind stärker ausgeprägt, als es auf den ersten Blick scheinen mag.

Positives Arbeitsklima durch Freundlichkeit

Nur Millionäre können es sich leisten, in bunten T-Shirts in ihrer Firma zu erscheinen. Der Durchschnittsamerikaner, wenn er nicht im »Blaumann« arbeitet, ist

Büroangestellte in New York während der Lunch-Pause am »Dress-down«-Tag ihrer Firma

Im Land der Jeans & T-Shirts konservative Arbeitskleidung?

während der Arbeitszeit konventionell gekleidet. Die Herren tragen Anzüge und Krawatten, die Damen häufig Kostüme. In jüngerer Zeit haben viele Betriebe einmal im Monat oder in der Woche einen *Dress-down*-Tag eingeführt, an dem die Angestellten im Freizeitlook ins Büro kommen dürfen. In der Film- und in der Werbebranche jedoch ziehen die Mitarbeiter an, was sie wollen. Durch extravagante Kleidung unterstreichen sie ihre Kreativität.

Wenig Urlaub

Die Arbeit soll sich nicht nur lohnen, sondern nach Möglichkeit auch Spaß machen. Bei so viel »Freude am Arbeitsleben« kann sich der amerikanische Arbeitnehmer leichten Herzens mit erheblich weniger Freizeit begnügen als sein Kollege in Europa. Zehn Urlaubstage im Jahr lassen ihm wenig Zeit zum Reisen. Vor diesem Hintergrund sollten wir uns mit Kritik zurückhalten, wenn manche Amerikaner London, Paris, Hofbräuhaus + Neuschwanstein, Florenz, Rom und Athen in einer knappen Woche »bewältigen«.

Tarifverträge und Gewerkschaften

Gewerkschaftsmacht

In über 150.000 verschiedenen Tarifverträgen, die großenteils nur regionale Gültigkeit besitzen, sind Arbeitszeit, Lohn und Kündigungsschutz geregelt. Zwar gibt es 210 Einzelgewerkschaften, aber weniger als die Hälfte von ihnen haben sich zum Dachverband AFL/CIO zusammengeschlossen, der – anders als etwa sein Gegenstück DGB in Deutschland – kaum Einfluß auf die Handlungen seiner Mitglieder hat. Die Gewerkschaftsmacht ist auch deshalb gering, weil nur jeder vierte Arbeitnehmer überhaupt einer Gewerkschaft angehört. Manche Branchen wie die Textilindustrie und der gesamte Dienstleistungssektor sind nahezu unorganisiert. Dies läßt die Forderungen & Rechte der dort Beschäftigten nicht ins Kraut schießen und hält die Löhne somit niedrig. Im gesamten Süden der USA haben die Gewerkschaften nie Fuß fassen können, was viele Betriebe in dieses unternehmerische Eldorado lockt.

Der Süden der USA als Unternehmer-Eldorado

Antisozialistische Gewerkschaften

Im Gegensatz zu den europäischen Arbeitnehmervertretungen fehlt den neueren amerikanischen Gewerkschaften jeder sozialistische Gedankenhintergrund. Sie sind sogar entschieden antisozialistisch eingestellt und verstehen sich als reine Interessenvertreter ihrer Mitglieder.

Geringer Kündigungsschutz

Aufgrund des unzureichenden Kündigungsschutzes kann der Amerikaner leicht den Arbeitsplatz verlieren. Dafür findet er (bei hinreichender Konjunkturlage) relativ schnell eine neue Stelle, zumal er viel eher als sein Kollege in D / A / CH bereit ist, für den Job sein Haus zu verkaufen, die vertraute Umgebung aufzugeben und in eine andere Stadt zu ziehen. Häufig übt er mehrere Tätigkeiten gleichzeitig aus. Es ist durchaus üblich, daß etwa eine Krankenschwester nachts ihren Dienst versieht und tagsüber in einem Kaufhaus arbeitet oder Pakete ausfährt.

Mobile Arbeitskräfte

»Headhunters«

Da es in den USA keine umfassende praktische Berufsausbildung gibt, finden die Firmen mitunter schwer qualifizierte Fachleute. Dann kommen die professionellen *headhunters* (»Kopfjäger«) gern zu Hilfe. Für ein sattes Erfolgshonorar besorgen sie nahezu jede gewünschte Kraft.

Seit 1935 sorgt der *Social Security Act* für eine minimale soziale Absicherung, die durch private Vorsorge ergänzt werden muß. Ohne die damit verbundene social security number findet kein US-Bürger eine Anstellung. Sie begleitet ihn durch sein ganzes Leben. Die Sozialversicherungs-Nummer muß bei Behörden, beim Arzt, beim Eintritt in die Armee oder bei der Universität angegeben werden. Sie ist neben dem Führerschein gelegentlich auch ein Mittel, um sich auszuweisen.

Soziale Absicherung

Jobben in den USA **TIPS**

▶ Wer als Tourist eingereist ist, darf offiziell keine Arbeit aufnehmen. Für ein legales Arbeitsverhältnis braucht man auf jeden Fall die *social security card*, die aber schon seit den 70er Jahren, wenn überhaupt, nur noch bei einer längeren Aufenthaltsgenehmigung zu erlangen ist.

▶ Als Job bleibt also meist nur Schwarzarbeit. Wie wäre es beispielsweise mit Babysitting? Sie können aber auch von Januar bis März in Florida und Kalifornien Orangen pflücken. Allerdings macht sich hier die billige Konkurrenz aus Mexiko hart bemerkbar. Hin und wieder können Sie einen Job als Tellerwäscher ergattern. Vielleicht ziehen Sie damit das große Los. Sie wissen ja, daß so mancher Millionär und Milliardär in einer amerikanischen Spülküche begonnen hat.

▶ Studenten können eine pauschale Arbeitsgenehmigung erhalten und bis zu drei Monaten jobben. Vielleicht findet sich der eine oder andere Amerikaner, der Deutsch lernen möchte. Wenn Sie gut reiten können, erfüllt sich möglicherweise Ihr Jugendtraum, nämlich als lassoschwingender Cowboy auf einer Ranch zu arbeiten.

Amerikas Wirtschaft scheint unverwüstlich

Längst sind die Vereinigten Staaten nicht mehr das »Land der unbegrenzten Möglichkeiten«, als das sie einst bewundert wurden. Waren sie unmittelbar nach dem II. Weltkrieg der größte Hersteller und Exporteur von Produkten aller Art, so müssen sie sich schon seit Jahrzehnten der lästigen Konkurrenz aus Japan, Südostasien und Europa erwehren.

Indes ist das Rezessionstal der frühen 90er Jahre durchschritten. Die Konjunktur boomt wieder. Arbeitslosenrate und Inflation sind auf dem seit langem niedrigsten Stand. Diese Momentaufnahme der ökonomischen Lage um die Jahrtausendwende kann sich jedoch schnell ändern. Doch die Amerikaner nehmen den systemimmanenten Wechsel von Auf und Ab in der Wirtschaft vergleichsweise gelassen hin. Sie sind wohl mit Recht überzeugt, wie kein anderes Land auf Dauer für jede neue Herausforderung die passende Antwort zu finden. Denken Sie nur an den Abgesang auf

Getreidesilos in Raymond, Minnesota – Wahrzeichen der Agrar-Weltmacht USA

In der Kommunikationstechnologie, der Unterhaltungsindustrie und der Dienstleistungsethik bilden die USA die Avantgarde.

die USA, der Mitte der 70er Jahre mit dem technologischen und arbeitsethischen Aufstieg Japans angestimmt wurde. Doch an der Schwelle zum dritten Jahrtausend n. Chr. kämpft Japan mit einer schweren und langwierigen Krise, während die USA in der Kommunikationstechnologie, der Unterhaltungsindustrie und der Dienstleistungsethik die Avantgarde bilden.

Was ist das Geheimnis des fast märchenhaften wirtschaftlichen Erfolgs, der schon am Anfang der amerikanischen Geschichte begann? Da war einmal die schier unendliche Weite des Binnenmarkts von Ozean zu Ozean, dessen wachsende Zahl von Konsumenten die Wirtschaft von einem Boom in den den anderen trieb. Dann stand das beste Acker- und Weideland der Erde zur Verfügung. Man mußte nur die Ärmel aufkrempeln und beherzt zupacken. Heute ist die amerikanische Landwirtschaft in der Lage, die halbe Welt zu ernähren. Schließlich wurden die Bodenschätze entdeckt, die man tatkräftig ausbeutete: zuerst die Kohle, dann Erze, Edelmetalle und zuletzt das Erdöl. Stets war die protestanisch-puritanische Arbeitsmoral (vgl.

Die Grundlage des Wirtschaftserfolgs

den berühmten Soziologen Max Weber) der treibende Motor. Ein damaliger deutscher Zeitgenosse äußerte sich bewundernd über diese Pioniere des amerikanischen Wohlstands: »Sie starben mit Schwielen an den Händen, aber mit einem dicken Sparkonto auf der Bank.«

Puritanische Arbeitsethik als Wirtschaftsmotor

Nach der Devise *Go west, young man!* (Horace Greeley) drangen Abenteurer, Siedler und Unternehmer bis zum Pazifik vor. Dies setzte Eisenbahnlinien und Straßen voraus, die zumeist von Privatgesellschaften gebaut wurden. Beim Aufbau des Landes waren Eigeninitiative und Bereitschaft zum Risiko gefragt. Der Staat stand lange Zeit abseits.

»Go west, young man!«

Das hat sich mittlerweile geändert. Die ehemals völlig freie Wirtschaft unterliegt heute auch behördlichen Kontrollen, Inspektionen, Vorschriften und Verboten, wie sie in diesem Ausmaß kaum ein anderes kapitalistisches Land kennt. Entsprechend groß ist die Abneigung der Unternehmer gegen die staatliche Bürokratie.

Die früher abwesende Bürokratie macht sich breit.

Heftiger als die Bürger anderer Staaten reagieren die Amerikaner, wenn man in ihren Geldbeutel greifen will. Dennoch verfügt die Regierung über einen jährlichen Etat von sage und schreibe einer Billion $. Vor 50 Jahren betrug er nur ein Zwanzigstel der heutigen Summe. Hinzu kommen noch die Haushalte der Einzelstaaten und der Kommunen.

Öffentliche Etats

Eisenbahnen bahnen den Weg in den Westen.

Dienstleistungs-
gesellschaft

In den vergangenen Jahren hat sich die Wirtschaftsstruktur der USA dramatisch verändert. Die Rolle der Industrie als Hauptarbeitgeber übernahm mittlerweile der Dienstleistungssektor, in dem 80 % der Amerikaner beschäftigt sind. Überdies hat eine neue Wanderbewegung die Nation erfaßt. Immer mehr Betriebe verlassen die traditionellen Industriezentren des »Schneegürtels« im Norden und siedeln in den Süden über. Im »Sonnengürtel« sind die Grundstücke billiger, die Löhne niedriger. Die junge Computerbranche hat sich die schönsten Gegenden im südlichen Kalifornien und an der Golfküste von Texas als Standort gewählt.

Nord-Süd-Drift
der Wirtschaft:
Vom »Schnee-
gürtel« in den
»Sonnengürtel«

Aktienbesitz
als »Volks-
eigentum«

Trotz der Tendenz zur Konzentration und Globalisierung der Wirtschaft gibt der breite Mittelstand den Ton an und spielt die Musik. Da Aktien immer in sehr kleinen Einheiten ausgegeben werden und die Amerikaner weit eher als (bisher) etwa die Deutschen dazu neigen, solche Anteile zu erwerben, besitzen letztlich Millionen Kleinaktionäre die großen Betriebe. Keine Aktiengesellschaft kann es sich leisten, diese Masse von »Eigentümern« vor den Kopf zu stoßen. Sie tut daher alles, um ihre Firmenpolitik der Öffentlichkeit zu verkaufen und ihre Aktionäre bei der Stange, d.h. bei der »Aktie«, zu halten.

Hart aber herzlich – die Geschäftsverhandlung

Das Klischee
vom »toughen/
taffen« ameri-
kanischen
Manager

Ich war mit einem Kollegen nach Saginaw im Bundesstaat Michigan gereist, um mit der Maschinenbaufirma Baker Perkins einen Lizenzvertrag auszuhandeln. In Deutschland hatte ich fast alles verschlungen, was es über das US-Management zu lesen gab. So glaubte ich genau zu wissen, daß ein Manager jemand ist, der bis zur physischen Erschöpfung arbeitet, laufend und in kernigem Ton Entscheidungen verkündet, von allen Arbeitsvorgängen Kenntnis nimmt und den einmal getroffenen Entschluß mit aller Härte durchsetzt. Wenn nötig, befiehlt er seine Mitarbeiter zusammen, erteilt ihnen Anweisungen, hastet von einer Konferenz zur nächsten und verschlingt zwischendurch ein Sandwich. Er ist ständig im Laufschritt unterwegs und setzt so sein morgendliches Jogging fort. Mit dieser Vorstellung war ich nach Amerika gereist.

Die Wider-
legung des
Klischees

Wir fuhren zur vereinbarten Zeit zur Firma. Dort konnte uns niemand das Büro unseres Verhandlungspartners zeigen. Eine Tafel wies uns schließlich den Weg.

Jim McGony erwartete uns in seinem Zimmer im fünften Stock. Die Tür zu seinem Büro (wie auch alle anderen Türen) stand weit offen. Ein Vorzimmer mit einer Sekretärin gab es nicht. Mr. McGony saß an seinem leeren Schreibtisch, auf dem anstelle von Akten seine Füße lagen. Er hatte es sich in einem nach hinten kippenden Ledersessel bequem gemacht und telefonierte. Als er uns sah, kam er uns entgegen, ohne das Telefon aus der Hand zu legen. Er reichte uns die freie Hand und sagte: »I am Jim.« Von diesem Augenblick an nannten wir uns beim Vornamen.

Ich hatte mich gründlich auf die Verhandlung vorbereitet und wollte schnell zur Sache kommen. Doch nachdem Jim sich nach unserem Flug erkundigt und gefragt hatte, ob wir gut untergebracht seien, lud er uns erst einmal zum Lunch ein. Wir fuhren etwa eine halbe Stunde durch die Stadt, bis wir den eleganten Saginaw Country Club erreichten. Ein uniformierter Wachmann grüßte uns freundlich und öffnete die Schranke. Vor einem großen Gebäude stieg Jim aus, ohne den Motor abzustellen. Sogleich lief ein junger Mann auf das Auto zu, rief »Good day, Mr. McGony« und fuhr den Wagen weg. Diesen Service nennt man *valet parking* (etwa: »Parken mit Kammerdiener«).

Business lunch

Dann betraten wir den mondän eingerichteten Speisesaal. Der Oberkellner im schwarzen Frack führte uns zu einem Tisch und brachte auf unseren Wunsch Eistee. Während des Essens gesellte sich der Firmenanwalt zu uns. Anschließend lud uns Jim zum Kaffee auf die Terrasse ein, von wo wir eine wunderbare Aussicht auf uralte Bäume genoßen.

Während dieser ganzen Zeit verloren wir über das Geschäft kein Wort. Erst im Büro gingen wir den Vertrag bis ins Detail durch. Trotz der beinharten Verhandlung fiel keine unfreundliche Bemerkung. Als wir an einem für uns entscheidenden Punkt nicht nachgeben wollten, meinte Jim lakonisch: »That's not the way Baker Perkins does business.« So würde seine Firma keine Geschäfte machen. Wir hatten also nur die Wahl zu akzeptieren oder abzureisen. Wer aber verläßt eine so freundliche Atmosphäre im Zorn?

Schließlich konnten wir uns doch noch einigen. Am nächsten Morgen legte uns der Anwalt von Baker Perkins den Vertrag in seiner endgültigen Form vor. Zu unserer Überraschung macht er uns darauf aufmerksam, daß er ausschließlich die Interessen seiner Firma vertrete. Fairerweise würde er uns raten, auch unsererseits einen Juristen einzuschalten. Wir lehnten dankend ab und hatten es nie zu bereuen: Beide Seiten hielten den Vertrag peinlich genau ein, weil er allen Vorteile brachte.

TIPS

Tips für Geschäftsleute: Der richtige Umgang mit Ihren amerikanischen Mitarbeitern

▶ Sie sollten Ihren Mitarbeitern eine klar umrissene Verantwortung für einen bestimmten Bereich übertragen und Ziele vorgeben, deren Erreichung überprüfbar ist. Auch empfiehlt es sich, Ihre Entscheidungen mit der Belegschaft zu diskutieren und zu begründen. Der deutsche Arbeitnehmer nimmt häufig einen Beschluß »von oben« ohne viel zu fragen hin. Dem Amerikaner genügt nicht, daß die Geschäftsleitung einfach etwas entschieden hat. Er will durch Argumente motiviert werden.

▶ Die Menschen in den USA sind wohl eher bereit als andere Völker, eigene Fehler zuzugeben. Sprechen Sie aber nicht roh von Fehlern, sondern wie sie künftig vermieden werden können. Weisen Sie niemanden öffentlich zurecht. Und seien Sie äußerst zurückhaltend, wenn Sie jemanden belehren. Die Amerikaner mögen keine Europäer, die alles besser wissen wollen (»Besser-Eussis«).

▶ Halten Sie Ihre Bürotür immer offen. Das fördert Vertrauen und signalisiert, daß Sie für jeden jederzeit zu sprechen sind. Geben Sie sich freundlich und locker. Aber ein gut gemeinter Schlag auf die Schulter stößt auf Befremden.

▶ Wenn Sie einen neuen Mitarbeiter einstellen wollen, denken Sie daran, daß viele Fragen als »diskriminierend« gelten. In einer Anzeige eine Sekretärin »nicht älter als 40« zu suchen, verstößt gegen Benimm & Regeln. Das Alter ist immer tabu, es sei denn, es ist unmittelbare Voraussetzung für den Job.

▶ Fragen Sie eine Angestellte weder nach ihrem Geburtsnamen noch nach dem Geburtsort. Erlaubt ist dagegen die Frage nach der Staatsbürgerschaft.

▶ Verlangen Sie keine Auskunft über die Muttersprache. Der Bewerber / die Bewerberin muß aber angeben, welche Sprachen er / sie fließend beherrscht, falls dies für den Job bedeutsam ist.

▶ Auch Fragen danach, ob der Bewerber beim Militär war oder einem Verein angehört, sind verpönt. Sie können sich aber jederzeit erkundigen, ob er gewerkschaftlich organisiert ist.

▶ Die Religionszugehörigkeit und die Rasse Ihres Mitarbeiters geht Sie grundsätzlich nichts an. Das gleiche gilt für die Zahl der Kinder, den Beruf des Ehepartners oder körperliche Behinderungen, welche die Tätigkeit des Bewerbers nicht beeinträchtigen.

▶ Vermeiden Sie jede Bemerkung, auch wenn sie ihnen noch so harmlos erscheint, die man als sexuelle Belästigung auslegen könnte. Erst recht sollte das reizvolle Knie einer Mitarbeiterin Sie nicht zum Tätscheln verführen. Hier verstehen die Amerikaner überhaupt keinen Spaß. Was man dem Präsidenten vielleicht noch durchgehen läßt, kann Sie ein Vermögen kosten, wenn es zu einer Gerichtsverhandlung kommt.

Service rund um die Uhr

Wenn Sie häufig mit dem Flugzeug unterwegs sind, können Sie ein Lied davon singen: Sie kommen nach acht Stunden Flug erschöpft in Atlanta oder Miami an, haben dort einen Leihwagen reservieren lassen und müssen nun, weil noch andere Kunden warten, eine halbe Stunde anstehen, bis Sie das Auto entgegennehmen können.

Um diesem Problem abzuhelfen, hat sich eine große Autovermietfirma in den USA etwas einfallen lassen: Der interessierte Fluggast erhält von ihr eine Kundennummer, unter der im Computer seine Wünsche gespeichert sind, die Größe und Ausstattung des Wagens, die Versicherung, aber auch Führerschein- und Kreditkartennummer und vieles mehr. Dieser Service heißt *Gold Club*. Unter Angabe der Kundennummer, der Ankunftszeit und der Nummer des Fluges bestellen Sie vor dem Start telefonisch einen Wagen. Selbstverständlich ist der Anruf gebührenfrei. Am Flughafen winken Sie einen der Shuttle-Busse der Firma heran, steigen ein, nennen Ihren Namen und werden sogleich zu Ihrem bereitstehenden Wagen gefahren. Sie werfen Ihr Gepäck in den schon geöffneten Kofferraum. Der Schlüssel steckt im Schloß, der Vertrag liegt auf dem Beifahrersitz. Wenn Sie das Auto abgeben, hat die Angestellte der Firma in Sekundenschnelle die Rechnung erstellt, die mit der gespeicherten Kreditkartennummer bequem beglichen wird.

Dienstleistungs-Phantasie aus Dienstleistungs-Leidenschaft

Auf allen Gebieten lassen sich amerikanische Unternehmer etwas einfallen, um ihren Kunden zufriedenzustellen. Manchmal scheint es, als grübelten die Firmenmanager Tag und Nacht darüber nach, wie sie ihn noch mehr verwöhnen können als die Konkurrenz.

Auch die Behörden verstehen sich als Dienstleistungsbetriebe im wörtlichen Sinn und verhalten sich dementsprechend. Meist lautet die erste Frage: »How can I help you?« Und sie ist durchaus ehrlich gemeint. Es ist kaum vorstellbar, daß ein Beamter einen Ratsuchenden wie einen lästigen Bittsteller abkanzelt oder daß der Bürger mitten in der Woche vor dem geschlossenen Rathaus steht.

Auch Behörden begreifen sich als Dienstleistungsbetriebe.

Vielleicht liegt den Amerikanern der geschäftliche Instinkt im Blut – und jedes Geschäft beginnt nun mal mit Freundlichkeit und Entgegenkommen. Wer einen Kunden für ein Produkt oder eine Dienstleistung gewinnen will, muß es ihm so bequem und leicht wie möglich machen. Dies gilt auch für das Einkaufen. Viele Läden schließen erst um zehn Uhr abends.

Die großen Supermärkte haben sogar rund um die Uhr geöffnet. Auch wenn die Schlange noch so lang ist, läßt sich die Kassiererin nicht aus der Ruhe bringen und packt die Waren ein. Oder *baggers* (von *bag* = Tüte) erledigen dies. Kein Kunde käme auf den Gedanken mitzuhelfen. Wie gering der Betrag, den der Käufer zahlen muß, auch sein mag, er hat immer die Wahl zwischen *cash or cheque (check)* bzw.

Kundenfreundlichkeit beim Einkaufen

Shopping-Allee an der Ausfallstraße (hier: Salida, Colorado)

credit card. Auf Wunsch werden die vollgepackten Tüten sogar zum Auto getragen. Um die Konsumenten noch mehr zu verlocken, offerieren viele Geschäfte einmal im Monat den *salesday*, den »besonderen Verkaufstag«, an dem Preise drastisch gesenkt werden.

Catering

Sehr verbreitet sind auch *Catering*-Firmen, die fertiges Essen ins Haus liefern. Die amerikanische Hausfrau steht nicht gern lange in der Küche. Ein Fest bereitet sie lieber beim Friseur oder im Kosmetikstudio vor, der *caterer* liefert die Speisen frisch zum richtigen Zeitpunkt. Auch der Abwasch entfällt. Geschirr wird gemietet und nach dem Gebrauch wieder abgeholt.

Den Vietnam-Veteranen Fredric W. Smith nervte, daß Millionen von Amerikanern Briefe und Pakete mit zum Teil großer Verspätung erhalten, weil die staatliche Post zu schwerfällig ist. Hier sah er eine Marktlücke: Er wollte dafür sorgen, daß seinen Landsleuten pünktlich am darauffolgenden Morgen die am Vortag aufgegebenen Sendungen zugestellt würden. Diese Aufgabe ist in einem so riesigen Land wie den USA keineswegs einfach zu lösen. Nachdem Mr. Smith den Banken seine Idee schmackhaft gemacht hatte, erhielt er das nötige Startkapital und begann mit einigen umgebauten Falcon-Jets und sechs Paketen an Bord seinen »Übernacht-Service«. Heute transportiert die FedEx mit 560 Flugzeugen Briefe, Päckchen, Pakete und sogar Giraffen rund um die Welt. Sie verfügt über eine der größten Computerzentralen und eine eigene Wetterstation. Das logistische System der Firma ist so komplex, daß es in einer umfangreichen Doktorarbeit abgehandelt werden könnte. Nur hätte es sich längst verändert, bevor diese fertiggestellt wäre.

»How can I help you?« Dieser Satz, der den Umgang der Amerikaner miteinander auf eine knappe Formel bringt, steht oft am Beginn einer steilen unternehmerischen Karriere. Er gilt aber auch da, wo es nichts zu verdienen gibt. Als ich gerade meine erste Farm gekauft hatte, fuhr ein Mann mit seinem Bulldozer vor. Er habe gehört, daß wir vor dem Haus einen Teich anlegen wollten, und er sei gekommen, den Grund auszubaggern. Ich ließ ihm freie Hand, fühlte mich dann aber unwohl, weil ich mit ihm nicht vorab den Preis für seine Arbeit ausgehandelt hatte. Ich sah schon eine gesalzene & gepfefferte Rechnung vor mir. Um so überraschter war ich, als er mir zu verstehen gab, daß seine Tätigkeit ein Willkommensgruß sei. Er wolle mir, dem Neuankömmling, einfach eine Freude bereiten. In meiner Verlegenheit bot ich ihm ein Bier an, das er ablehnte. »Nein, ich bin praktizierender Baptist, ich trinke keinen Alkohol.«

How can I help you?

Ohne Geld um die Welt: Fluch und Segen der Kreditkarte

Gleich zu Beginn meines ersten USA-Aufenthaltes bin ich tief in einen Fettnapf getreten. Bei meiner Ankunft im Hotel bat die Dame an der Rezeption um meine Kreditkarte. Als ich zu erkennen gab, daß ich bar zahlen würde, war sie fassungslos und verschwand im Büro. Kurze Zeit später kam sie mit ihrem Chef zurück, der mich seltsam musterte. Auf seine Frage, wie lange ich denn bleiben wolle, antwortete ich etwas kleinlaut: »Zwei Nächte.« »Dann zahlen Sie bitte 300 $ im voraus. Den Restbetrag erhalten Sie bei Ihrer Abreise zurück.« Irritiert ergab ich mich dem Schicksal. Warum nur hatte ich beim Hotelier Mißtrauen erweckt? Später besprach ich den Vorfall mit meinen amerikanischen Bekannten. Sie schüttelten nur den Kopf. Denn wer bar bezahlt, muß »abgebrannt« sein. Da ist es das gute Recht eines jeden Hotelbesitzers, auf großzügige Vorauszahlung zu bestehen.

Wer bar zahlt, ist pleite.

Fast jeder US-Bürger ist bis über beide Ohren verschuldet. Und das ist gut so. Denn nur wer Schulden hat, ist respektabel und kreditwürdig. Er muß aber seine Schulden pünktlich rückzahlen, um dann noch mehr Schulden machen zu können. Kein Amerikaner käme auf die absurde Idee, sein Hotelzimmer *cash* zu bezahlen. Das würde gegen seine tief verwurzelte Auffassung vom Geld verstoßen. Er »pumpt« sich die benötigte Summe mit Hilfe seiner Kreditkarte. Am Ende des Monats gleicht er das Defizit mit einem Scheck aus.

Nur wer Schulden hat, ist kreditwürdig.

Anzahl und Art der *credit cards* geben darüber Auskunft, wie seriös jemand ist. (Fast) jeder Amerikaner besitzt gleich mehrere dieser »Dietriche« zum Konsum. Einen einsamen Spitzenrekord erreichte vor etlichen Jahren Walter Cavanagh aus Santa Clara in Kalifornien. »Mister Plastic Fantastic« – so nannten ihn seine Bewunderer – besaß nicht weniger als 1.199 dieser magischen Plastikkärtchen.

Ohne Plastik-karten bin ich eine persona non grata

Nur wer wirklich pleite ist, muß sein Leben ohne Kreditkarten fristen. Er bemüht Himmel & Hölle, um diese kleinen *Sesam-öffne-dich* so rasch wie möglich wieder-zuerlangen.

Wenn ich also im Hotel keine Kreditkarte vorweise, kann ich nur zahlungsunfähig sein. Da ich aber von meiner Kleidung her durchaus seriös wirkte, mußte der Hotelmanager (im oben geschilderten Fall) einen noch schlimmeren Verdacht hegen: Der Mann ist nicht nur abgebrannt, sondern obendrein ein Hochstapler!

Die *credit card* ist in vielen Situationen mehr als Bargeldersatz. Unter Angabe Ihres

Relikte des Bargeldzah-lens: Münz-automaten

Namens und der Kartennummer können Sie telefonisch Bestellungen aufgeben und ein Zimmer oder einen Flug reservieren. Autovermieter rühren in der Regel ohne das »Plastikgeld« keinen Finger: Außerdem ist der bargeldlose Zahlungsverkehr sicherer. Ein Kassierer, der nur kleine Summen in bar verwaltet, kommt gar nicht in Versuchung, sie zu unterschlagen. Aus demselben Grund ist er auch gegen Überfälle gefeit, weil sie sich schlicht nicht lohnen.

Für Mietautos gilt: »No card, no car.«

Selbstverständlich sind neben den Kreditkarten auch noch die guten alten Dollarscheine, die man liebevoll *greenback*, *buck* oder *presidential face* nennt, im Umlauf. Diese graugrünen Papiere sehen alle fast gleich aus. Gebräuchlich sind Ein-, Fünf-, Zehn-, Zwanzig-, Fünfzig- und Hundert-Dollar-Noten. Wenn Sie unterwegs sind, sollten Sie sich möglichst mit kleinen Scheinen versorgen. Die großen nimmt man Ihnen beispielsweise an Tankstellen nicht ab.

Der Dollar bezieht seinen Namen vom (Joachimstal-) »Thaler«, einer Silbermünze, die vor 400 Jahren im Deutschen Reich verbreitet war. 1785 koppelten sich die USA vom englischen Währungssystem ab und prägten ihren eigenen »Silberthaler«, den *Silver Dollar*. Das heute übliche Papiergeld erscheint vielen Amerikanern als zu »unpersönlich«. Dies ist ein weiterer Grund, die Kreditkarte dem herkömmlichen Zahlungsmittel vorzuziehen.

Dollar = Thaler

Ob man nun wie die Griechen ein dickes Bündel Scheine aus der Hosentasche zieht, den Tisch vor der Kasse damit bepflastert (und sich in den USA damit höchst verdächtig macht) oder ob man seine *credit cards* wie Pokerkarten zieht, um die Bewunderung der Umstehenden zu erregen, Geld regiert allemal die Welt. *Money makes the world go round* .

Kreditkarten / credit cards **TIPS**

Man unterscheidet zwischen drei verschiedenen Arten von Kreditkarten. Die courtesy card (frei übersetzt: Freundliche Kaufkarte) wird beispielsweise von Warenhäusern ausgestellt. Um sie zu erhalten, muß man seine finanziellen Verhältnisse offenlegen und Alter und Beruf angeben. Auch Tankstellenketten und Supermärkte geben oft eigene *credit cards* aus und akzeptieren keine Karten anderer Firmen.

Das Limit der von den Banken ausgegebenen Karten richtet sich – wie in Europa – nach den Einkommens- und Bonitätsverhältnissen.

Schließlich gibt es die bekannten Kreditkarten-Unternehmen wie American Express, Master Card, Visa oder Diner's Club. Einige davon räumen dem Kunden einen recht hohen Kredit ein, der aber am Monatsende ausgeglichen werden muß. Den Amerikaner stört es nicht, wenn seine Karte im Geschäft oder Hotel überprüft wird. Sollte die eine Karte »überlastet« sein, dann zückt er die nächste. Dem Europäer ist dies meist peinlich.

»On the road again« – Das halbe Leben am Lenkrad

Wenn meine Nachbarn ein Restaurant besuchen wollen, setzen sie sich ins Auto und fahren eine gute Stunde, bis sie am Ziel sind. In diesem weiträumigen Land bleibt vielen Amerikanern nichts anderes übrig, als lange Wege hinzunehmen, um den Supermarkt, Freunde, die Kirche u.v.m. aufzusuchen. Auch ein Berufstätiger ist zwischen seinem Haus und dem Arbeitsplatz und zurück im Schnitt zwei bis drei Stunden unterwegs.

Für die Fahrt nach Miami könnte ich den äußerst preiswerten Zug von Palm Beach aus nehmen. Da ich aber von meinem Wohnsitz bis zum Bahnhof eine halbe Stunde mit dem Auto bräuchte und vermutlich ebenso lange, bis ich in Miami mein Ziel erreicht hätte, fahre ich gleich die gesamte Strecke mit dem Wagen. Vor demselben Problem stehen meine schulpflichtigen Kinder. Sie könnten zwar den Schulbus nehmen, müßten aber bis zur Haltestelle anderthalb Stunden zu Fuß gehen.

San Francisco gehört mit seiner legendären Straßenbahn zu den »pre-car cities«.

Das mit Abstand beliebteste Verkehrsmittel ist das Auto. Anders als der Europäer hat der Amerikaner meist nicht die Wahl, auf ein öffentliches Verkehrsmittel umzusteigen. Wenn er nicht gerade in den Ballungsräumen an der Ostküste wohnt, ist er ohne eigenen Wagen zur Unbeweglichkeit verdammt. Einige Städte wie Boston oder San Francisco mit ihrer unregelmäßigen Straßenführung, die vor der Erfindung des Autos angelegt wurden *(pre-car cities)*, verfügen über ein halbwegs funktionierendes Nahverkehrssystem. Andere – dazu gehören Los Angeles oder Phoenix – sind für die Autokultur geschaffen *(post-car cities)* und nur mit einem Fahrzeug nutzbar. Der Amerikaner kommt zur Not ohne Lesen und Schreiben durchs Leben. Aber ohne Führerschein ist er fast verloren. Mit 16 Jahren kann der Jugendliche dieses begehrte Kärtchen erwerben. Das Fahren hat er meist zuvor von Eltern, Freunden oder Bekannten gelernt. Nur selten besucht er eine Fahrschule. Für die mündliche Prüfung bereitet er sich anhand eines kleinen Heftes vor, das alle für den Straßenverkehr relevanten Fragen enthält. Zuvor sind aber die Hürden des Augen- und des Gesundheitstests zu nehmen. Mit Sehstörungen und gelähmtem Arm läßt man auch in den USA niemand ans Steuer. Die praktische Prüfung soll ein vernünftiges Fahren beweisen. Großen Wert wird darauf gelegt, daß man seine Absichten unmißverständlich signalisiert. Wer beim Rückstoßen nur in den Rückspiegel und nicht auch noch über die Schulter blickt, fällt höchstwahrscheinlich durch. Er kann aber schon am nächsten Tag die Prüfung wiederholen – solange, bis er sie geschafft hat.

Öffentliche Verkehrsmittel bieten selten eine Alternative.

Der Führerschein ist der wahre Identitätsnachweis.

Die *driver's license* muß in den meisten Bundesstaaten alle vier Jahre erneuert werden. Nur wer – wie ich bislang zum Glück – diesen Zeitraum ohne Strafzettel und Unfall überstanden hat und als *safe driver* (sicherer Fahrer) gilt, braucht erst nach sechs Jahren wieder anzutreten. Der Führerschein dient über die bloße Fahrerlaubnis hinaus als Identifikationsmittel schlechthin. Nur mit seiner Hilfe kann man beispielsweise eine Waffe kaufen. Der Verlust – oder schlimmer noch: der Entzug – dieses kostbaren Dokuments bedeutet in vielen Gegenden nichts anderes als Hausarrest.

Der Führerschein ist nur eine Leihgabe.

Der Verlust des Führerscheins ist häufig wie Hausarrest.

Die Amerikaner sind keineswegs vorwiegend zur Urlaubszeit unterwegs. Auch Beruf & Geschäfte treiben sie auf die Straße. Wer sich um einen Job in Alaska bemüht, setzt sich ans Steuer und fährt von Florida oder Texas mal kurz in den hohen Norden. Zu regelrechten Sternfahrten können die *conventions* werden. Die Mitarbeiter großer Firmen kommen auf diesen Tagungen aus allen Teilen des Landes zusammen und schwelgen in einer »corporate identity« (Zusammengehörigkeitsgefühl, im Marketing auch: einheitliches Erscheinungsbild), das sie zu neuen Leistungen motivieren soll.

Obwohl die Entfernungen gewaltig sind, bewegt sich der Autofahrer auf den Straßen äußerst diszipliniert. Die zulässige Höchstgeschwindigkeit von 55 Meilen pro Stunde *(mph = miles per hour)* – dies entspricht etwa 88 km/h – zwingt den Amerikaner zu einer zurückhaltenden Fahrweise. 1966 wurde in einigen Teilstaa-

**Memphis, Tennessee, ist
eine »autogerechte« Stadt.**

ten die Begrenzung auf 65 mph heraufgesetzt. Im dünnbesiedelen Nordwesten der
USA ist sie sogar ganz weggefallen. Aber wer fährt dort schon hin?

*Die Straße ist
kein Ersatz-
Kriegsplatz.*

Ein Kleinkrieg wie bei uns findet auf amerikanischen Straßen nicht statt. Einen
Fahrer, der im Schneckentempo den Verkehr behindert, bringt man selten mit
Lichtsignal, Blinker oder kurzem Abstand auf Trab. Niemand ruft einen Falschpar-
ker mit der Hupe zur Ordnung. Ein Volk von notorischen Erziehern sind die Amerikaner in angenehmer Weise nicht.

*Hohe Polizei-
Präsenz auf
den Highways*

Sie sollten aber die Verkehrsvorschriften strikt beachten. Denn die Polizei ist auf
den Highways höchst präsent. Dies dient Ihrer Sicherheit, aber auch den chronisch
leeren Kassen der Kommunen. Bisweilen lauern die Beamten den unvorsichtigen
Fahrern wie Wegelagerer auf. Wenn Ihnen ein Streifenwagen mit Blaulicht folgt,
fahren Sie bei erster Gelegenheit rechts heraus, halten Sie an und bleiben Sie im
Wagen sitzen. Gewöhnlich schreitet der Polizist martialisch auf Sie zu und verlangt

die Papiere. Vermeiden Sie jede ruckartige Bewegung! Er könnte sie mißdeuten und seine Waffe ziehen, wie Sie dies aus zahlreichen amerikanischen Filmen kennen. Vielleicht haben Sie Glück, und er beläßt es bei einer mündlichen Verwarnung, weil eine seiner Großmütter aus D / CH / A stammte. Sollte er Ihnen dennoch ein *ticket*, also einen Strafzettel, verpassen, dann informieren Sie ihn, daß Sie nur noch zehn Tage in den USA seien und die Strafe an Ort und Stelle bezahlen möchten. Da der Beamte kein Geld annehmen darf, läßt er vielleicht Gnade vor Recht ergehen und verabschiedet sich mit den Worten:»Have a good day, drive carefully.«

Gemeinde, Kreis, Einzelstaat und Bund verfügen jeweils über ihre eigenen Polizisten. Sie alle tragen Colts und eine Uniform, die sie häufig auch nach Dienstschluß nicht ablegen.

Polizisten wollen »wiedergewählt« werden!

Sofern sie dem Department eines Sheriffs zugeordnet sind, verlieren sie ihren Job, wenn dieser abgewählt wird. Deshalb vermeiden sie in der Regel, den Wähler mutwillig zu verärgern. Sie verkörpern das Gesetz, aber nicht das eines Moses, sondern jenes, das die freien Bürger sich selbst gegeben haben und dem sie im Sinne des common sense zu folgen bereit sind. Aus diesem Grund ist das Verhältnis zwischen Polizei und Bevölkerung meist recht entspannt und häufig sogar freundlich.

Mieten Sie sich einen »cop« (Bullen).

Für eine Party oder sonstige Veranstaltungen können Sie die Ordnungshüter auch mieten. Die Leihgebühr zahlen Sie an die zuständige Dienststelle. Bei Bedarf stellt diese Ihnen auch einen Bodyguard zur Verfügung. Aber halten Sie die Augen offen: Der Muskelmann beeindruckt vielleicht Ihre Tochter oder gar Frau – jedenfalls geschieht dies in manchen Filmen (z.B. mit Whitney Houston), aber auch in der Hollywood-Realität von Monaco (Prinzessin Stephanie).

Der Durchschnittsamerikaner ist der höflichste und hilfsbereiteste Fahrer, den man sich vorstellen kann. Bei einem Unfall jedoch scheut er sich, einem Verletzten Erste Hilfe zu leisten. Er würde riskieren, daß ein geschäftstüchtiger Anwalt des Opfers ihn später vor Gericht zerrt und für (vermeintliche) Folgeschäden seines Mandanten haftbar macht.

Der Durchschnittsamerikaner ist ein »Kavalier der Straße«.

Es ist bereits ein müder Witz, daß der Deutsche in jeder freien Minute seinen Wagen poliert, bis er sich im Lack spiegeln kann. Eine Beule am Heck kann ihn an den Rand des Wahnsinns treiben. Der Amerikaner betrachtet sein Auto als Gebrauchsgegenstand, auf dessen äußere Erscheinung er keinen besonderen Wert legt. Einige Standards werden im ländlichen und bürgerlichen Milieu aber eingehalten: Der Wagen ist in der Regel geräumig, besitzt einen Tempomat *(cruise control)*, Airconditioning und Automatik. Dazu kommen Servolenkung, elektrische Scheibenheber und Bremskraftverstärker. Mit einer solchen Ausrüstung lassen sich bequem lange Strecken zurücklegen. Arme und Beine werden fast überflüssig. Wie in Trance gleitet man schnurgerade durch die Landschaft.

Der Amerikaner betrachtet sein Auto als Gebrauchsgegenstand.

»Easy riding«

Wenn das Fahrzeug aber auch die eigene Persönlichkeit narzißtisch spiegeln soll, wird das Nutzobjekt Auto zum Kunstobjekt. Wie bei der alpenländischen Lüftlmalerei

Dieser Mack-Truck transportiert nicht nur Ladung, sondern auch die eigene mobile Wohnung (Windriver Canyon, Wyoming).

verziert der Fahrer die Karosserie mit Ornamenten oder gar Airbrush-Phantasielandschaften. Der weniger künstlerisch begabte Autobesitzer begnügt sich mit Aufklebern. Darauf bekennt er sich zu einem politischen Kandidaten oder gar zu Jesus Christus. Manchmal fährt er auch den Namen seiner Liebsten spazieren. Da die amerikanische Autonummer eine willkürliche Kombination aus Zahlen und Buchstaben bildet, *Das Auto als* kann man sich von der Zulassung für einige Dollar mehr einen individuellen Spezi*Botschaft* alkode zuteilen lassen. Eine Zeitlang fuhr ich mit meinem Vornamen »Howald« durchs Land, bis der Reiz des Neuen für mich schließlich verblaßt war.

Wenn Sie auf der legendären Route 66 fahren, die in den 30er Jahren zwischen Chi*Route 66* cago und Los Angeles gebaut wurde, dann ahnen Sie, daß sich nicht nur für Trucker das wahre Leben auf der Straße abspielt. Sie fahren auf der »Mutter der Straßen« meilenweit geradeaus, vergessen Zeit und Raum, bis Sie den »rollenden« *American dream* träumen.

Messen nach besonderem Maß

Als Autofahrer tanken Sie Gallonen Benzin. Damit fahren Sie Meile um Meile, bis 100° Fahrenheit im Schatten Sie zwar nicht zum Kochen bringen, wohl aber dazu, *Das englische* eine Rast einzulegen. Vielleicht träumen Sie dabei von einer kräftigen Rindfleisch*Erbe* suppe, für die Ihre Frau *pounds* von beef gekauft und die sie in *cups* von Wasser gekocht hat. Danach würden Sie zwei oder drei Unzen Käse nicht verschmähen, wenn Ihnen auch dasselbe Gewicht in Gold lieber wäre. Am Wochenende besuchen Sie ein

Baseballspiel und befassen sich leidenschaftlich mit *yard*, *foot* und *inch* – typischen amerikanischen Längenmaßen, ohne die dieses Spiel kaum vorstellbar wäre.

Was die Uhren für Bayern bedeuten – bekanntlich gehen sie dort anders –, das bedeuten die in unseren Augen seltsamen Maße und Gewichte für die USA. Außer beim Geld weigern sich die Amerikaner, das weltweit gültige Dezimalsystem zu übernehmen. Ein Einführungsversuch unter dem vormaligen Präsidenten Carter scheiterte kläglich. Man hält an den alten angelsächsischen Maßen mit einer Leidenschaft fest, die wohl nur von der Liebe zum *hamburger* übertroffen wird. Dabei verschlingt sich diese Art der *Maß*nahme (verglichen mit dem logisch aufgebauten Dezimalsystem) zu einem Dschungel, in dem sich offenbar nur die Amerikaner (und wenige andere) zurechtfinden.

Für die Engländer war es seinerzeit ganz simpel: Durch königliches Dekret legte Heinrich I. für den *yard* die Länge seines eigenen Armes fest. Und ein sinniger Vers definierte die Meile: »George the Third said with a smile: 'Seventeen-sixty yards in a mile'.« In jener unverbildeten Zeit kannte man auch genau die Größe des Fußes: Er war eben ein *foot* lang.

Seitdem die Engländer im Zuge ihrer EU-Mitgliedschaft die alten Maße aufgegeben haben, halten lediglich Myanmar (Burma), Liberia und die USA an ihnen fest. Nur Verräter amerikanischer Grundwerte würden sich an ihnen vergreifen. Doch Trojanische Pferde haben bereits die Exportindustrie und die NASA gebaut. Auch die Waffenindustrie produziert nach den internationalen Maßen.

NASA, Export- und Waffenindustrie messen nach Dezimalmaß.

Und der Mann auf dem Mond? Wurde er vielleicht auch aufgrund von Dezimalberechnungen auf den Erdtrabanten gehievt? Alle Auskünfte darüber scheinen *top secret* zu sein. Es wäre nicht auszudenken, wenn ein »Verräter der amerikanischen Werte« die *stars & stripes* dort oben gehißt hätte.

Die wichtigsten amerikanischen Maße | TIPS

▶ 1 *pound*	= 454 Gramm			
▶ 1 *ounce* (Unze)	= 28,4 Gramm			
▶ 1 *cup*	= 1/2 *pint*	= 237 ml		
▶ 1 *gallon*	= 4 *quarts*	= 3,8 l		
▶ 1 *foot (ft)*	= 12 *inches (in)*	= 30,48 cm		
▶ 1 *yard*	= 0,914 m			
▶ 1 *mile* (Meile)	= 1, 609 km			
▶ 32° Fahrenheit	= 0° Celsius			
▶ 100° Fahrenheit	= 37,8° Celsius			
▶ 212° Fahrenheit	= 100° Celsius			

Wo man ins Bett fährt: Das Motel

Sie fahren mit Ihrer Familie durch die Weiten der USA. Dafür haben Sie sich nach amerikanischer Art einen geräumigen RV gemietet. Hunderttausende sind mit einem solchen *recreational vehicle* unterwegs. Die größten dieser »Erholungsfahrzeuge« kosten um die 300.000 $ (Sonderausgaben für Popstars *on tour* noch wesentlich mehr), also doppelt so viel wie ein angenehmes Haus mit Swimmingpool. Schlafkabine, Dusche, Küche und »Wohnzimmer« gehören ebenso zur Ausstattung wie Kühlschrank, Mikrowelle, Geschirrspüler und Fernseher. Manche Amerikaner hängen an ihren RV noch einen Jeep, ein Motorrad oder sogar einen Jaguar auf Anhänger an. Man muß schließlich mehrfach mobil sein.

Wohnmobile = »Erholungsfahrzeuge«

Sie sind tagelang unterwegs. Die endlos gerade Straße verliert sich am Horizont. Ihre Kinder werden allmählich ungeduldig. Ertragen Sie ihr Balgen. Denn es kommt noch schlimmer. Beim Ballspielen wird es allerdings lebensgefährlich. Kurz vor dem Nervenzusammenbruch erreichen Sie Ihr Ziel. Der *campground* ist wunderschön gelegen. Vor allem bietet er Waschmaschinen, ein Restaurant, Lebensmittelgeschäfte, Kinderspielplätze und einen Swimmingpool – also fast alles, was das Herz des Amerikaners begehrt. Ihre Kinder finden bald Spielkameraden, und Sie selbst fachsimpeln mit Ihrem Nachbarn, warum die Klimaanlage nicht richtig funktioniert. Bei der Abreise protestieren die Kinder, die ihre neuen Freunde verlassen sollen, um wieder stundenlang geradeaus zu fahren.

Motels sind Ersatzheimat.

Wenn Sie »unmöbliert« reisen, gibt es Motels, in denen Sie jederzeit die Fahrt unterbrechen können. Imposante Schilder weisen auf sie hin. Diese amerikanische

Motel bei Dennisville, Maine

Erfindung hat ihren Siegeszug durch die ganze Welt angetreten. Doch nirgendwo sind die Motels so komfortabel ausgestattet wie in ihrem Ursprungsland. Auch Reisende mit geringem Budget *(low budget travelers)* haben Anspruch auf Komfort. Bad, WC, Klimaanlage und Schwimmbad gehören zum Standard selbst der bescheidensten Motel-Absteigen. Oft sind die Schränke so geräumig, daß man darin fast spazierengehen könnte. Die ständig laufende Klimaanlage sorgt für gekühlte Räume, selbst wenn der Sommer längst vorbei ist. Auf die Idee, Energie zu sparen, kommen nur die seltsamen Europäer. Läßt sich das Fenster nicht öffnen, machen Sie die Tür auf, um natürliches Klima hereinzulassen. Ein abgenutztes (aber sauberes) Laken sollte Ihnen nicht die Schlaflust verderben. Immerhin werden Sie durch das überdimensionale Bett entschädigt. Der Preis ist immer gleich, egal ob sie allein oder zu viert in Ihrer Moteleinheit übernachten.

Manchmal umfaßt das Motel mehrere verstreut liegende Bungalows. Sie erhalten an der Rezeption einen Lageplan, der Sie mit dem Wagen direkt vor Ihr Apartment führt. Sie müssen Ihr Gepäck nicht weit schleppen und haben die Nacht über das Auto im Auge.

Übernachten im Motel / Hotel — TIPS

▶ Wenn Sie in einem nur halb belegten Motel absteigen, scheuen Sie sich nicht, nach einem Preisnachlaß zu fragen. Die Amerikaner sind daran gewöhnt. Es kann Ihnen nichts Schlimmeres als eine Ablehnung widerfahren. Aber selbst dann können Sie mit erhobenem Haupt von dannen ziehen, haben Sie doch Ihre *cleverness* bewiesen.

▶ Nach amerikanischem Recht darf Ihnen kein Hotel oder Motel die Aufnahme verweigern, wenn Sie Ihre Zahlungsfähigkeit nachgewiesen haben. Bestehen Sie lautstark auf diesem Recht. Selbst wenn das Etablissement ausgebucht sein sollte, findet sich letztlich doch noch ein Bett.

Das Haus – eine Wagenburg mit Klimaanlage

Seit etlichen Jahren baue ich in den USA Häuser. Sie sind nicht für die Ewigkeit gedacht, doch gilt es, Details zu beachten, die für Amerikaner wichtig sind. Gehen wir von einem Einfamilienhaus aus, in dem ein Ehepaar mit zwei Kindern wohnt. Zunächst muß die Innentür der Garage in den Vorratsraum führen. Dort steht die Waschmaschine. Von hier gelangt man in die Küche, die nach dem neuesten Stand der Technik vollautomatisch betrieben wird.

Weil die Eheleute in der Regel gleichzeitig aufstehen, hat das Elternschlafzimmer *(master bedroom)* zwei Bäder mit WC. Während der Ehemann sich mit einer Dusche begnügt, legt die Dame des Hauses Wert auf eine Badewanne. Wenn die Kin-

Für jedes Schlafzimmer mindestens ein Badezimmer

der klein sind, liegen ihre Zimmer direkt neben dem der Eltern. Die größeren Kinder schlafen am anderen Ende des Hauses. Selbstverständlich besitzen alle Schlafräume ein eigenes Bad.

Der elektronische Haushalt

Neue Häuser verfügen in der Regel über automatische Sprechanlagen. Wenn Sie abends das Haus betreten, meldet sich eine Stimme: »Guten Abend, Mister Kluge, haben Sie Ihren Wagen abgeschlossen? Ihre Frau ist vor 20 Minuten zum shopping center gefahren und kommt in einer Stunde zurück. Sie sollen die Schule anrufen. Ihr Sohn hat seine Hausaufgaben in Mathematik nicht gemacht. Im Keller tropft ein Rohr. Rufen Sie bitte den Klempner an. Ich wünsche Ihnen noch einen schönen Abend.« Dann schaltet sich das Licht und die Musik automatisch ein – und wieder aus, wenn Sie zu Bett gehen.

Hellhörige Bauweise

Do it yourself

In weiten Teilen Amerikas bestehen die Häuser aus Holz und Gipsplatten. Allenfalls die Grundmauern sind aus Beton. Diese leichte Bauweise ist zwar recht billig, macht aber die Häuser extrem hellhörig. Kein Wunder, daß die Amerikaner nur ungern zur Miete wohnen und auf gehörigen Abstand zum Nachbarn achten. Andererseits ist es viel einfacher als bei uns, nachträglich ein Rohr zu verlegen oder eine Alarmanlage einzubauen. Da gute Handwerker in den Staaten schwer zu finden sind, hält der Besitzer sein Haus selbst instand. Dies tut er gewöhnlich an Wochenenden und im Urlaub. *Honeydew holidays* (»Honigtau-Ferien«) nennt man spöttisch diese Zeit des Werkelns. Das Wortspiel kommt von »Honey do this, honey do that!«, womit die Ehefrau ihren Mann zu immer neuen Reparaturen antreibt.

Aufgrund beruflicher Mobilität verbringen die Amerikaner selten ihr ganzes Leben in ein und demselben Haus. Es ist nur eine Bleibe auf Zeit. Man richtet sich so bequem wie möglich ein, sitzt aber schon in den Startlöchern, um gegebenenfalls anderswo neu anzufangen. Den Umzug versüßt die verbreitete Sitte, das Wohnen im neuen Heim mit einem zünftigen Fest zu beginnen. Zu dieser *housewarming party*, deren Beginn und Ende vorab mitgeteilt wird, lädt man Freunde und Nachbarn, alt und jung. Es werden Drinks und Snacks gereicht. Steht auf der Einladung *BYOB (bring your own bottle)*, sollte der Gast seine eigenen Getränke mitbringen. Ein kleines Geschenk zusätzlich wird die Gastgeber sicher erfreuen.

Housewarming party

Großzügiger Energieverbrauch

Die Pionier-Tradition, eine Wagenburg zu bilden, um sich gegen feindliche Überfälle zu verteidigen, lebt in der Art und Weise fort, wie sich die Amerikaner zu Hause einrichten. Vorhänge und Jalousien bleiben meist geschlossen, als wolle man sich verbarrikadieren. Wird es dann zu dunkel, schaltet man das Licht an. Die Heizung läuft bei jeder Witterung. Wird es zu heiß, schaltet man die Klimaanlage ein. Allerdings fehlen um das Grundstück die hohen Zäune, die ohnehin jeder Übeltäter übersteigen könnte. In der Not steht nach Vorvätersitte das Gewehr gleich neben der Haustür.

Wie eine Schnecke mit dem Haus umziehen

Wer trotz Umzug das altvertraute Heim nicht missen möchte, kann es mitnehmen, wenn es dazu technisch taugt. Er lädt das mobile Fertighaus auf einen Transporter und zuckelt den Highway entlang, bis er seinen neuen Bestimmungsort erreicht hat.

Familienglück und andere Glücksvorstellungen

Von Zeit zu Zeit gehen Minderheiten unterschiedlicher sexueller Neigung auf die Straße und demonstrieren für ihre Rechte. Sollten die Anhänger der traditionellen Hetero-Familie auf die gleiche Weise ihre Ansprüche geltend machen, würde wohl für einen solchen Aufmarsch das gesamte Straßennetz der Metropole New York nicht ausreichen. Denn die Familie bildet immer noch den Kern der amerikanischen Gesellschaft.

Da diese »heile« Welt jedoch immer mehr zerfällt, werden konservative Politiker nicht müde, die *family values* zu beschwören. Die meisten Amerikaner bejahen die »Familienwerte« wohl um so mehr, als sie diese in ihrem persönlichen Leben und Umfeld schwinden sehen.

Die Familie bildet immer noch den Kern der amerikanischen Gesellschaft.

Doch gibt es sie noch: die »ideale« Familie. Sie besteht aus den Eltern und zwei bis drei Kindern. Der Vater als Familienvorstand lenkt das Schicksal der Seinen in patriarchalischer Art. Ihm zur Seite steht die Gefährtin, die den Haushalt versorgt und die Kinder nach der Schule mit selbstgebackenen Keksen empfängt. Das

Der weiße Traum wird bei jeder zweiten Eheschließung zum Alptraum Scheidung.

gemeinsame Abendessen beginnt mit dem Gebet. Und am Sonntag steht der Kirchgang der ganzen Familie an.

Noch lebt die Familie im (weißen) Amerika.

Gewiß ist Amerika ein familienfreundliches Land. Es gibt das Restaurant, das Auto und den Film für die Familie *(family restaurant, family car, family movie)*. Wer die Institution Familie kritisiert, stellt den *American way of life* in Frage. Diese Kleingemeinschaft bietet ihren Angehörigen Schutz vor Schicksalsschlägen, zumal das dünngesponnene soziale Netz kaum trägt. Andererseits weist die hohe Scheidungsrate und die wachsende Zahl unehelicher Kinder in eine andere Richtung. Fast ein Drittel der erwachsenen Amerikaner lebt als Single. Besonders Kinder aus ärmeren Schichten wachsen bei nur einem Elternteil auf. Zwei Drittel der alleinerziehenden Mütter erhalten von den Vätern ihrer Kinder keinen Cent Unterhalt. Mehr als 80 % der Frauen gehen einer Beschäftigung nach, weil die Lohntüte des Mannes nicht ausreicht, um einen bescheidenen Wohlstand zu garantieren. Die Kleinkinder kommen derweil in die Tagesstätte, während die älteren bis zum Nachmittag in der Schule verwahrt sind. Sollte der Vater den Aufstieg auf der Karriereleiter schaffen, bleibt das Familienleben auf wenige freie Stunden beschränkt. Trotz aller Schwierigkeiten wollen die meisten jungen Amerikaner nach wie vor eine Familie gründen. Weil auch die reißerische Filmindustrie diesen Trend kennt, steht am Ende selbst der blutigsten Filmklamotte häufig das Jawort eines Paares.

Trotzdem wollen die meisten jungen Amerikaner eine Familie gründen.

Der Feiertag gehört der Familie

In den USA sind religiöse Feste Angelegenheit der jeweiligen Religionsgemeinschaft.

Auch die Amerikaner streben nicht ununterbrochen nach Erfolg & Wohlstand. Einige Male im Jahr lehnen sie sich im Kreis ihrer Familie behaglich zurück und feiern entspannt und lebensfroh. Während die Mehrzahl der europäischen Festtage religiösen Ursprungs ist, hat in den USA die von der Verfassung verordnete strikte Trennung von Staat und Kirche eine andere Entwicklung bewirkt. Man geht davon aus, daß die Mitglieder der verschiedenen Religionsgemeinschaften ihre Festtage intern begehen. Die offiziellen Feiertage haben (außer Weihnachten) einen rein politisch-historischen Bezug.

Die patriotischen Feiertage fallen meist auf einen »blauen« Montag.

Alle Einzelstaaten besitzen das Recht, ihre eigenen Feste auszurufen und zu feiern. Tatsächlich übernehmen sie aber in der Regel die Liste der nationalen Feiertage, welche die Regierung in Washington festgelegt hat. An diesen Tagen bleiben Banken, Behörden, Firmen und Schulen geschlossen. Die Supermärkte sind jedoch geöffnet, so daß die Hausfrau, ihr Mann oder die Singles in Ruhe ihre Einkäufe erledigen können. Für die Arbeitnehmer bringt das patriotische Gedenken in der Regel ein verlängertes Wochenende, weil die Feiertage fast immer auf einen Montag fallen. Fällt einer der Tage zufällig auf den Samstag oder Sonntag, dann ist der vorhergehende Freitag oder der folgende Montag frei.

Zehn Feiertage werden im ganzen Land begangen:

Kleines Lexikon der amerikanischen Feiertage

▶ New Year's Day: Den Neujahrstag begeht man im Kreis der Familie und mit seinen Freunden. Wer den Silvesterabend allein verbringen muß, ist arm dran. Eine fehlende Einladung bedeutet nichts anderes, als daß mit einem solchen Menschen niemand etwas zu tun haben will.

▶ Martin Luther King Day: Am 3. Montag im Januar gedenkt man des schwarzen Bürgerrechtlers Martin Luther King, der am 15. Januar 1929 geboren und am 4. April 1968 ermordet wurde.

▶ Washington's Birthday: Der 3. Montag im Februar ist dem ersten Präsidenten der Vereinigten Staaten gewidmet.

▶ Memorial Day: Der »Gedächtnistag« fällt auf den letzten Montag im Mai. Er erinnert an die im Bürgerkrieg Gefallenen und wird seit 1868 begangen.

▶ Independance Day: Am 4. Juli wird die Unabhängigkeit von England in allen Gemeinden und Städten mit einem prächtigen Feuerwerk gefeiert. Zuvor zünden die Familien in ihren Gärten Wunderkerzen und Knaller. Die Väter holen das Grillgerät aus dem Keller. Hähnchenteile, Steaks und *ribs* (Rippchen) werden bereitgelegt. Wenn dann dicke Rauchschwaden von der in Zündflüssigkeit getauchten Holzkohle um die Häuser wabern, hat das *barbecue* begonnen, diese für Amerika typische Grillparty, welche dem höchsten Nationalfeiertag erst den rechten Hautgout verleiht. Man wünscht sich gegenseitig ein »Happy Fourth of July« und marschiert dann vielleicht auf einer der fröhlichen Paraden mit. Die Honoratioren sind gewiß dabei. Gegenüber diesem lockeren und ausgelassenen Treiben wirkt unser Karnevalsumzug eher wie bemühte Fröhlichkeit.

▶ Labor Day: Am 1. Montag im September feiern die Amerikaner ihren Tag der Arbeit. Er kündigt auch den Beginn des Schulbetriebs nach den großen Ferien an. In weiten Teilen des Landes geht damit symbolisch der Sommer zu Ende.

▶ Columbus Day: Der 2. Montag im Oktober erinnert an Christoph Kolumbus, der 1492 auf der Insel San Salvador in »Indien« gelandet war. Dies ist Anlaß, um auf den Straßen stundenlange Paraden abzuhalten.

▶ Veteran's Day: Die Kriegsveteranen sind am 11. November unter sich. An diesem Tag wurde 1918 der Waffenstillstandsvertrag am Ende des I. Weltkriegs unterschrieben.

▶ Thanksgiving Day: Das Erntedankfest fällt auf den 4. Donnerstag im November. Es soll auf die Pilgerväter zurückgehen. Aber erst Präsident Lincoln hat diesen Anlaß 1863 zum Feiertag erklärt. Inzwischen hat sich Thanksgiving zum alljährlichen Familienfest überhaupt entwickelt. Nicht einmal Weihnachten erreicht diese Bedeutung. An diesem Donnerstag tauchen selbst verschollen geglaubte Verwandte wieder auf, um sich in besinnlicher Runde beim Truthahnessen und *pumpkin pie* (Kürbispastete) zu treffen. Amerikanische Hausfrauen fürchten und lieben zugleich dieses aufwendige Essen und sind schon Tage zuvor mit dem Kochen beschäftigt.

▶ Christmas Day: Weihnachten wird in den USA nur am 25. Dezember gefeiert. Mehr noch als bei uns ist es das Fest des Kaufens und Schenkens. Auch der Weihnachtsbaum wird noch pompöser geschmückt, als wir das gewohnt sind.

Halloween-»Schreckfiguren« zum Verkauf (Bennington, Vermont)

Damit ist die bunte Palette des Feier- und Ehrenanlässe längst nicht vollständig. Im Geiste der Bibel und anderer religiöser Traditionen ehrt man Vater, Mutter und sogar die Großeltern mit einem eigenen Tag. Am Valentinstag verwöhnen sich vor allem junge Pärchen wechselseitig mit Grußkarten und Süßigkeiten. Vielleicht erinnert dieser 14. Februar an die Vögel, die zu dieser Jahreszeit auf »Brautschau« fliegen.

Die Spuk- und Geisternacht Halloween

An Halloween kann man seine Lust an Schabernack ausleben und sich durch phantastischste Verkleidung zur Schau stellen und verstecken zugleich. Die Spuk- und Geisternacht treibt und lockt vor allem die Kinder kostümiert auf die Straße. Totenköpfe und Skelette sind als Maskierung so beliebt, daß die Frommen im Lande warnend ihre Stimme erheben. Mit diesem Schabernack – so meinen sie – werde dem Satanskult Vorschub geleistet.

Über feste Feieranlässe hinaus empfehlen sich genügend weitere persönliche Gründe, um zu einer Party zu laden.

Lust am Feiern

Schulabschluß, Hochzeitstag, Kündigung, ein neuer Job oder Umzug bzw. Zuzug bieten sich ebenso an wie der Ruf zur Armee oder ein Klassentreffen. Im Gegensatz etwa zu Deutschland wird das amerikanische Geburtstagskind von Freunden und Kollegen eingeladen – nicht umgekehrt.

Die unterschiedlichen Ethnien (z.B. Iren und Juden) feiern obendrein ihre eigenen Feste. Und wer nun gar keinen Anlaß zum Feiern findet, der lädt seine Freunde ein, einfach weil der Abend so schön, lau und lind ist.

Ehekarussell mit Fliehkraft

Amerikanische Heiratswillige geben sich oft schon in jungen Jahren das Jawort. Frühreife Pärchen dürfen in Alabama bereits mit 14 Jahren vor den Traualtar treten, allerdings nur mit Einwilligung ihrer Eltern. Wer es eilig hat, reist nach Reno oder Las Vegas. Dort bieten zahlreiche *wedding chapels* (Hochzeitskapellen) den Ehewilligen ihre Dienste an, um den »Bund fürs Leben« zu besiegeln.

Teenager-Hochzeiten

In der Regel verlangt der Staat eine Fülle von Dokumenten und einen Gesundheitstest, bevor er die begehrte *marriage license* (Heiratserlaubnis) erteilt. Gemischtrassige Ehen sind erst seit einem Gerichtsbeschluß von 1967 landesweit zulässig.

Schnellhochzeitskapelle in Reno, Nevada

Nur zwei Prozent heiraten gemischtrassig.

Dennoch heiraten Schwarze und Weiße in der Regel gleichfarbige Partner. Nur zwei Prozent aller Eheschließungen finden zwischen Angehörigen verschiedener Hautfarben statt.

Nach dem aufreibenden Papierkram ist das junge Paar also glücklich verheiratet. Wenn der *honeymoon* allmählich verblaßt, beginnt der nüchterne Ehealltag. Die ersten Unstimmigkeiten tauchen auf. Viele Stunden wird diskutiert, was in der Beziehung nicht stimmt. Man müsse der Wahrheit ins Auge blicken und rücksichtslos aufrichtig sein. Schließlich steigert sich das Eheleben zu einem immerwährenden Strindbergschen Drama.

Das traurige Ende: Scheidung

»I am divorcing my husband« (»Ich habe die Scheidung gegen meinen Mann eingereicht«). Diesen Satz hören Sie häufig in Ihrem amerikanischen Bekanntenkreis. Denn eine von zwei Ehen endet in Scheidung. Durchschnittlich dauert der Bund fürs Leben nur noch sieben Jahre, Tendenz fallend. Wer seinen Partner möglichst rasch loswerden will, muß abermals nach Las Vegas pilgern. Dort ist die Scheidung nach sechswöchiger Wartezeit vollzogen. Andernorts haben viele Familienrichter vor die wiedererstrebte Freiheit den »Scheidungs-Workshop« gesetzt. Wer die Teilnahme verweigert, wird nicht geschieden. Dort lernen die noch (zwangs)verbundenen Kontrahenten »scheidungsspezifische Konfliktlösungsstrategien«. So soll der Mann seine Ex-Ehefrau nicht weiterhin mit physischer Gewalt bedrohen. Kein Elternteil darf die Kinder dazu nutzen, neue Liebesverhältnisse ihrer Väter oder Mütter auszuspionieren, die dann als Druckmittel für höhere Alimente eingesetzt werden.

Las Vegas ist auch »Scheidungsparadies«

»Do it again, Sam (& Samantha)!«

Nach der Scheidung stürzt sich ein Drittel der Betroffenen in eine zweite, dritte oder gar vierte Ehe, als hätten die Hollywood-Stars mit ihrem »promiskuitiven« Heiratsgebaren Maßstäbe gesetzt, was das — immer wieder versuchte — glückliche Zusammenleben der Geschlechter betrifft.

Heiratsmonat Juni

Am liebsten wird im Juni geheiratet. Zu dieser Zeit beginnen die Ferien, und der Sommer erlaubt das Feiern im Grünen. Manche bemühen bei dieser Vorliebe auch die Mythologie. Der Monatsname geht auf die römische Göttin Juno zurück, die für ein intaktes Familienleben zuständig war. Der Mai hingegen gilt als ungünstiger Ehemonat, ist er doch nach der Göttin Maia benannt, die mit dem Gott Volcanus verbandelt war. Dieser »explosive« Bezug erscheint vielen Amerikanern als böses Omen für eine zukünftige Ehe (andererseits war Maia = »Mütterchen« auch die römische Wachstumsgöttin — Personen und Begriffe verwandeln bekanntlich ihr »Image« im Verlauf der Geschichte).

Hochzeitsfeier

Wenn Sie das Glück erfahren, auf eine amerikanische Hochzeit eingeladen zu werden, dann lernen Sie viele Menschen neu kennen. Denn an einer solchen Feier, die meist in einem Hotel oder Restaurant stattfindet, nehmen selten weniger als hundert Gäste teil. Es ertönt der Hochzeitsmarsch. Die aufgekratzte Menge bewirft das Brautpaar mit Reis oder Konfetti. Und schließlich gehört zum Ritual, die riesige Hochzeitstorte anzuschneiden.

Kleine Ritualkunde & Mini-Lexikon einer Hochzeit

Eine solch große Veranstaltung bedarf vieler helfender Hände. Bei den Vorbereitungen zum Fest und während der ganzen Zeremonie steht dem Bräutigam der Bruder oder ein guter Freund tatkräftig zur Seite. Dieser *best man* ist überall hilfreich und organisatorisch zugegen. Er verwahrt den Trauring, bezahlt den Geistlichen, unterzeichnet die Heiratsurkunde als Trauzeuge, hält die Hochzeitsansprache, kümmert sich um die Gäste und begleitet die Brautleute zum Flugzeug, das sie in die Flitterwochen bringt.

Sein weibliches Gegenstück heißt *bride's maid* (Brautjungfer) oder *matron of honor* (Ehrendame), wenn die Dame verheiratet ist. Sie ist die Schwester oder eine enge Freundin der Braut. Zu ihren Pflichten gehört, die zahlreichen Einladungen zu schreiben und der Braut beim Ankleiden zu helfen.

Etwa einen Monat vor der Hochzeit gibt eine Freundin oder Verwandte für die Braut eine Party. Zu dieser *bridal shower* (Brautgeschenk-Party) sind nur weibliche Gäste geladen, welche der Ehekandidatin nützliche Geschenke überreichen. Anschließend feiert frau ausgiebig den Abschied vom Junggesellinnendasein. Die entsprechende Abschiedsparty vom Junggesellendasein heißt *stag party* (wörtlich: »Hirschbock-Party«).

Kids' World – zwischen Disneyland und Knast

»Möchtest du lieber Fruit Loops oder Captain Crunch zum Frühstück? Hast du auch genug Schokolade, und ist sie heiß genug? Möchtest du aus der hübschen Schüssel mit den Schlümpfen essen oder willst du lieber eine andere?«

Es ist fast rührend, mit welcher Aufmerksamkeit und Geduld amerikanische Eltern auf die Bedürfnisse ihrer Kinder eingehen. Wer es sich leisten kann, überhäuft seinen Nachwuchs mit Plüschtieren und Spielzeug aller Art. Die Werbung heizt die Lust am Schenken zusätzlich an. Schließlich gilt es, für den riesigen Kinderproduktmarkt in den USA Käufer zu finden.

Kids & Pets

Die Kleinen stehen im Mittelpunkt fast jeden Gesprächs unter kindererziehenden Erwachsenen. Man liest ihnen die Wünsche von den Augen ab. Zugleich wachsen sie freier auf, als wir in Europa gewohnt sind. Wenn die Eltern keinen Babysitter finden, ist es selbstverständlich, daß sie ihre Sprößlinge zu einer Party, ins Kino oder zu einer Versammlung mitnehmen.

Amerikanische Eltern sind höchst besorgt um die Sicherheit ihrer Kinder. Spielzeug wird amtlich ständig auf seine Ungefährlichkeit überprüft. Es soll den Kleinen nichts zustoßen, selbst wenn sie mit der Steinschleuder oder dem Luftgewehr fahrlässig umgehen. Andererseits geraten sie dann in des Schicksals willkürliche Hand, wenn sie mit 16 Jahren ihr erstes Auto oder eine Waffe erhalten.

Sorge um die Sicherheit der Kinder

Wer nicht das Glück hat, in einer intakten Familie aufzuwachsen – dazu gehören vor allem uneheliche Kinder und solche aus der schwarzen Unterschicht –, gerät leicht auf die schiefe Bahn. Minderjährige wandern schon wegen kleinster Vergehen in den Knast. Es wurde auch schon ein 12jähriger auf dem Elektrischen Stuhl exekutiert.

Dennoch ist Amerika ein wahres Paradies für Kinderphantasien. Nicht nur Disneyland zieht Millionen in den Bann. Wenn Sie nahe Washington sind, sollten Sie den weitläufigen Vergnügungspark King's Dominion südlich der Stadt besuchen. An Wochenenden zieht es Tausende in dieses Eldorado von überlebensgroßen Plüschfiguren aus den bekannten Comic-Serien und von Außerirdischen, die die meisten aus Science-fiction-Filmen kennen. Die Ausflügler bilden lange Schlangen vor Achterbahnen und Kettenkarussells. Oder sie fahren mit der Kindereisenbahn durch den künstlich angelegten Berg der Schlümpfe.

Zu erschwinglichem Preis können Sie hier zwölf Stunden Spaß haben. Es sind nicht nur die Kinder, die den Schlümpfen beim Blumenpflücken oder beim Baseballspiel hingerissen zuschauen. Auch an den Wurfbuden können sie nur mühsam einen Platz ergattern, um möglicherweise eines der riesigen Stofftiere zu gewinnen und es dann stolz nach Hause zu tragen. King's Dominion ist auch eine Welt der

Disneyland Los Angeles: Kinderphantasien in faßbare Realität umgesetzt

Erwachsenen, genauer gesagt von Leuten, die ihre Kindheit wiederentdeckt oder erst gar nicht verlassen haben. Menschen jeden Alters lassen sich von Speedy Gonzales und Donald Duck umarmen und finden es »fuckin' funny«, wenn sie aufgrund ihres Übergewichts in der Wasserrutsche steckenbleiben. Für einen Nachmittag oder Tag scheinen die Rassen- und Klassengegensätze aufgehoben zu sein. An solchen Vergnügungsorten finden Sie nur die immerwährende naive Unschuld, die kein Alter kennt. Hier gibt es keinen Dreck und keine Autostaus, keine Angst und keine Gewalt.

Die heile Welt der Kinderzeit für Erwachsene in Plastik nachgebildet.

Die zwei Welten der amerikanischen Frau

»Was ist das Beste, das einem Mann in seinem Leben widerfahren kann?« So fragt ein Witz. Die Antwort lautet: Das Einkommen eines erfolgreichen amerikanischen Geschäftsmannes, ein Landhaus in England, ein chinesischer Koch und eine japanische Frau. »Was ist aber das Schlimmste, was ihm zustoßen kann?« Antwort: Das Einkommen eines Festland-Chinesen, eine japanische Wohnung, ein englischer Koch und eine amerikanische Frau.

Mit diesem Witz werden Sie als Mann unter Amerikanerinnen gewiß keine Freundinnen gewinnen. Vor dem Anspruch der emanzipatorischen Frauenbewegung flüchtet sich so mancher amerikanische Mann in die traditionelle Vorstellung von einer Frau, die früh heiratet, um dann ihm und den Kindern ein gemütliches Heim zu bereiten. Den Anweisungen einer Chefin zu folgen ist auch nicht nach dem Geschmack vieler (Möchtegern-) Machos. Aber noch sind der völligen Gleichberechtigung der Frau einige Grenzen gesetzt. Für jeden statistischen Dollar, den ein Mann verdient, erhält sie nur 71 Cent. Die Führungsposten der Wirtschaft und die Lehrstühle an den Universitäten sind nach wie vor überwiegend in der Hand des »starken« Geschlechts.

Frauenbewegung

Die drei Ks: Küche–Kinder– Kirche

Dennoch hat der Kampf der Frauen um gleiche Rechte bereits Früchte getragen. Schon Mitte des 19. Jhs. formierte sich die erste Frauenbewegung. Sie kämpfte für das allgemeine Wahlrecht und engagierte sich für die Abschaffung der Sklaverei. Aber erst nach dem I. Weltkrieg durften die Frauen bundesweit wählen. In den folgenden Jahrzehnten wurde es eher still um die Emanzipation, bis die Sozialwissenschaftlerin Betty Friedan 1963 mit ihrem Buch *The Feminine Mystique (Der Weiblichkeitswahn)* die schwelende Glut wieder entfachte. Abermals begann der Kampf gegen eine frauenfeindliche Gesetzgebung und für ein neues Frauenbild in der Öffentlichkeit. Schritt für Schritt wurde die »History« durch die »Herstory« ergänzt. Das Gesetz ahndet heute die Diskriminierung aufgrund des Geschlechts ebenso wie die sexuelle Belästigung am Arbeitsplatz und die Vergewaltigung in der Ehe. Seit 1973 gilt bei Schwangerschaftsabbruch die Fristenlösung, die jedoch von einigen konservativen Staaten äußerst restriktiv gehandhabt wird.

Die Geschichte der Frauenbewegung

»Women's Lib« = Frauenbefreiung

Zurück zum traditionellen Rollenverständnis?

Die Frauen werden wieder konservativer.

Inzwischen schwingt das Pendel der Emanzipation wieder in die Gegenrichtung. Laut Umfrage lehnt die Hälfte der Amerikanerinnen die »überhandnehmenden« Rechte von Frauen ab. Sind denn nicht viele Frauenprobleme sogar auf eine Überdosis Feminismus zurückzuführen?

Vom Verbrennen der BHs zum »Wonder-Bra«

Während früher die Frauenbewegung ihre BHs verbrannte und *braless* (BH-los) propagierte, trägt die heutige Barbie-Generation junger Frauen »Push-up-« (»Drück-hoch-«) und »Wonder-Bras« (»Wunder-BHs«). Und mit großem Aufwand und Selbstkasteiung kämpfen Amerikanerinnen einer gewissen, meist gehobenen sozialen Schicht darum, schlank zu bleiben oder es zu werden. Ein Drittel der Frauen macht gerade eine Diät, ein zweites Drittel ist schlicht fett bis hin zum Monströsen. Weitverbreitet ist das Credo »Man kann nie reich genug und nie schlank genug sein.« Schlankheitskult und Schönheitswahn – beide gehören zusammen – werden von der Kosmetikindustrie zusätzlich angeheizt. Film und Fernsehen hauen in die gleiche Kerbe. Oder haben Sie schon einmal eine aus allen Nähten platzende Filmdiva gesehen (außer sie spielt im Fach Komikerin)?

»Man kann nie reich genug und nie schlank genug sein.«

Es gibt aber auch einige Beherzte unter der großen Schar der übergewichtigen Damen. Sie nehmen am alljährlichen Schönheitswettbewerb der »Vollschlanken« teil und scheren sich keinen Deut um die öffentliche Meinung. »Wir sind rund – na und?« lautet ihr Motto.

Millionen von Frauen stehen täglich im harten Berufsleben. Viele von ihnen übernehmen mehrere Jobs gleichzeitig, um ihre Kinder ohne fremde Hilfe großziehen zu können. Auf Kindergeld oder einen langen Mutterschaftsurlaub haben sie keinen Anspruch. Themen wie Fettleibigkeit und Emanzipation berühren sie nur am Rande.

Schlimm kann auch Frauen mitgespielt werden, die eine lesbische Beziehung eingehen. Im US-Bundesstaat Virginia verlor eine junge Mutter das Sorgerecht für ihren zweijährigen Sohn, weil sie mit ihrer Freundin zusammenlebte. Der Richter fand es höchst besorgniserregend, daß der Junge in der Lebensgefährtin seiner Mutter eine Art »Vaterfigur« entdecken und Zeit seines Lebens den Unterschied zwischen den Geschlechtern nicht mehr wahrnehmen könnte.

Lesben

Schwulsein im Land der »begrenzten Möglichkeiten«

Noch immer halten weltweit Homosexuelle die USA für das Gelobte Land, in dem Schwule und Lesben ungehindert ihren Neigungen nachgehen können. Die sympathische Toleranz vieler Amerikaner – so glauben sie – würde es ihnen hier eher als anderswo erlauben, nach ihrer Vorstellung glücklich zu werden. Die Wirklichkeit sieht allerdings keineswegs so rosig aus.

Der San-Francisco-Mythos

Wenn zwei Männer aneinandergeschmiegt durch gewisse Viertel von New York oder San Francisco bummeln, dreht sich kaum jemand nach ihnen um. Küßt sich aber ein gleichgeschlechtliches Paar in einer Kleinstadt von Alabama vor aller Augen, kann dies böse Reaktionen auslösen.

Bis Ende der 60er Jahre gehörte die Nichtakzeptanz Homosexueller zum amerikanischen Alltag. Sie wurden während der eifernden McCarthy-Ära sogar verfolgt.

Dann kam der Abend des 27. Juni 1969. In einer schikanösen Razzia durchsuchte die Polizei wieder einmal die New Yorker Schwulenkneipe *Stonewall* in der Christopher Street. Diesmal schlugen die Gäste zurück. Der Widerstand entlud sich in handfesten Krawallen, die zwei Nächte anhielten. Dies war die Geburtsstunde der *gay liberation front*, der »Schwulenbefreiungsfront«, die seitdem jedes Jahr den Christopher Street Day mit Paraden begeht. Die Schwulen hatten zu einem neuen Selbstbewußtsein gefunden. Zum erstenmal forderten sie ihre Rechte auf gesellschaftliche Gleichstellung offen und massenhaft ein. In jenem Sommer erfaßte die Bewegung mit dem Slogan *We are everywhere!* (»Uns gibt's überall!«) die gesamten USA. Künstler, Ärzte, aber auch Poliker und Rechtsanwälte *came out of the closets* (wagten sich aus Toiletten und »Darkrooms« hervor) und bekannten sich offen zu ihrer Homosexualität.

Christopher Street Day

Nach der Ermordung des Schwulen Harvey Milk erlebte San Francisco 1978 die größte Demonstration seiner Geschichte. Im Oktober 1988 konnte die Schwulenbewegung zum *National March* auf Washington sogar 500.000 Teilnehmer mobilisieren.

Inzwischen ist der Stadtteil Castro in San Francisco zum Mekka der *gays* geworden. Sie stellen nicht nur ein Viertel der Bevölkerung, sondern sind auch im Stadtrat und innerhalb der Polizeikräfte vertreten. Mit ihren Restaurants, Bars, Läden, Kinos und Theatern haben sie eine eigene Infrastruktur geschaffen, die immer mehr

Schwule in Provincetown, Massachusetts

Gleichgesinnte in dieses Quartier zieht, wo Homos und Heteros friedlich zusammenleben.

Das gewachsene Selbstvertrauen der Schwulen spiegelt sich in ihrem Outfit. Die »Tunte«, die an ihren weiblichen Reizen modelliert und sich scheu durch den Tag tastet, um als bunter Schmetterling abends auszufliegen, bestimmt nicht allein das Bild. Heute betonen viele *gays* durch knackige Lederkleidung ihren muskulösen Körper im Stil eines Supermachos.

»Fummeltrinen« und »Kerls«

Die Selbstbezeichnung *gay* stammt aus der Zeit, als sich ein Homosexueller nicht ohne erhebliche Nachteile oder gar Gefahren »outen« konnte. Mit dem Satz »Do you know a gay place?« gab er zu verstehen, daß er einen »Sinn(lichkeits)verwandten« suchte. Nur der Eingeweihte verstand diesen Wink. Ein Heterosexueller konnte mit der harmlosen Frage nach einem »fröhlichen« *(gay)* Ort, wo man sich amüsiert, nichts anfangen. Mit der Zeit wurde das Erkennungswort *gay* zum Synonym für schwul.

AIDS

Die ersten AIDS-Toten haben die Schwulenszene schwer erschüttert, weil aus ihr die meisten Opfer stammten. Die Krankheit hat die negative Einstellung der Mehrheit der Amerikaner gegenüber den Homosexuellen verstärkt. Die *moral majority* verkündet denn auch laut und überaus selbstgewiß, daß AIDS die »gerechte Strafe Gottes« für die »Perversen« sei.

In 21 Bundesstaaten stehen gleichgeschlechtliche Handlungen nach dem »Sodomie«-Gesetz (Sodomie bedeutet in Europa Unzucht mit Tieren) unter Strafe. Wer als Lehrer oder Soldat sein *coming out* wagen würde, riskierte seinen Job. Entgegen der verbreiteten Ansicht in homosexuellen Kreisen Europas erkennt der US-Staat eine Ehe unter Schwulen keineswegs an. Verbindungswillige können sich aber in Anwesenheit eines Geistlichen und vor Freunden in der *holy union ceremony* (»Feier des heiligen Bundes«) das Jawort geben. Diese Zeremonie bleibt allerdings ohne familienrechtliche Folgen.

Lukullus in Amerika: Kulinarische Vielfalt

Dieser Imbißstand (Bay Harbor, Boston, Massachusetts) bietet repräsentativ »Grundwerte« der amerikanischen Küche: Cola, Hot dogs, Bagels, Barbecue.

Essen hält auch in Amerika Leib und Seele zusammen. Man tafelt und mampft am liebsten in Gesellschaft von Freunden und Bekannten. Die weltweit verbreiteten Geschäftsessen könnten eine amerikanische Erfindung sein. Die Besucher eines Gottesdienstes treffen sich anschließend zum *church picknick*. Und in kleinen Orten kommt man zum *socializing* zusammen, bei dem die Teilnehmer während des Essens die aktuellen Probleme der Gemeinde besprechen. Das barbecue setzt eine alte Pioniertradition fort. Aus jenen Tagen stammt auch die Vorliebe für den (von den Indianern übernommenen) Mais, der in der amerikanischen Küche eine wichtige Rolle spielt. Schließlich der Truthahn *(turkey)*: Er ist der amerikanische Vogel schlechthin. Benjamin Franklin wollte ihn sogar zum Wappentier der jungen Republik erheben. Seit Menschengedenken lebte er wild in den Wäldern, bis der wachsende Appetit auf sein Fleisch zur Massentierhaltung führte.

Aber der Speisezettel der Amerikaner weist noch andere Leckerbissen auf. Mit *sauerbraten, schnitzel, liverwurst, pumpernickel* und *lager beer* haben die deutschen Einwanderer ihren deftigen Beitrag geleistet.

Heinrich Heines Verdikt von der »puritanischen Gleichheitsküche« ist nur bedingt wahr. Ich weiß nicht, ob der Dichter jemals in einem typisch amerikanischen

Kann ein Hamburger Leib & Seele zusammenhalten?

Der Mais stammt von der indianischen Speisekarte.

Der kulinarische Beitrag der deutschsprachigen Einwanderer

Steakhaus war. Mir läuft jedesmal das Wasser im Mund zusammen, wenn ich dort ein *prime rib* bestelle. Die großen Fleischbrocken werden vorgebraten, dann in große Stücke geschnitten und nach Wunsch mehr oder weniger durchgebraten serviert. Ein weiterer kulinarischer Höhepunkt sind die *spare ribs*. Ihre Amerikareise wäre unvollkommen, wenn Sie diese Spezialität nicht gegessen hätten. Auch wenn ein Amerikaner noch so diätbewußt ist, hier greift er ungeniert zu. Entsprechend riesig sind die Portionen. Spüren Sie großen Hunger, dann bestellen Sie die *princess*. Es ist zwar die kleinste Menge, die angeboten wird – sie wird aber reichen. Wenn Sie nach einer harten Wanderung in den Rocky Mountains völlig ausgehungert auf ein Steakhaus stoßen, dann sollten Sie den *king* ordern. Am Ende dieser Portion brauchen Sie Träger für den Rest Ihres Weges.

Alptraum für Vegetarier

Ein Steak mag noch so gut munden. Doch ist Vorsicht geboten, weil mit den großen Mengen cholesterin- und kalorienhaltigen Fleisches ein Herzinfarkt vorprogrammiert ist. Amerika wäre nicht Amerika, wenn es auf diese Gefahr nicht eine »gesunde« Antwort gefunden hätte. Und die lautet: *salad bar*. Viele kleine und große Lokale bieten ein ausgezeichnetes Salatbuffet, an dem Sie sich zum Einheitspreis nach Herzens- und Gaumenlust bedienen können.

Vegetarier-Traum: die Salatbuffets

Die Gasthäuser an der Küste (vor allem in Maine) offerieren *seafood* (Meeresfrüchte aller Art) in hervorragender Qualität. Besonders begehrt ist der *catch of the day*, also Fische oder Krustentiere, der erst am Tag der Zubereitung gefangen wurden.

Meeresfrüchte fangfrisch

Ihre hohe Vielfalt erlangte die amerikanische Küche durch die ausländischen Lokale und Lebensmittelgeschäfte, die von den Nachfahren europäischer, asiatischer, lateinamerikanischer und afrikanischer Einwanderer geführt werden. In der Region New Orleans herrscht die französische Cuisine vor. In New York und an der Westküste wimmelt es von indischen und chinesischen Lokalen und *takeaways*. Und im Südwesten und Süden sind die Mexikaner nicht nur mit ihren Bohnengerichten allgegenwärtig. Dort hat sich eine bestimmte TexMex-Küche herausgebildet, die mit ihren *chickenwings* und *tacos* längst auch hier verbreitet ist.

Die amerikanische Küche ist kein »Meltingpot«-Eintopf, sondern eine vielfältige Tafel aus Einwanderer-Küchen.

Wie bei uns auch (es gibt in München z.B. ein »Indo-Thai-Italien-Restaurant«) bilden sich pragmatische kulinarische Allianzen. Manche Köche in Amerika verbinden nonchalant polnische mit marokkanischen, kubanische mit vietnamesischen und türkische mit mexikanischen Rezepten.

Kulinarische Allianzen

Amerika ißt gleich

Als ich vor einer roten Ampel hielt, hörte ich plötzlich einen Knall. Jemand war mit voller Wucht auf den hinter mir stehenden Wagen aufgeprallt. Erheblicher Sachschaden entstand, weil die Fahrerin, eine 20jährige Mutter, einen *hamburger* (Hamburger) gegessen und ihr kleines Kind mit Pommes frites gefüttert hatte.

Hier wurde der Hamburger erfunden: Louis' Hamburger in New Haven, Connecticut.

Kann man einem Amerikaner verdenken, wenn er über seinem geliebten *hamburger* die Welt um sich herum vergißt?

Amerikas Leibspeise: der Hamburger

US-Bürger, die lange im Ausland leben, träumen von ihm. Der gerade in sein Amt eingeführte amerikanische Generalkonsul von München verriet einer Lokalzeitung, wie er diese »Frikadelle« (Münchnerisch: Fleischpflanzerl mit Semmel) am liebsten ißt.

Eine weitere Gaumenfreude ist der *hot dog*, seitdem 1871 ein Mr. Nathan in seiner Imbißbude auf Coney Island zum erstenmal ein Würstchen in ein Brötchen packte. Heute werden etwa 20 Milliarden (!) Hot dogs allein in den USA pro Jahr verspeist.

Die großen Fastfood-Ketten überziehen das Land so engmaschig wie ein Spinnennetz. Die Speisekarte ist überall gleich. Und der *cheeseburger* wie der *Big Mac* schmecken in Boston genauso wie in Seattle oder San Diego.

Cheeseburger und Big Mac schmecken in Boston genauso wie in Seattle oder San Diego.

Meine Nachbarn bewohnen ein schönes großes Haus. Ihre zwei Küchen benutzen sie nur dazu, um morgens Kaffee zu kochen. Dazu essen sie einen Donut, ein sehr süßes rundes Gebäckstück (das sich aus unerfindlichen Gründen auch hier durchzusetzen beginnt), einige Cracker und – vielleicht – einen Toast. Den Lunch nehmen sie in einem Lokal ein. Selbstverständlich gehen sie jeden Abend zum Essen.

Überall an den Ausfallstraßen machen ausladende Schilder mit der Aufschrift *Early bird breakfast* (etwa: »Hahnenschrei-Frühstück«) den magennüchternen Autofahrer auf Cafés aufmerksam, in denen er ab vier Uhr morgens frühstücken kann. Ein ausgiebiges, kräftiges Frühstück liebten schon die Pioniere, bevor sie sich an ihre schwere körperliche Arbeit machten. Die Muskelkraft ist zwar längst durch Maschinen ersetzt, die riesigen Portionen sind aber geblieben. Zu einem »richtigen« Frühstück gehören Rührei, Schinken, Hafergrütze, Würstchen, Bratkartoffeln *(home fries)*, Toast, Corned Beef, Pfannkuchen, Speck und Waffeln. Dies

Frühstück wie für Pioniere hinter dem Ochsenpflug

alles spült man mit großen Mengen Kaffee herunter, der kostenlos nachgeschenkt wird. Dünn gebrühten Kaffee trinken die Amerikaner den ganzen Tag über, häufig schwarz und mit wenig Zucker.

In den Familien kommt man nur selten zu gemeinsamem Essen zusammen. Wer gerade Hunger hat, nimmt sich einen Toast, etwas Wurst, Käse und Ketchup aus dem Kühlschrank und geht seines Weges.

Meine Söhne gewöhnten sich schon früh an, vor der Schule mit ihren Freunden bei McDonald's einzukehren.

Die Amerikaner halten sich für die Erfinder der Pizza!

Übrigens: Amerikaner glauben tatsächlich, daß sie die Pizza erfunden hätten. Neben Hamburger und Hot dog ist dieser wie auch immer belegte Teigfladen das beliebteste Nahrungsmittel. Wenn Schulkameraden meine Söhne besuchten und die jungen Leute Hunger bekamen, ging einer von ihnen ans Telefon und in einer knappen halben Stunde wurden die heißen Pizzas geliefert.

Schätzungsweise vier Fünftel der Amerikaner ernähren sich überwiegend von *fast food*. Alles schmeckt gleich, ist gleich und sieht gleich aus. Im Grunde ist das ein Beweis, daß die Demokratie in den USA fest verwurzelt und sogar »auf den Magen« geschlagen ist.

Zwei Wahrzeichen Amerikas

Kleideretikette im Restaurant

Im Land der *fast food* gibt es aber auch viele hervorragende Restaurants, die allerdings spürbar teurer sind als vergleichbare Lokale in Europa.

Es gehört zum guten Ton, in einem solchen Restaurant vorab telefonisch einen Tisch zu reservieren. Gewöhnlich bestellt man vor dem Essen an der Bar einen Cocktail, den man im Stehen trinkt. Übrigens ist dieses aus Früchten und verschiedenen Spirituosen gemischte Getränk eine uramerikanische Kreation, drückt sich darin doch die Ideologie des *melting pot* aus. Jeder greift zum Glas, ohne zu warten, daß erst der Gastgeber anstößt.

Cocktail als Aperitif

Wenn die Teilnehmer einer Gesellschaft vollzählig sind, führt sie die *hostess* an den reservierten Tisch. Hat die Runde Platz genommen, stellt sich die Kellnerin mit Namen vor: »My name is Mary, I am your waitress.« Stehen Sie nun bloß nicht auf, um sich Ihrerseits galant vorzustellen. Dies würde die Kellnerin in arge Verlegenheit bringen.

Das Ritual geht weiter: Nachdem jenen, die noch keinen hatten, Cocktails nachgereicht werden, gibt Mary Ihnen die Speisekarte *(menu)* und schnurrt die *specials of the day* herunter, die Tagesspezialitäten einschließlich der Preise. Hier können Sie intervenieren und bitten, die ganze Liste oder Teile davon noch einmal vorzutragen.

Bestellen im Restaurant

Sie bestellen eine Vorspeise und ein Hauptgericht. Getränke werden aus der *wine list* ausgesucht. Die Qualität des Fleisches ist in den meisten Restaurants ausgezeichnet. Sie können wählen, wie Sie Ihr Steak zubereitet haben möchten. Die Amerikaner kennen verschiedene Nuancen des Bratens & Garens:

TIPS

»Medium« ist ein »halbgarer« deutscher Begriff ...

▶ *Rare*　　　　 = 　sehr blutig, nur ganz kurz angebraten
▶ *medium-rare* = 　von der inneren Fleischfarbe her noch durchweg rot oder rosa
▶ *medium*　　　 = 　was man bei uns auch als »englisch zubereitet« kennt
▶ *medium-done* = 　etwa zu zwei Dritteln durchgebraten
▶ *well-done*　　 = 　gut durchgebraten

Wenn Sie Ihren Speiseteller erhalten, beginnen Sie gleich zu essen, ohne darauf zu warten, daß Ihre Tischnachbarn ebenfalls bedient wurden. Auf kulinarischem Gebiet ist der Amerikaner ein passionierter Einzelkämpfer. Nach dem *dessert* fragt

Zahlen im Restaurant

die Kellnerin, ob Sie Kaffee möchten. Die Verneinung dieser Frage bedeutet das Ende der geselligen Runde. Denn sogleich präsentiert Ihnen Mary die Rechnung, und zwar für den gesamten Tisch. Wollen Sie getrennt bezahlen (*»going Dutch«*), müssen Sie dies vorher ankündigen. Legen Sie einfach Ihre Kreditkarte auf die Rechnung. In der Regel ist das Trinkgeld darin nicht enthalten. Sie müssen deshalb 15 % zu dem geforderten Betrag hinzuzählen, wobei Sie die Endsumme nach oben aufrunden sollten.

Kein Amerikaner käme auf den Gedanken, nach dem Kaffee noch eine Flasche Wein zu bestellen, weil es gerade so gemütlich ist. Er steht auf und verläßt das Lokal.

Rauchverbot und Kleider- vorschriften

Übrigens herrscht fast überall Rauchverbot! Viele Restaurants geben einen *dress code* vor. Die Kleiderordnung schreibt den Herren Krawatte und Jackett vor. Jeans- träger sind dann unerwünscht. Es würde aber dem amerikanischen Geschäftssinn widersprechen, einen Gast, der kein Jackett trägt, abzuweisen. Deshalb sorgen die Lokale für eine Jacke, gleich ob sie paßt oder nicht. Ein Problem entsteht für Damen mit Jeans. Röcke sind gewöhnlich in der »Kleiderkammer« eines Restau- rants nicht vorrätig.

Reklame für Meeresfrüchte- Restaurants in Myrtle Beach, South Carolina

Wie teuer sind amerikanische Eßlokale?
Ein kleiner Preis-Michelin

▶ Fastfood-Restaurants (z.B. McDonalds) sind erheblich billiger als in Europa.

▶ Auch in Selbstbedienungsrestaurants essen Sie noch spürbar billiger als bei uns.

▶ Einfache Lokale mit Bedienung sind etwas preiswerter als hierzulande.

▶ Lokale, in denen der Kellner Bier von Wein unterscheiden kann, sind vom Preis her etwas günstiger als mittelpreisige Lokale in Europa.

▶ Dort, wo der Kellner Rot- von Weißwein unterscheiden kann, sollten Sie mit höheren Preisen als in unseren Restaurants gehobener Kategorie rechnen.

▶ Sollte der Kellner drei Sorten Weißwein kennen, dann müssen Sie noch mehr bezahlen.

▶ Restaurants, die als dress code ein Jackett verlangen, sind teurer als europäische Restaurants mit ebensolcher Vorschrift.

▶ Noch mehr gilt dies für Restaurants, die Jackett und Krawatte verlangen.

▶ Schließlich die ausgewiesenen Feinschmeckerlokale: Sie sind erheblich teurer als in Europa.

Struwwelpeter oder:
Vom Umgang mit Messer und Gabel

Zunächst sah es ganz normal aus: Der Colonel (Oberst) nahm das Messer in die rechte und die Gabel in die linke Hand. Dann schnitt er ein Stück Roastbeef ab. Der Absolvent der exklusiven Kadettenanstalt West Point, jetzt Vorstandsmitglied einer großen Kabelfabrik, hatte mich in das Nobelrestaurant des Yacht-Clubs von Palm Beach eingeladen. Doch dann traute ich meinen Augen nicht. Er legte das Messer ab, nahm die Gabel in die rechte Hand, während die linke unter dem Tisch verschwand. Meine diskrete Recherche ergab, daß er sie auf seinen linken Schenkel gelegt hatte. Wie bei der Wachablösung hatte er die Waffen gewechselt. Die Gabel in der Rechten schob nun ein Stück Roastbeef in den Mund. Es folgten Gemüsehappen und ein Stück Gurke. Dann erschien die linke Hand wieder auf dem Tisch. Der Waffentausch wurde rückgängig gemacht. Die rechte Hand übergab die Gabel der linken. Die nun freie Hand griff erneut zum Messer und schnitt ein weiteres Stück Fleisch ab, das dann die gabelbewehrte Linke hielt. Zugleich wurde die Gurke »tranchiert«. Das war eindeutig ein Verstoß gegen die konventionellen Tischsitten, die nur einen Schnitt pro Arbeitsgang erlauben.

Als der Colonel meinen kritischen Blick bemerkte, legte er schnell das Messer ab, das auf der gestärkten weißen Tischdecke einen Klecks hinterließ. Das ist die gerechte Strafe, dachte ich schadenfroh. Ich konnte eine süffisante Bemerkung nicht unterdrücken. »Wenn man Sie so essen sieht, sollte man nicht glauben, daß Sie eine Eliteschule besucht haben.« Der Colonel lachte gutgelaunt. »Hoffentlich haben die Nachbartische gemerkt, daß Sie Ausländer sind. Sonst müßten sie ja denken, Sie hätten seit Wochen nichts zu essen bekommen. Sie schneiden eifrig ein Stück Fleisch mit dem Messer ab, schieben es dann wie mit einem Rammbock gegen die Gabel, um das Stück blitzschnell aufzuspießen, führen es anschließend zum Mund und kauen, während Sie bereits den nächsten Bissen absäbeln. So kann doch nur jemand essen, der halbverhungert ist.«

Unterschiede bei der Benutzung der Eß-instrumente

Ich war beschämt. Asiaten essen mit Stäbchen, die Araber und Inder benutzen die Hände, und die Amerikaner greifen nur gelegentlich zum Messer. Spitze Zungen behaupten, der sparsame Gebrauch des Schneidewerkzeugs sei durch die amerikanische Geschichte zu erklären. Im Wilden Westen soll beim Essen das Messer herumgereicht worden sein, weil nicht jeder eines besessen habe. Und die Hand unter dem Tisch konnte im Notfall rasch zum Colt greifen. Vielleicht sind auch die ersten Einwanderer für diese Tradition verantwortlich. Der Platz auf den Schiffen war so eng, daß man nicht gleichzeitig mit Messer und Gabel essen konnte.

Glauben Sie jetzt aber nicht, die Amerikaner würden zwanglos drauflosfuttern. Den Ellbogen aufzustützen, von der Gabel abzubeißen oder gar mit offenem Mund zu kauen gilt als ebenso unfein wie bei uns – zumindest in bestimmten gesellschaftlichen Milieus. Außer zu Hause lernen die jungen Amerikaner die Tischsitten in den Colleges, den Studentenverbindungen und beim Militär. Die »großen« Universitäten haben sogar eigene Etiketten entwickelt. Kenner wissen einen Harvard-Absolventen von jemandem, der die Yale-Universität besucht hat, nur aufgrund der Tisch-Etikette zu unterscheiden.

»American way of eating« Mitunter ist der *American way of eating* lebensgefährlich. Während des II. Weltkriegs schlossen sich auch Amerikaner den Fluchthelfer-Organisationen im besetzten Frankreich an. Durch ihre Eßgewohnheiten wurden viele von ihnen enttarnt.

Sport, Spiel, Spaß und Leidenschaft

**Typisch amerika-
nisches Sport-
stadium (Shea
Stadium, Queens,
New York)**

Die Mütter schulpflichtiger Kinder haben es besonders schwer. Sie müssen ihre Sprößlinge nicht nur jeden Morgen zum Schulbus oder gar bis zur Schule fahren, sondern auch zu den zahlreichen sportlichen Aktivitäten, die auf dem amerikanischen Stundenplan stehen. Da die Sportstätten meist weit auseinander liegen, sind die geplagten Frauen den halben Tag unterwegs. Erst am Freitagabend endet dieser aufreibende »Job«. Am Wochende fahren dann die Väter mit ihren Kindern zum Baseball, Football, Schwimmen, Reiten oder zu den zahlreichen anderen Veranstaltungen, die man in Amerika zum Sport zählt. Der sonntägliche Besuch eines Football- oder Baseballspiels hat fast schon sakrale Bedeutung.

Von Kindheit an lernen die Amerikaner verschiedene Sportarten. Sich sportlich zu behaupten, ist Beweis für Lebenstüchtigkeit schlechthin. Die Schulspiele bedeuten ernsthaft: *non scholae sed vitae discimus* (»Für's Leben, nicht für die Schule lernen / trainieren wir«). Die Auslese erfolgt streng nach dem Darwinschen »Knockout«-Prinzip: Nur der Beste kommt weiter *(survival of the fittest)*. Die Spiele selbst werden volksfestartig inszeniert. Mit der schuleigenen Marschkapelle zieht man ins Stadion, wo Mädchen als *cheerleaders* ihre Mannschaft lautstark anfeuern. Diese »Geheimwaffe« kann über Sieg oder Niederlage entscheiden. Wer sich im Wettkampf mit Beharrlichkeit, Mut, Kraft und Willenskraft durchsetzt, dem stehen in

*»No sports« –
Churchill war
kein Amerikaner.*

»The winner takes it all.«

der Gesellschaft alle Türen offen. Nicht das Spiel, sondern der Sieg zählt letztlich. Entweder langt man voll zu nach dem Motto *make it – take it,* oder man scheidet als Verlierer aus. Als getreues Abbild der Gesellschaft verkörpert der Sport die nationalen Werte in Reinkultur. Seine Regeln entsprechen denen des politischen Alltags, insbesondere der Wahlen: Dem Gewinner fällt alles zu *(the winner takes all)*.

Hochschulsport

Kein Wunder, daß die Amerikaner in ihrer Freizeit leidenschaftlich die populären Ballspiele *baseball* und *football* verfolgen. Jede Hochschule mit Prestigeanspruch stellt eine eigene Mannschaft auf. Ein Sieg erhöht den Ruf der jeweiligen Universität und motiviert Sponsoren, tief in die Tasche zu greifen. Gerade die privaten Bildungsstätten sind auf solchen Geldzufluß angewiesen. Die herausragenden Spieler erhalten Stipendien und steigen nicht selten zu Vollprofis auf. Die Hochschulen versuchen ihre Spitzensportler an sich zu binden, auch wenn deren Leistungen in anderen Fächern mangelhaft sind. Ein extremer Fall war der Sportler und »Student« Billy Ray Bates, der im Nachhilfeunterricht erst das Lesen lernen mußte.

Sport und Popmusik als soziale Hebebühne

Wenn aber der Athlet durch eine Verletzung zum Invaliden wird, hat er alles verloren. Viele schwarze Jugendliche aus der Unterschicht begreifen den Sport als Chance für gesellschaftlichen Aufstieg. 50% der Footballspieler und sogar 80% der Basketballprofis stammen aus diesem Milieu.

Die meisten Amerikaner verfolgen ihren Lieblingssport auf dem Bildschirm. Die hohen Einschaltquoten und die daraus resultierenden extremen Preise für jede Werbesekunde spiegeln die Bedeutung der Wettbewerbe für die Werbewirtschaft. Die Stars unter den Spielern verdienen Millionen pro Jahr. Hinzu kommen noch die *endorsements*, Einnahmen aus der Werbung, die ähnlich hoch liegen.

Spitzensportler sind Nationalhelden.

Das Wichtigste aber ist, daß der Sport der amerikanischen Gesellschaft die Helden gibt, nach denen sie verlangt. Kein Star aus dem Showbusiness, auch kein Politiker

Football-Fight

oder Astronaut, erreicht die Popularität einer Martina Navratilova, eines Joe DiMaggio oder »Magic« Johnson. Wenn der letztgenannte Basketballspieler auf einer Pressekonferenz vor der Ansteckung mit AIDS warnt (der er selbst zum Opfer fiel), dann lauscht die gesamte Nation atemlos. Der Einfluß von Spitzensportlern auf die öffentliche Meinung sprengt jedes Maß. Die Amerikaner suchen Vorbilder, mit denen sie sich ungeachtet ihrer Hautfarbe und Rasse identifizieren können. In den herausragenden Spielern finden sie ihre Ideale verkörpert. Daß diese in kurzer Zeit ein ungeheures Vermögen anhäufen, erhöht ihr Ansehen noch. Schließlich ist dies genau der Traum eines jeden. Selbst wenn ein populärer Football-Star wie O. J. Simpson wegen Mordes vor Gericht steht, lassen ihn seine Fans nicht fallen. Er ist längst zur Legende geworden. Da zählt auch die schlimmste Verfehlung nicht.

Jenseits von Gut & Böse

Kleines Lexikon der Sportsprache
TIPS

Die amerikanischen Sportjournalisten haben eine eigene »Sprache« *(sports language)* geschaffen. Wenn Sie diesen Sprachkode nicht kennen, haben Sie Mühe, den Sportteil der Zeitungen zu verstehen. Viele dieser spezifischen Ausdrücke sind auch in die Umgangssprache eingedrungen. Einige Beispiele:

▶ *Rain check:* Beim Kartenkauf für Sportveranstaltungen kann man sich gegen Spielausfall (z.B. wegen Regens) absichern. »I'll take a rain check on your invitation« heißt soviel wie »Ich komme auf Ihre Einladung später zurück«.

▶ *Double header* heißt im Baseball eine Doppelveranstaltung (2 Spiele). Dieser Ausdruck wird im Umgangsamerikanisch auch auf andere Ereignisse übertragen.

▶ *Ground rules* sind die »Grundregeln« beim Baseball, die jeweils an das Spielfeld angepaßt werden. Übertragen kann man solche *ground rules* für alle Probleme des Alltags festlegen.

Im Baseball-Rausch

Wenn Sie sich nachts im Flugzeug einer amerikanischen Stadt nähern, fallen Ihnen die zahlreichen viereckigen Plätze auf, die grell erleuchtet sind. Es sind *baseball fields*, Baseball-Plätze, die bis tief in die Nacht geöffnet sind. Baseball ist ein typischer Feierabendsport, den Millionen von Amerikanern vorrangig im Frühjahr und im Sommer ausüben. Weit mehr Fans feuern ihre Mannschaft am Fernseher an. Die besten Profis spielen in der *American League* und der *National League*. Der Kampf zwischen diesen beiden führenden Teamgruppen beherrscht in der Saison vom Atlantik bis zum Pazifik fast jedes Gespräch.

Nationale Baseball-Ligen

Die Anhänger des Baseball weisen stolz darauf hin, daß sich die Regeln für dieses Spiel seit über hundert Jahren nicht geändert haben. Als Kind hält man den »magischen« Ball zum erstenmal in der Hand und läßt ihn dann bis ins hohe Alter symbolisch nicht wieder los.

Anfang des 19. Jhs. entstand dieses für Außenstehende schwer durchschaubare Spiel an der Ostküste der USA. 1876 wurde die *National League* gegründet, der 24 Jahre später die *American League* folgte. Heute gibt es nationale Mannschaften In Italien, den Niederlanden, Japan, Taiwan, Südafrika und Lateinamerika. Nur die Deutschen haben sich für diesen Sport bislang kaum begeistern können.

TIPS

Zum Verständnis von Baseball:

Beim Baseball stehen sich zwei Mannschaften mit je neun Spielern gegenüber. Das Spielfeld ist 175 m lang und 125 m breit. Auf einer kleinen Erhöhung in der Mitte des Feldes steht der *pitcher*. Er wirft den Ball aus etwa 30 Metern Entfernung zu dem im Quadrat rechts unten stehenden *batter*, dem Schlagmann. Dieser versucht mit dem Schläger den 150 g schweren Ball zurückzuschlagen. Gelingt ihm dies, so darf er einmal um das Quadrat herumlaufen. In dieser Zeit bemühen sich die an den drei Ecken stehenden gegnerischen Spieler, welche den zurückgeschlagenen Ball gefangen haben, den nun zum Läufer gewordenen Schläger zu berühren. Haben sie Erfolg, muß der Läufer für diesen Durchgang ausscheiden. Widerfährt dies drei Läufern, bevor sie den Ausgangspunkt erreicht haben, also die Stelle, von der aus sie den Ball zurückgeschlagen haben, dann erfolgt Seitenwechsel. Schlag- und Fangpartei tauschen die Rollen. Nach neunmaligem Wechsel ist das Spiel bendet.

Mit dieser Einführung in das »Geheimnis« von Baseball sind Sie fürs erste gerüstet, einem Spiel halbwegs zu folgen. Ihre amerikanischen Freunde lassen es sich gewiß nicht nehmen, Sie mit aufs Spielfeld zu schleppen. Denn was gibt es Schöneres auf der Welt als einen gelungenen Schlag?

Basketball

Auch *basketball*, unser Korbball, hat sich zum Volkssport entwickelt (mit der neuesten Variante *streetball*). Basketball begleitet den Amerikaner durchs ganze Leben. Vor dem Korb, der sich oft an der Garage befindet, treten nach Feierabend die Eltern gegen ihre Kinder an. Wer seine Mitspieler um Haupteslänge überragt, hat natürlich die beste Chance, den Ball in den Korb zu befördern.

1891 entwickelte James A. Naismith dieses Spiel, das man in der kalten Jahreszeit in der Halle austragen konnte. Der Sportlehrer an einer Schule für christliche Arbeiter in Springfield, Massachusetts, legte auch die ersten 13 Regeln fest, die im Laufe der Jahre beträchtlich erweitert wurden. Der Christliche Verein Junger Männer (CVJM,

YMCA) brachte das Spiel dann an die Schulen und Universitäten des Landes. Doch erst nach dem II. Weltkrieg löste es sich aus dem pädagogischen Dunstkreis und eroberte die Herzen der ganzen Nation. Die einzelnen Profi-Ligen haben sich zur *American Basketball Association (ABA)* zusammengeschlossen, deren international bekanntestes Team wohl die *Harlem Globetrotters* sind.

Football und soccer trennen Welten

Spätestens an Neujahr stehen die meisten Amerikaner Kopf. An diesem Tag endet die im Herbst begonnene Football-Saison mit dem Entscheidungsspiel in Pasadena, Kalifornien. Dieser *Superbowl* lockt selbst die Blinden und Lahmen vor den Bildschirm. Ein *razzle-dazzle*, eine überschäumende Volksfeststimmung, ergreift auch die weniger Sportbegeisterten. Selbst wichtige Geschäftstermine werden aus diesem Grund verlegt oder fallen gleich ganz aus.

»Superbowl«

Die Leidenschaft der Fans artet nie in Gewalt aus, wie sie immer wieder in den Fußballstadien Europas zu beobachten ist. Wochen der Ausscheidungskämpfe sind dem *Superbowl* vorausgegangen, bei denen sich schließlich die beiden besten Mannschaften qualifiziert haben. Während der Saison sind in den Lokalen zehn, manchmal zwanzig Fernseher aufgestellt, damit jeder Gast das Spiel *seines* Teams verfolgen kann.

Football-Fans sind keine Hooligans.

Schon um 1700 spielte man in den englischen Kolonien Amerikas eine Art von *football*. Aber der American football in seiner heutigen Form ist erst 1875 aus dem Rugby entstanden. Der »Vater« des Spiels, W. Camp, legte die ersten Regeln fest. Alle Profis spielen in der 1921 gegründeten *National Football League*, die sich in *American League* und *National League* mit jeweils 14 Mannschaften gliedert. Seit Präsident Kennedy in einem Interview *football* zu seinem Lieblingssport erklärte, erlebte dieses Spiel einen ungeahnten Aufschwung und überflügelte Baseball als die amerikanische Sportart schlechthin. Als dann 1969 im *Superbowl III* die krassen Außenseiter *New York Jets* die favorisierten *Baltimore Colts* 16:7 schlugen, hatte sich Football endgültig an der Spitze der Beliebtheitsskala etabliert. Die TV-Übertragungen machen die siegreichen Mannschaften und ihre Spielmacher *(quarterbacks)* unglaublich populär. Wer die legendären *Dallas Cowboys* und ihren *quarterback* Roger Staubach nicht kennt, der kann einfach kein Amerikaner sein. Die regelbedingten Unterbrechungen, in denen der nächste Spielzug festgelegt wird, fügen sich haargenau in das Konzept des kommerziellen Fernsehens mit seinen Werbeunterbrechungen. Eine einzige Werbeminute in einem Spitzenspiel kostet inzwischen mehrere Millionen Dollar.

John F. Kennedy als Football-Promoter

Ein Spiel, wie für das Kommerzfernsehen geschaffen.

Die Amerikaner mögen Football, weil es List und Kombinationsgabe erfordert, den Ball an den gegnerischen Muskelprotzen vorbeizubringen, die dies durch Stoßen, Umwerfen und Blockieren um jeden Preis zu verhindern suchen. Man kämpft mit

Football ist die Spielform der amerikanischen Lebenshaltung.

kompromißloser Härte um jeden Zentimeter Boden. Dabei schützen Helm und Wattierung nur unzureichend vor Verletzungen, die häufig eine hoffnungsvolle Spielerkarriere frühzeitig beenden. Aber äußerster körperlicher Einsatz und Teamgeist sind Eigenschaften, die den »echten« Amerikaner ausmachen. Die Überzeugung aus alten Pioniertagen, daß nur der Tüchtigste und Härteste überlebt *(survival of the fittest)*, hat sich auf den Sport übertragen.

Den besten Spielern winkt die Aufnahme ins Walhalla des Football. Die *Hall of Fame* (Ruhmeshalle) in Canton, Ohio, verewigt die Namen der Superstars und stellt persönliche Gegenstände wie Reliquien aus.

TIPS Grundregeln des Football-Spiels

Das Spielfeld ist 109 m lang, 48 m breit und in 20 gleich große Abschnitte unterteilt. Wie beim Rugby ist der Ball oval. Der *quarterback* trägt den Ball nach vorn oder wirft ihn einem seiner 10 Mitspieler zu, der ihn dann über die gegnerische Endlinie bringen soll. Dadurch kann er ein *touchdown* (6 Punkte) erzielen. Während eines Spielzugs *(play)* schafft es eine Mannschaft meist nur, den Ball wenige Meter vorwärtszubringen. Sie hat 4 Versuche *(downs)*, um diesen »Bodengewinn« auf wenigstens 10 Yards auszudehnen. Aber sie kann den Ball auch ins gegnerische Tor befördern, was 3 Punkte zählt. Gelingt ihr dies nicht, muß sie ihn dem anderen Team für dessen Gegenoffensive überlassen. Zuvor kickt der *punter* den Ball weit ins gegnerische Feld. Bei der Abgabe darf der Ball nicht den Boden berühren. Falls ihn ein Spieler fallen läßt, wird der Gewinn an Yards nicht anerkannt.

Fußball = soccer

Der in Europa übliche Fußball, von den Amerikanern *soccer* genannt, fristet in den USA nur ein Schattendasein. Die 1921 gegründete *Soccer League* löste sich bereits acht Jahre später wegen Geldmangels auf. Ihre Nachfolgeorganisation führt bis heute einen verzweifelten Kampf um die Zuschauergunst. Neuerdings sind die Schulen an diesem nicht so »harten« Sport interessiert. Auch die zuwandernden Latinos verstärken das Fußballinteresse.

Golf – der sanfte Sport

Sie lassen sich auf Ihrem Golfwagen von Loch zu Loch fahren, um noch etwas unsicher Abschläge zu wagen. Zwischendurch bleibt Zeit für einen Plausch oder einen Blick auf die idyllische Anlage. Hier ist der sonst so ausgeprägte sportliche Siegesehrgeiz nicht zu spüren. Ältere Damen und Herren sowie Unternehmer und Mana-

Golf ist nicht nur Sport ...

ger mit Fitneß- oder Gewichtsproblemen spielen Golf. Man verabredet sich zudem, um zwischen den Schlägen geschäftliche Probleme zu erörtern. Und nebenbei verschafft man sich die für Gesundheit hilfreiche Bewegung und frische Luft.

Sport & Geschäft

Golf ist die verbreitetste Sportart in der amerikanischen Mittel- und Oberschicht. Im piekfeinen County Palm Beach gibt es weit über hundert Golfclubs. Einer der exklusivsten befindet sich auf der Halbinsel Hope-Sound. Mitglied im *Jupiter Island Club* kann nur werden, wer auf dem Clubgelände ein Haus erwirbt. Die notwendigen Millionen Dollar dafür genügen allerdings nicht. Der Interessent braucht einen im Club eingeführten Bürgen und hat dann einen Antrag zu stellen. Erst wenn das Clubkomitee diesen genehmigt, darf er das Haus kaufen. Die damit verbundene Mitgliedschaft im Club kostet noch einmal 125.000 $ im Jahr. Darin sind die zahlreichen Zusatzleistungen und -angebote keineswegs enthalten. Das neue Mitglied hat sein Geld dennoch gut angelegt: Die clubeigene Polizei und Feuerwehr sorgen rund um die Uhr für seine Sicherheit. Und er bleibt garantiert unter seinesgleichen, weil er das ausgedehnte Areal nur selten verläßt. Als begeisterter Sportler nimmt er es dann auch mal hin, wenn ihm ein verirrter Golfball das Glas Whisky in der Hand zerschmettert, das er auf seiner Veranda trinkt.

Golf ist kein Massen-, sondern Klassensport.

Amerikanische Pferde- und PS-Sportarten

In der zweiten Hälfte des vorigen Jahrhunderts trieben die Cowboys riesige Herden texanischer Rinder durch unwegsames Gebiet zur nächsten Verladestation. Dabei entwickelten sie Geschicklichkeitsübungen, die noch heute als Sport betrieben werden. Im Südwesten der USA finden jeden Sommer die traditionellen *rodeos* statt (*rodeo* heißt im Spanischen eigentlich »Umweg«). In fünf verschiedenen »Disziplinen« zeigen die Teilnehmer ihr Können.

TIPS
Kleines Lexikon des Rodeo-Wettkampfs

▶ *calf-roping:* Der reitende Cowboy muß mit dem Lasso ein Stierkalb einfangen und dessen Beine fesseln.

▶ *steer-wrestling:* Der Reiter springt vom galoppierenden Pferd, packt den Stier bei den Hörnern und wirft ihn zu Boden.

▶ *bare-back riding:* Der Cowboy reitet ein ungezähmtes Pferd ohne Sattel ein.

▶ *saddle-bronc riding:* Er sattelt ein halbwildes Pferd auf und versucht es zu reiten.

▶ *bull-riding:* Wie beim *saddle-bronc riding* versucht der Cowboy einen Stier zu zähmen.

Bei den drei letztgenannten Wettkampfarten kommt es darauf an, daß sich der Reiter möglichst lange im Sattel bzw. auf dem Tier hält.

Gefängnis-Rodeo in Huntsville, Texas. Dieses Rodeo gilt als das risikoreichste in den USA, weil die Gefangenen »nichts zu verlieren« haben. Ein Krankenhausaufenthalt wäre Vorzugsbehandlung.

Hat sich das Rodeo aus dem harten Arbeitsalltag der amerikanischen Viehtreiber entwickelt, so war Polo immer das Spiel der Reichen. Die Araber brachten es nach Indien, wo es später britische Offiziere für das Empire »requirierten«. Über England gelangte das Reiterspiel schließlich nach Amerika. Heute ist dieser Sport nirgendwo so beliebt wie in Argentinien und in den USA.

Polo – das Reiterspiel der Reichen

Zwei Mannschaften, die aus je vier Reitern bestehen, versuchen mit dem Schläger *(mallet)* eine Bambuskugel von 10 cm Durchmesser in das gegnerische Tor zu treiben. Dabei gilt es, drei unterschiedliche Bewegungen + Instrumente in dynamisch-harmonischen Einklang zu bringen:
- die sehr schnell geschlagene Kugel,
- den über einen Meter langen Schläger
- und den Galopp des Pferdes.

Nur Wohlhabende können sich diesen Sport leisten, da jeder Spieler in der Regel zwölf Pferde besitzen muß.

Kinder aus betuchtem Hause versuchen beim *hunter jumping*, einer Art des Springreitens, gute Figur zu machen. Die Mutter fährt ihren schick gekleideten Sprößling zum Reitstall, wo schon ein ebenso liebevoll aufgeputzter *jumper* wartet. Bewertet wird nicht nur die Höhe des Sprunges, sondern auch die Haltung des kleinen Reiters und die Eleganz der Ausführung.

»Jagd-Springreiten« für Kids

An Pferde- und Hunderennen nehmen alle sozialen Schichten regen Anteil, wenn auch nur als Zuschauer. Fast jede größere Stadt verfügt über mehrere Arenen, in denen täglich Hunderennen stattfinden. Aufgeregt verfolgen die Besucher die Jagd der Vierbeiner, verzehren ihr Abendbrot dabei und springen gelegentlich auf, um Wetten abzuschließen. So lieben die Durchschnitts-Amerikaner den Sport: ein bißchen Bewegung, viel Spaß und dazu die Chance, Geld zu »machen«.

Pferde- und Hunderennen

Die seltsamsten Wettbewerbe werden auf fahrbaren Untersätzen ausgetragen. Was den Cowboys ihr Rodeo ist, bedeutet den Bauern Amerikas der *tractor pull*. Die Begeisterung kennt keine Grenzen, wenn bei diesem »Traktor-Tauziehen« bis zu 3.000 PS starke Maschinen riesige Anhänger ziehen, die sich mit einer Pflugschar widerspenstig in den Boden stemmen. In den Spezialzeitschriften *Pull* und *The Puller* können Sie sich über solche Wettkämpfe informieren.

Motorisierte Extrem-»Sportarten«

Ein anderer Geheimtip für PS-Perversitäten ist das *stock-car racing* (»Schrottkistenrennen«). Es zehrt und zerrt heftig an den Nerven, wenn diese »aufgemotzten« Blechkisten mit ihren frisierten Motoren und gigantischen Reifen auf einer 400 Meter langen Aschenbahn sich gegenseitig ins Schrott-Jenseits zu befördern suchen.

Ist Amerikanisch (»Anglish«) eine Sprache?

Fast vergessen: Französisch als amerikanische Sprache (hier: Straßenschild in New Orleans, Louisiana)

Sie sprechen Englisch. Sie werden also keine Sprachprobleme in Amerika haben?

Ihr Schulenglisch in Ehren, doch allein die Aussprache des amerikanischen Englisch (»Anglish«) wird Ihnen am Anfang Verständnisprobleme bereiten. Aber keine Sorge. Von Tag zu Tag lernen Sie besser zu verstehen, auch wenn Sie abends früh müde werden und anfangs »mental erschöpft« sind.

Der »Sound« des amerikanischen Englisch ist gewöhnungsbedürftig.

Englische Sprachkenntnisse sind für die Verständigung mit Amerikanern unumgänglich. Die meisten US-Bürger können sich einfach nicht vorstellen, daß jemand kein Englisch spricht. Andererseits muß es niemandem peinlich sein, wenn er nach fremdem Akzent klingt oder mühsam nach dem passenden Wort sucht. Daran sind die Amerikaner durch ihre zahlreichen Minderheiten und Zuwanderer gewöhnt. Sie schätzen den, der »immer strebend sich bemüht«.

In den USA spricht man amerikanisches Englisch. Zwar hat es sich aus dem *British English* entwickelt, weicht aber in Wortschatz, Rechtschreibung, Aussprache und Grammatik von diesem zum Teil erheblich ab.

Amerikanisches Englisch = »Anglish«

Die Académie Française wacht eifersüchtig über die Reinhaltung der französischen Sprache, die als hohes Kulturgut gilt. Von nicht ganz so hoher Warte regelt der Duden das Deutsche. Amerika hat *Webster's Dictionary*, welches das gesprochene Vokabular erfaßt. Eine verbindliche Vorschrift für Schreibweise und Sprachgebrauch bietet es jedoch nicht. Zudem entwickelt sich das Amerikanische so rasant und ungenormt, daß der gute alte Webster einfach nicht nachkommt.

Webster's Dictionary

Der Amerikaner geht hemdsärmelig mit seiner Sprache um. Hierin unterscheidet er sich wohl von den Europäern. Für ihn sind Wörter nicht nur Gebrauchs-, sondern auch Verbrauchsware, die er bei Bedarf wie Papiertaschentücher wegwirft und durch neue Ausdrücke ersetzt. Oscar Wilde spottete, England und Amerika seien zwei Länder, die eine gemeinsame Sprache trenne.

Warnung vor »Anglish«: Ped Xing ist nicht chinesisch

TIPS

Ped Xing ist nicht chinesisch. Es bedeutet *Pedestrian Crossing* (Fußgängerübergang).

Nicht nur in der Werbung ist die lautmalerische Verwendung von Buchstaben (und sogar Zahlen) beliebt. Die richtige Schreibweise übergeht man, ohne mit der Wimper zu zucken. Aus *night* wird *nite*, *Christmas* wird zu *X-mas* gekürzt. *Through* wird *thru*. Und beim Verkauf eines Grundstücks schreibt man statt *For sale* einfach *4 sale*. Wenn Sie in einem Geschäft vergeblich nach einem Artikel Ausschau halten, fragen Sie den Inhaber. Er bietet Ihnen diesen Service mit einem Schild an, auf dem steht: *If U don't C what you need ask 4 it.*

Alles klar?

Damentoilette = »Puderraum«

In einigen Fällen vergewaltigt der amerikanische Puritanismus die Sprache. Das Wort *toilet* für das »Örtchen« gilt vielen als anstößig. Man spricht deshalb vom *restroom, bathroom, men's room* bzw. *ladies' room* oder *lounge*. Die Damen können den *powder room* aufsuchen, auch wenn sie sich dort nicht pudern wollen.

In den USA finden Sie unzählige Dialekte und Slangs vor, die dem Außenstehenden weitgehend unverständlich bleiben. Ein besonderes Problem ist der für Fremde schwer verständliche Dialekt des Südens.

Die gebildete Oberschicht hält am »englischen« Englisch fest. Es gilt als vornehm und zählt zu den konservativen Grundwerten des Landes.

Ist »Spanglish« die zukünftige Sprache Amerikas?

Eine Gefahr droht dem Englischen von den zahlreichen Einwanderern aus Mittelamerika. In Städten wie Albuquerque, El Paso, Santa Fé, San Diego oder Miami können Sie mit Spanisch gut überleben. In Kalifornien sprechen fast ein Drittel der Einwohner nicht mehr Englisch als Muttersprache. Tendenz steigend. Werden irgendwann alle Amerikaner Spanisch sprechen? *No way, José!* Mit dem Schlachtruf *English only!* wurde vielerorts in Volksentscheiden Englisch als einzige Amtssprache festgelegt.

Noch ist die englische Sprache der Leim, der Amerika kittet. Sollten Sie aber weitsichtig oder übervorsichtig sein, dann packen Sie Ihr Spanischlexikon ein.

Ist Ebonics wirklich schwarz wie Ebenholz?

Eine lange Autofahrt wird durch Musik kurzweiliger. Sie fahren auf einem Interstate-Highway und schalten das Radio ein. Sie hören nach der Musik ein Interview mit den Musikern. Obwohl Sie schon mehrmals in den USA waren, verstehen Sie nur Bruchstücke oder gar nur »Bahnhof«. Sie erkennen aber, daß diese Sprache eine (Ab)art des Englischen ist.

Die »schwarze Sprache« der afroamerikanischen Popkultur ist weltweit hörbar, aber deshalb noch nicht verständlich.

Wahrscheinlich sind die Musiker afroamerikanischer Herkunft. Rap und Hiphop haben das Amerikanisch der Schwarzen aus den Ghettos in die Allgemeinkultur des Pop gebracht. Die Medien machen zwar diese schwarze Sprache weltweit hörbar, aber deshalb noch nicht verständlich. Zudem bleibt umstritten, ob es sich tatsächlich um eine eigenständige Sprache der Schwarzen oder nur um einen Slang der Straße handelt.

Vor einiger Zeit führte die Schulbehörde von Oakland, Kalifornien, dieses »schwarze Englisch« versuchsweise als Unterrichtssprache ein. Der Anlaß dafür lag in den mangelhaften Noten der schwarzen Schüler. Warum schneiden diese schulisch so viel schlechter ab als Latinos, Weiße oder Asiaten? Schuld daran seien die ungenügenden Englischkenntnisse der Betroffenen. Sollte man sie nicht fairererweise in ihrer »Muttersprache« unterrichten? Und die sei eben *Ebonics*.

1975 hatte der Linguist Robert Williams diesen Begriff aus der Taufe gehoben. Das Kunstwort setzt sich aus *ebony* (Ebenholz) und *phonics* (phonetisch) zusammen. Angeblich sei diese Sprachform unter den verschleppten Sklaven aus Westafrika entstanden. Allmählich habe sich eine Kreolsprache entwickelt, die englische Wörter benutzt, aber Satzstrukturen der alten Heimat beibehielt. Danach ist *ebonics* der ureigenste sprachliche Ausdruck der Afroamerikaner.

*Ebenholz +
Phonetik =
»Ebonics« –
eine neue
Sprache?*

Gegen diese Hypothese laufen gerade die Schwarzen der Mittel- und Oberschicht Sturm. Man solle lieber mit allen Mitteln das Analphabetentum unter den schwarzen Jugendlichen bekämpfen, anstatt dieses »Produkt der Straße« zu einer Kultsprache zu stilisieren.

*Es gibt es: das
schwarze
Amerikanisch.*

Wie man *ebonics* auch bewerten mag, es unterscheidet sich von der amerikanischen Standardsprache im Wortschatz, in der Aussprache und in der Grammatik. Besonders stark hat die 400jährige mündliche Erzähltradition und die Kirche mit ihrem Ruf-Antwort-Dialog das schwarze Amerikanisch geprägt. *Good rappin is what makes you get props* heißt es treffend: »Durch Wortgewalt verschafft man sich Respekt«. Und so wird Reden von klein auf in den Schwarzenghettos geübt. Die Jugendlichen treiben endlose »Sprachspiele« miteinander, in denen sie sich nach ihren Regeln der Kunst wechselseitig schmähen und behauptete eigene Vorzüge prahlerisch hervorheben. Die Lust am Verdrehen und die Parodie geraten zum Selbstzweck. Es wird der Macht des Wortes gehuldigt – man könnte es sogar Wort-Magie nennen. Dies widerspricht weitgehend dem Umgang mit der Sprache im anderen Amerika. Der eigene Code hebt die jungen Schwarzen von der überwiegend weißen Umwelt, die sie verachtet, ab.

*Schwarze
Sprache als
Identitäts-
stiftung*

Einige Ebonics-Sprachregeln **TIPS**

Ebonics geht sehr sparsam und sorglos mit Grammatik + Rechtschreibung um. Konsonanten am Wortende fallen häufig flach. Aus *rapping* wird *rappin*. *Th* wird zu *d*, manchmal auch zu *f*. Die meisten Verben verzichten auf Deklination. Wenn ein schwarzer Pfarrer in der Predigt verkündet: »The man Jesus, He come here, He die to save you«, dann weiß jeder, daß es sich um Vergangenheit handelt. Dies muß also nicht eigens betont werden. Doch bei der Verneinung gerät man ins Schwelgen. Sie wird gleich doppelt gesetzt. Wenn jemand sagt: »It ain't nobody I can't trust« bedeutet dies nichts anderes als »I can trust everyone« (doppelte Verneinung = Bejahung).

Manchmal unterscheidet sich ein Satz nicht vom üblichen Amerikanischen, er bedeutet jedoch das Gegenteil: »Shut up« (»Halt' die Klappe!«) heißt in *Ebonics* »Red' weiter, ich bin ganz Ohr!«.

Kleines Ebonics-Wörterbuch

▶ *Gimme five!*	Gib mir die Hand (= fünf Finger) zur Begrüßung
▶ *to put the ig on*	jemanden absichtlich nicht beachten (*ig = ignore*)
▶ *to shine someone on*	(wie oben)
▶ *to kick the ballistics*	informieren
▶ *lamb tongues*	Geld
▶ *main man, ace*	jemandes bester Freund
▶ *to pitch a bitch*	sich aufregen
▶ *Maryland Farmer*	Mensch oder Objekt, zu dem eine intensive Beziehung besteht
▶ *motherfucker, muthafucka*	Ohje! Wörtlich: »Mutterficker«, Äquivalent auf Brutalo-Deutsch: »Arschficker«
▶ *to rock someone's world*	jemanden überraschen
▶ *to rock someone's spot*	Sex machen
▶ *to hit the skins*	Liebe / Sex machen
▶ *sweet mama*	schwarze Geliebte
▶ *to run a train*	mehrere Männer machen gleichzeitig Sex mit einer Frau
▶ *to catch the vapors*	jemanden mögen, weil er Erfolg hat
▶ *zazzle*	sexuelles Verlangen

Kleines Lexikon des amerikanisch-deutschen Slangs

▶ *K-town*	Kaiserslautern
▶ *GAP-town*	Garmisch-Partenkirchen
▶ *funny money*	Pfennig

Amerikanisches Kaleidoskop – Von Abendeinladung bis Zigarrenprotest

Eine Abendeinladung

»Do you have plans for tonight? Mrs. McGony would be glad to have you in our home for dinner. Dress casually.« Ob ich etwas vorhätte, fragte mich Jim McGony. Er und seine Frau würden mich gern zum Essen nach Hause einladen. Eine besondere Abendgarderobe wäre nicht nötig.

Ich war sehr stolz, schon am zweiten Tag meiner Amerikareise eine private Einladung erhalten zu haben. Mein Kollege, der Land und Leute gut kannte, riet dringend davon ab, Blumen zu kaufen. Eine Flasche Wein wäre besser. Ich würde schon merken, warum.

Gegen 7:00 p.m. (also 19.00 Uhr) empfing mich der Gastgeber sehr herzlich. Nachdem er mich seiner Frau vorgestellt hatte, überreichte ich ihr den Wein, was mir peinlich war. Sie gab ihn an ihren Mann weiter, der ihn neben einige Flaschen Whisky, Wodka und Gin stellte. »Was möchten Sie trinken? Whisky oder Wodka?« Bei dieser Auswahl entschied ich mich für Wodka mit Tonic. »Help yourself.« Dabei zeigte er auf die Flaschen, die auf dem Tisch standen. Ich bediente mich also selbst.

»Help yourself«
– Prinzip Selbst-
bedienung

Jim füllte sein Glas bis zum Rand mit Eiswürfeln. Dann goß er einen Schuß Whisky dazu und trank, ohne mit mir anzustoßen. Mrs. McGony trank gar nichts. Im Stehen unterhielten wir uns zunächst über die letzte Football-Saison – für mich ein Buch mit sieben Siegeln –, um dann zum Aktienmarkt überzuwechseln. Hier konnte ich immerhin etwas zum Gespräch beisteuern, merkte aber schnell, daß Jim nur halb beteiligt war. Mit »Let's have dinner!« unterbrach er meine Ausführungen.

Wir gingen in den Nebenraum, nahmen unsere Teller und bedienten uns an einem provisorischen Büfett mit panierten Hühnerteilen, Salaten und (späterem) Dessert. Jim begann sofort seine Hühnerteile zu verspeisen. Unsere Getränke hatten wir mitgenommen. Als ich meinen Wodka-Tonic ausgetrunken hatte und um ein Glas Wein bat, öffnete man kurzerhand die von mir mitgebrachte Flasche. Dann wurde mir ein Glas davon (übrigens das einzige während des Essens) eingeschenkt. Ein europäischer Gastgeber würde sich wohl hüten, verzehrbare Gastgeschenke an Ort und Stelle zu konsumieren. Der Amerikaner kennt diese Scheu nicht. Er lädt ohne große Umstände Gäste zu sich nach Hause und läßt sie an seinem privaten Alltag teilnehmen. Die Gäste wiederum helfen dann beim Rücken der Stühle oder beim Abräumen des Geschirrs.

Gastgeschenke
sind nicht für
die Vitrine.

Gegen 20 Uhr gab es bei den McGonies Kaffee, womit Jim mir zugleich zu verstehen gab, daß der Abend »gelaufen war«. Ich brach bald auf, nicht ohne den McGonies versichert zu haben, wie wunderbar der Abend gewesen sei. Auf dem Weg zum Hotel wurde ich sehr durstig und trank schließlich an der Hotelbar ein großes Bier.

»Come and visit me!« – eine herbe Enttäuschung

»Whenever you are anywhere, come and visit me.«

Auf einer meiner ersten Reisen in die USA lernte ich einen Geschäftsmann aus Cleveland, Ohio, kennen. Während des Fluges hatten wir ausgiebig geplaudert, und bei der Landung gab er mir seine Karte. »Whenever you are in Cleveland, come and visit me.« Als ich ihm sagte, daß ich am folgenden Sonntag zufällig in der Gegend sei, wiederholte er: »Perfect, visit me.«

Ich mietete also am Sonntag ein Auto und fuhr in den Vorort von Cleveland, in dem mein neuer »Freund« wohnte. Zu meinem Erstaunen war niemand zu Hause. Später erreichte ich ihn telefonisch in seinem Büro. »Oh, wir hatten andere Pläne. Aber besuchen Sie mich doch, wenn Sie das nächste Mal in Cleveland sind.«

Nichtsbedeutende Einladungen

Naiv, wie ich damals als Greenhorn war, rief ich ihn an, als ich wieder in die Stadt kam. Er konnte sich diesmal zunächst nicht einmal an meinen Namen erinnern und hatte ohnehin keine Zeit. »Rufen Sie mich doch ein anderes Mal an. Dann können wir irgendwo zu Mittag essen.« Offenbar war ich in seiner Wahrnehmung abermals um eine Kategorie gesunken: Der Hausbesuch war durch eine beiläufige Begegnung in irgendeinem Lokal ersetzt worden.

Endlich hatte ich begriffen, daß »Come and visit me!« eine bloße Floskel ist und ebenso wenig bedeutet wie »Let's have lunch together!«. Es handelt sich um eine unverbindliche Geste, um einem Zufallsbekannten seine Sympathie zu bekunden. Kein Amerikaner würde eine solche »Einladung« wörtlich nehmen. Was würden Sie sagen, wenn jemand auf Ihre Frage »Wie geht es?« anfinge, ausführlich von seiner gerade überstandenen Blinddarmoperation zu erzählen?

Ernsthafte Einladungen

Ganz anders ist es bei einer ernst gemeinten Einladung. Zeit und Ort werden genau festgelegt. Selbst unter großen Opfern wird Sie Ihr Gastgeber bei sich zu Hause unterbringen. Nicht selten gibt er Ihnen zu Ehren sogar eine Party, um Sie seinen Freunden gebührend vorzustellen.

Wer zu Fuß geht, macht sich verdächtig

Ich war von New York nach Saginaw geflogen, hatte in einem Hotel am Stadtrand ein Zimmer reserviert und wollte mir vor dem Essen bei einem Spaziergang Appetit holen. Da ich keinen Fußweg fand, ging ich die Autostraße entlang. Es vergingen keine zehn Minuten, als ein Polizeiwagen neben mir hielt. Der Beamte ließ die

Kein Platz für Fußgänger, dafür mit dem Auto über zehnspurige Stadtautobahnen zum Frisör (San Diego, Kalifornien).

Scheibe herunter und fragte: »Do you have a problem? Is something wrong with your car?« Nein, erwiderte ich, ich hätte kein Problem. Und mit dem Auto sei ich nicht unterwegs. Ich sei gerade angekommen und wolle nur ein wenig spazierengehen. »Zu Fuß?« fragte der Polizist ungläubig, ja mißtrauisch. »Ja, ich gehe meist mit meinen Füßen.« »That's funny.« Zum Glück fand er meine Worte nur komisch, winkte und fuhr weiter.

Ein Amerikaner käme nie auf den Gedanken, eine größere Strecke zu Fuß zu gehen. Selbst Jack London ist auf Güterzügen getrampt. In Europa kann man problemlos quer und längs durch den Kontinent wandern. In den USA fehlen dafür vorab die Wanderwege. Und wer unerlaubt ein fremdes Grundstück durchstreift, kann strafrechtlich verfolgt werden. Immer wieder verwehren Verbotsschilder mit der Aufschrift *No trespassing* den Zugang. Der Eigentümer darf jeden Eindringling erschießen. Und Sie müssen davon ausgehen, daß fast in jedem Haus eine Schußwaffe steht.

Gehen auf fremdem Grund kann lebensgefährlich werden.

Zwar gibt es zahlreiche Nationalparks, in denen Sie nach Herzenslust wandern können, doch wer hat schon einen solchen Park vor der Haustür? Da aber auch die gesundheitsbewußten Amerikaner ihre Beine bewegen möchten, spielen sie Golf

Füße dienen der Bewegung – vor allem beim Gasgeben und auf dem Fitneß-Laufband.

oder besuchen ein Fitneßcenter (in dem sie vor einem Spiegel auf Laufbändern ihren Bewegungsdrang austoben können). Ansonsten sind Füße vor allem zum Gasgeben und Bremsen da.

Sie finden kaum ein Bankgebäude ohne mehrere »Drive-Through (Thru-)«-Schalter. Durch eine überdachte Einfahrt fahren Sie vor eine Sprechanlage. In den Rohrpostbehälter legen Sie Ihren Scheck und den Führerschein zur Identifikation. Auf dem gleichen Weg kommen Bargeld und Ausweispapier zurück.

Selbst zum Essen müssen Sie das Auto nicht verlassen. Sie bestellen über Mikrofon ihren Hamburger mit drei Gurken und einer Coca Cola und warten, bis eine Angestellte das Gewünschte bringt. Bei dieser weitverbreiteten »Fußfaulheit« erstaunt um so mehr, daß die amerikanischen Laufsportler zu den besten der Welt zählen.

»Telefonitis« ist keine Krankheit

Ich suchte einen gummiverarbeitenden Betrieb, um dort eine Vorführmaschine aufstellen zu können. Die Ohio Rubber erwies sich schließlich als die Firma, die meinen Vorstellungen entsprach. John Fitzgerald war Eigentümer, Betriebsleiter, Einkäufer und Verkäufer in einer Person, obwohl er in der Fertigung 200 Arbeiter beschäftigte. Seine gesamte Ablage bzw. das »Firmengehirn« hatte er im Kofferraum eines Leihwagens untergebracht. Ein europäischer Unternehmer, der einen Betrieb gleicher Größe leitet, würde wohl nur ungläubig den Kopf schütteln. Wo könnte er die gesamte Korrespondenz und die Kopien bzw. Ablage auf so begrenztem Raum unterbringen? Für Mr. Fitzgerald löst sich dieses Problem schon dadurch, daß er weder Briefe schreibt noch welche empfängt. Mit seinen Kunden verkehrt er nur telefonisch.

Dabei ist er keineswegs Analphabet. Er bedient sich nur eines der komfortabelsten Telefonsysteme der Welt. Seitdem das Justizministerium 1984 die Aufspaltung der gigantischen American Telephone & Telegraph Company (AT&T) in acht selbständige Gesellschaften verfügt hat, funktioniert das System nicht nur hervorragend, *Schneckenpost* sondern ist auch billig. Die Briefpost dagegen, die fortwährend am Tropf des Staats hängt, arbeitet schlecht und langsam. Kein Amerikaner wundert sich, wenn die Zustellung eines Briefes in die Nachbargemeinde mindestens zwei Tage dauert. Ein Schreiben nach Übersee ist bis zu 14 Tage unterwegs. Und kein Postbediensteter bemüht sich, einen nicht korrekt adressierten Brief zu befördern.

Ich habe mich auch nach 20 Jahren in Amerika nur schwer daran gewöhnen können, wichtige Angelegenheiten anders als schriftlich zu erledigen. Als ich eine Versicherung kündigen wollte, blieben zwei Briefe unbeantwortet. Schließlich griff ich zum Telefon, erreichte die zuständige Sachbearbeiterin – und die Angelegenheit war geregelt.

Am Monatsende erhalten Sie die Telefonrechnung. Selbstverständlich sind sämtliche Gespräche, die Sie geführt haben, mit genauen Zeitangaben und den entstandenen Kosten einzeln aufgeführt. Sollten Sie etwas beanstanden, wäre es hoffnungslos, deswegen einen Brief zu schreiben.

Sind in der Zeit schneller Kommunikation Briefe Zeitverschwendung und Papiermüll?

Nur ein Anruf bringt Sie ans Ziel. Ob Sie ein Zimmer reservieren, einen Flug buchen oder eine geschäftliche Verabredung treffen wollen – Sie greifen stets zum Hörer. Überall im Land gibt es öffentliche Telefone in großer Zahl, in den seltensten Fällen jedoch Münzfernsprecher. In Flughäfen und auf Bahnhöfen finden Sie meist Apparate, mit denen Sie *credit card calls* machen können. Gegen Angabe der Kartennummer wird die Gebühr Ihrer Telefonkreditkarte zugerechnet. Dafür müssen Sie allerdings ein eigenes Telefon in den USA oder in Kanada angemeldet haben. Verfügen Sie über keine Kontonummer bei einer der Telefongesellschaften, so können Sie den *collect call* nutzen. Der Angerufene übernimmt die Kosten, sofern er sich der Vermittlung gegenüber dazu bereit erklärt. Sie wählen eine Null vor der Nummer und warten, bis sich das »Amt« meldet. Wenn Sie dann aufgefordert werden, Ihren Namen zu nennen, sollten Sie möglichst deutlich sprechen. Denn Ihre Stimme wird auf Band aufgenommen und dem von Ihnen gewünschten Teilnehmer automatisch vorgespielt. Das Vermittlungspersonal ist meist bestens informiert, ausgesucht höflich und äußerst hilfsbereit.

Das installationsunabhängige Handy revolutioniert radikal die bisherige Telefon-Kommunikation.

Auch bei Ferngesprächen innerhalb der USA sollten Sie die unterschiedlichen Zeitzonen berücksichtigen. Wenn Sie um 9 Uhr abends von San Francisco aus Tante Lucy in Boston anrufen wollen, liegt diese sicher schon selig in Morpheus' Armen.

Es kann Ihnen leicht widerfahren, daß ein Bekannter mitten im Gespräch auf das nächste Telefon zustürzt, um jemanden anzurufen. Dies bedeutet keine Unhöflichkeit, sondern ist allgemeiner Brauch. Nur ein unkundiger Ausländer würde die Amerikaner telefonverrückt nennen, weil er nicht versteht, daß das gesamte Leben dort »an der Strippe hängt« (bzw. am Handy).

Auch die Wirtschaft bedient sich – wie zunehmend auch in Europa – der Telefonwerbung als direktestem Marketinginstrument. Täglich werden über sieben Millionen Werbeanrufe über Kabel und durch die Luft gesandt, um potentiellen Käufern Küchengeräte oder Quittenmarmelade schmackhaft zu machen. Wer dieser Behelligung entgehen will, läßt sich eine *unlisted number* geben, die in keinem Telefonbuch verzeichnet ist. Die Auskunft gibt eine solche Nummer unter keinen Umständen preis, selbst wenn es um Leben oder Tod gehen sollte.

Telefon-Marketing

»Wasserdichte« Geheimnummer

Vielleicht soll der schnelle Griff zum Hörer auch die »Angst vor der Stille« verdecken, die zum psychologischen Grundmuster amerikanischen Lebens gehört: Die stark geforderte Mobilität & Flexibilität im Berufsleben bringt große Unruhe ins Dasein. Wer sich einsam fühlt, läßt den Fernseher als »Hausfreund« und Agentur zur Außenwelt von morgens bis abends laufen. Eine Frage schießt mir in diesem Zusammenhang durch den Kopf: Hätte der Trappistenorden, der ein lebenslanges Schweigegelübde fordert, heute je die Möglichkeit, in einem Volk der Telefonierer einen Novizen zu finden?

Die amerikanische »Angst vor der Stille«

Reinlichkeitswahn und Umweltsünden – zwei Seiten einer Medaille

Mickey Mouse & Donald Duck – wie der gallische Asterix steril, asexuell und (psycho)-hygienisch

Ist Mickey Mouse eine typisch amerikanische Maus? Stets sieht sie aus wie aus dem Ei gepellt. Sie legt ihre weißen Handschuhe (ohne jeden Mausgrauschleier) nie ab. Donald Duck als Enterich hat erbmäßig ohnehin eine Vorliebe fürs Wasser. Auch er trägt weiße Handschuhe und macht sich die Pfoten (eine Enten-Anomalie) nie schmutzig.

Walt Disney scheint seinen Landsleuten genau auf den Leib geschaut zu haben, als er seine Comic-Figuren schuf. Selbstverständlich gehören Duschen und frische Wäsche aus Waschmaschine und Trockner heute auch zum durchschnittlichen Lebensstandard in den meisten europäischen Ländern. Doch die Amerikaner haben sich seit langem an die Spitze der Hygiene-Zivilisation gesetzt: Sie gehen oft zweimal täglich unter die Dusche. Das blütenweiße Hemd des Morgens zeigt spätestens am Mittag erste Spuren von Schweiß und wird gewechselt. An Spray, Deodorant, Rasier- oder Haarwasser zu sparen, gilt als Zeichen von Verwahrlosung.

Individuelle Sauberkeit, öffentliche Verschmutzung

Ihrem Hygienebewußtsein entspricht die Hausfrau auch im Supermarkt, wo sie Lebensmittel meist vakuumverpackt oder in Konserven kauft. Selbstverständlich klebt über dem Klodeckel des Hotelzimmers ein Papierstreifen, der darauf hinweist, daß das Becken desinfiziert worden ist.

So viel Hygiene bzw. Schutz vor äußerer Beeinträchtigung von Lebensmitteln hinterläßt Verpackungsmüll: Der Abfall ist in den USA pro Kopf mehr als doppelt so hoch wie z.B. in Deutschland. Denn weil das Land weiträumig ist und die riesige

Umweltverschmutzung – die »Kehrseite« des amerikanischen Hygienebewußtseins (hier: Brooklyn, New York).

Fläche alles zu schlucken und zu »verdauen« scheint, wirft man die Cola-Dose zum Autofenster hinaus. Und die Pizza- und Zigarettenschachtel hinterher. Behörden und ökologische Initiativen versuchen dieser »Wegwerfmentalität« mit Aufklärung entgegenzutreten. Schilder mit der Aufschrift *Adopt a Highway* stehen an vielen Straßen und appellieren an Autofahrer und Anwohner, die Umgebung sauber zu halten.

Die große Landfläche der USA macht kleine Umweltsünden scheinbar unwichtig.

Die Gemeinschaft der Grundbesitzer, zu der meine Farm zählt, rief zu einer Straßenreinigungsaktion auf. Ich weigerte mich entrüstet, den Dreck anderer Anwohner wegzuräumen. In einem Anflug von Galgenhumor erklärte ich mich bereit, mit einer Schrotflinte auf die Reifen der Autos zu schießen, die den Abfall verursachen. Die Genehmigung dazu erhielt ich selbstverständlich nicht. Immerhin faßte man den Beschluß, *littering*, »Verschmutzung«, mit einer saftigen Geldbuße zu ahnden.

Das Umweltbewußtsein steckt in den USA in den Kinderschuhen. Die negativen Folgen des Eingriffs des Menschen in die Natur sind noch nicht so deutlich zu spüren wie im dichtbesiedelten Europa. Aber immer mehr Menschen wehren sich gegen übermäßigen Wasser- und Treibstoffverbrauch, Rodungen zum Zweck neuer Landerschließung, Überdüngung sowie Pestizideinsatz in der Landwirtschaft und andere Umweltprobleme.

Puritanismus, Prüderie & Playboy

»Ich verpflichte mich vor Gott, mir selbst, meiner Familie, meinen Freunden, meinem künftigen Lebensgefährten und meinen künftigen Kindern, bis zum Tag meiner Heirat sexuell rein zu bleiben.« Immer mehr junge Amerikaner unterschreiben und verschicken Postkarten mit diesem feierlichem Gelöbnis. Sie treffen sich regelmäßig in »Keuschheits-Klubs«, wo sie sich gegenseitig Mut machen, dem »Teufel der Versuchung« die Stirn zu bieten. Nicht zuletzt die Angst vor Aids hat nach der sexuellen Revolution der 68er-Generation die traditionelle puritanische Prüderie wiederaufleben lassen. Die Kirchen, die katholische voran, haben sich diesem Feldzug unter dem Motto *Die große Liebe wartet* angeschlossen. Der Kampf um die Reinheit oder Freiheit des Unterleibs wird nirgendwo so verbissen geführt wie im »Land der unbegrenzten Möglichkeiten«.

»Keuschheits-Klubs« – das Erbe des Puritanismus

Ist also das einseitige Bild einer sexbesessenen Nation, das die Seifenopern und Fernsehserien zeichnen, ein Zerrbild? Der *Playboy*-Gründer Hugh Heffner brachte diesen Widerspruch auf den Punkt: »Wir finden Sex faszinierend und haben Angst davor, weil unsere puritanischen Wurzeln weit in die Tiefe reichen.«

Faszination für Sex – und Angst davor

Trotz des großen Angebots von Pornographie (auch des härtesten Kalibers) bleibt der Anblick eines nackten Busens aus dem öffentlichen Fernsehen verbannt. Obszöne Worte werden durch einen Piepton ersetzt, der den Zuschauer erst recht neugie-

Sexualkunde-unterricht als Warnung vor der Sexualität, die Bibel als Grundlage des Biologieunter-richts

rig macht. Konservative Eltern erschauern bei dem Gedanken, daß ihre Sprößlinge in der Schule am Sexualunterricht teilnehmen könnten. Man toleriert gerade noch, daß vor den Gefahren früher sexueller Erfahrungen gewarnt wird. Wer möchte schon, daß sein Sohn mit einer Geschlechtskrankheit heimkommt oder die Tochter ungewollt schwanger wird?

Der Kinsey-Report hat nach dem II. Weltkrieg zum erstenmal das Liebesleben der Amerikaner auf der Grundlage von 20.000 Erhebungen enthüllt. Ungläubig oder fasziniert las die Welt damals, was sich alles in US-Betten abspielt. Das hat so nie gestimmt – zu diesem Urteil kommen neuere Meinungsforscher, die über ausgeklügeltere Methoden der Befragung verfügen als ihr Vorgänger. Nach deren Ergebnissen ist die amerikanische Institution Ehe sexuell grundsolide. Vier Fünftel der Befragten haben noch nie einen Seitensprung gewagt. Sollte doch die Lust aufeinander nachlassen, dann geht das Paar gemeinsam zum Psychiater, der Mittel und Wege sucht, um die monogame Libido neu zu entfachen. Ein Drittel der Amerikaner macht zwei- bis dreimal in der Woche Sex. Doch genauso hoch ist der Anteil derjenigen, die nahezu enthaltsam leben. Statistisch gesehen hat der Mann in seinem Leben sechs und die Frau zwei Sexpartner. Lächerlich, meinen andere Kenner der Intimszene. Denn wer würde schon seine Ausschweifungen offen zugeben?

Zwar verfügten laut Umfragen die Männer am liebsten über einen Harem, während die Frauen mit Robert Redford auf eine einsame Insel wollen. In Wahrheit führt der

Erotisch-sexuelle Signale in der Verkaufswerbung (Times Square, New York)

Durchschnittsamerikaner aber ein Sexleben, das so aufregend und delikat ist wie Corned Beef aus der Dose. Um so mehr schreit die Öffentlichkeit (sowohl die konservative wie die feministische) dann auf, wenn ein Universitätsdozent seiner Kollegin einen Klaps auf den Po gibt oder der Chefarzt seiner Assistentin über die Schulter streicht. Es erschüttert geradezu die Grundfesten des Staates, wenn der Präsident eines außerehelichen Verhältnisses geziehen wird. Sollte sich dann seine Gattin, wie es Hillary Clinton tat, öffentlich und demonstrativ an die Seite ihres Mannes stellen, so sind die Amerikaner wiederum gerührt und bereit zu verzeihen.

Phantasiebegierden und kärgliche Wirklichkeit

Sexual harassement, die »sexuelle Belästigung«, gilt keinesfalls als Kavaliersdelikt. Sie kann leicht die berufliche Laufbahn kosten. Einige Universitäten haben inzwischen für ihr Lehrpersonal detaillierte Benimmregeln aufgestellt. Darin werden Fragen erörtert wie »Darf ich dich an der Schulter berühren?« oder »Bist du mit einer Umarmung einverstanden?«. Jeder Verstoß gegen die sittenstrengen zwischengeschlechtlichen Umgangsformen kann bei einem dafür eingerichteten Meldebüro angezeigt werden. Die studentischen Sittenwächter gehen unnachsichtig gegen Missetäter vor. Was ursprünglich als Schutz gegen Vergewaltigung gedacht war, ist teilweise zu einem sexuellen Verfolgungswahn pervertiert.

»Sexuelle Belästigung« gilt nicht als »Kavaliersdelikt«.

Die weitverbreitete Prüderie macht auch vor Arztpraxen nicht halt: Vor der ärztlichen Untersuchung schlüpft der Patient in einen knöchellangen, weißen Kittel, um seine Nacktheit zu verbergen.

TIPS

Skurrile sexuelle Vorschriften – die auch für Sie gelten

In manchen Bundesstaaten sind aus vergangenen Zeiten noch skurrile Gesetze in Kraft, die Sie beachten sollten, wenn Sie mit Ihrem Partner durchs Land reisen. Wie die Journalistin Marcia Pally berichtet, darf in Connorsville, Wisconsin, der Mann keinen Revolver abfeuern, wenn seine Partnerin zum Orgasmus gelangt. In Willowdale, Oregon, macht sich ein Ehemann strafbar, der während des Geschlechtsverkehrs flucht. In Oblong, Illinois, verstößt gegen das Gesetz, wer beim Jagen oder Fischen an seinem Hochzeitstag in freier Natur zugleich den Beischlaf ausübt. Frauen in Cleveland, Ohio, dürfen keine Glanzlederschuhe tragen, weil die Männer darin etwas nach unten gespiegelt sehen könnten, was sie nicht sehen sollten. Die Ehemänner in Ames, Iowa, dürfen nach dem Geschlechtsakt im Bett nicht mehr als drei Schluck Bier trinken. Die Gemeinde Bozeman, Montana, verbietet jede Form der Sexualität in den Vorgärten nach Sonnenuntergang. Und die Hotels in Hasting, Nebraska, müssen für jeden Gast ein frisch gebügeltes Nachthemd bereithalten, weil es selbst Eheleuten verboten ist, nackt zu schlafen oder die Freuden der Sexualität zu genießen.

Des Teufels Pferdefuß: Tabak, Alkohol und Drogen

Immer, wenn ich meinen Freund in seiner Anwaltskanzlei besuchte, begegnete ich einigen seiner rauchenden Kollegen auf dem Gang. In der Kanzlei selbst hatte man das Rauchen schon seit langem untersagt. Eines Tages hielt ich nach den Rauchern vergeblich Ausschau. Sie waren vom vorderen Gang verbannt worden und mußten ihrem Laster nun auf der schmalen Treppe des Notausganges frönen. Das Rauchen ist (nach Bundesstaaten unterschiedlich geregelt) in öffentlichen Gebäuden, am Arbeitsplatz, in Fastfood-Restaurants und öffentlichen Verkehrsmitteln verboten. Selbst auf den Flughäfen gibt es nur noch kleinere Raucherecken, ein Reservat für die Unbelehrbaren, deren Tage gezählt sind. Zuerst wurden die Inlandflüge raucherfrei, dann auch die meisten amerikanischen Transatlantiklinien. Viele Restaurants haben die Raucherzonen in den hintersten Teil der Gaststätte verbannt. Alle Hotels verfügen über Raucher- und Nichtraucherzimmer. Wer im Nichtraucherzimmer raucht, muß damit rechnen, daß ihn das Zimmermädchen meldet. Dann droht eine empfindliche Geldstrafe.

Sie sollten Nichtraucher-Vorschriften unbedingt einhalten!

Sie sollten diese Vorschriften unbedingt einhalten. Bei Nichtbeachtung verstehen viele Amerikaner keinen Spaß. Selbst wenn Sie »nur« auf offener Straße rauchen, kann es Ihnen widerfahren, daß Sie »angemacht« und wie ein sozialauffälliger Junkie behandelt werden.

Rauchverbot am Arbeitsplatz

Auch die meisten Privatwohnungen haben sich zu rauchfreien Zonen erklärt. Denn nur noch 25 % der Bevölkerung greifen zum Glimmstengel. Trotzdem ist der Tabakkonsum nicht zurückgegangen. Viele Firmen stellen Raucher grundsätzlich nicht mehr ein, und auch für Soldaten gilt striktes Rauchverbot im Dienst.

Zigaretten sind »Sargnägel«.

Die einflußreichen Nichtraucherverbände strengen gegen die Tabakkonzerne, namentlich gegen Philip Morris, laufend Prozesse an, in denen es um horrende Summen geht. Die Tabakfirmen wiederum versuchen durch »freiwillige« Spenden die Gerichte milde zu stimmen. Es fällt ihnen schwer, die Argumente der Gesundheitslobby zu entkräften: Mehr als 400.000 Amerikaner sterben jährlich an den Folgen des Rauchens, mehr als durch Alkohol, Drogen, Autounfälle, Mord und Aids zusammengenommen.

Rauchen als soziales Schichtenmerkmal

Eigentlich raucht offen nur noch die Unterschicht, die anderen höchstens heimlich. Film und Fernsehen haben sich längst diesem Trend angepaßt: Es raucht nur noch der psychisch Labile oder der Bösewicht. Wer dynamisch und erfolgreich ist, benutzt den Mund zum Sprechen, nicht zum infantilen Saugen. Es ist wohl nur eine Frage der Zeit, bis man die Humphrey Bogart-Filme verbietet. Oder man retuschiert dem Filmhelden die Zigarette aus dem schrägen Mundwinkel weg. Wie er mit sinnlos schiefem Mund dann wohl auf Ingrid Bergmann wirken würde?

Zum Glück gibt es für das Rauchen schon lange einen typisch amerikanischen Ersatz: den Kaugummi. Kaugummikauen ist eine nationale Leidenschaft. Auf Schritt und Tritt wird Ihnen dies unter den Schuhsohlen deutlich gemacht. Man kauft Kaugummi in Packungen wie früher die Zigaretten. Er bietet offenbar orale Ersatzbefriedigung.

Wo Widerstand ist, gibt es wiederum Widerstand dagegen: Schon zeigt sich das erste Aufbegehren von Rauchern. In der noblen Worth Avenue in Palm Beach hat ein Zigarrenladen aufgemacht. Ein Zigarrenraucher betreibt ein Restaurant, in dessen Hinterzimmer sich eine Allianz von Rauchern formiert hat, die sich um die freien Rechte eines freien Amerikaners gebracht fühlt. Man muß rechtzeitig auf die Barrikaden gehen, um eine neue »Prohibition« – diesmal gegen die Raucher – abzuwenden.

Die Zigarre als Machtsymbol des Raucheraufbegehrens

Der Alkohol, Verbotsobjekt früherer Zeiten, ist mittlerweile erlaubt, auch wenn man sich im bürgerlichen Milieu etwas geniert, den Durst in der Öffentlichkeit zu löschen.

Gegen fünf Uhr nachmittags füllen sich plötzlich die schummrigen Bars, die zuvor in einer Art Dornröschenschlaf lagen. Die *happy hour* ist für trinkfreudige Amerikaner die schönste Stunde des Tages. Und preiswert ist sie obendrein, weil die Cocktails an der Bar zu reduzierten Preisen oder mit freiem Imbiß angeboten werden. Nach Büroschluß genehmigen sich Angestellte und Geschäftsleute, darunter auch solide Familienväter, einen oder mehrere Drinks, bevor sie nach Hause fahren. Zum Abendessen trinken die meisten dann unter dem strengen Blick der Ehefrau Wasser.

»Happy hour«

Seit der Aufhebung der Prohibition 1933 dürfen die Amerikaner wieder zur Flasche greifen. Alkoholgenuß in aller Öffentlichkeit ist allerdings verpönt. Selbst Bauarbeiter trinken die geistige Nahrung in braunen Tüten *(brown paperbags)* versteckt. In den Regalen der Supermärkte suchen Sie Whisky oder Wodka vergebens. Geistige Getränke werden nur in speziellen Läden, den *liquor* (oder *package*) *stores*, angeboten. Der Verkäufer hat Ihre Flasche fachmännisch »ge-brownbagt«, bevor Sie auf die Straße treten. Nur so vermeiden Sie, gegen das Gesetz zu verstoßen. Es soll durch die braune Papiertütenverpackung vermieden werden, daß Sie nach Ihrem Alkoholeinkauf öffentlich sichtbar ein schlechtes Beispiel geben.

Spirituosen nur in Schnapsläden

Wie in vielen Landkreisen ist es auch im County Palm Beach verboten, im Auto Alkohol zu trinken. Angebrochene Flaschen müssen im Kofferraum verstaut werden. Der Nachbar-County kennt dieses strenge Gesetz nicht. Dafür dürfen dort Striptease-Lokale keine geistigen Getränke ausschenken. Und der Sonntag ist vielerorts ohnehin »alkoholfrei«.

Auf Volksfesten sind die Bierzelte durch einen Zaun streng vom übrigen Geschehen abgetrennt, um Kinder und Jugendliche von diesem Ort der Gefahr fernzuhalten. Auch wenn die jungen US-Bürger schon mit 16 den Führerschein machen und mit 18 wählen oder in den Krieg ziehen können, so dürfen sie erst mit 21 Jahren gegen Vorlage eines Ausweises einen *liquor store* betreten.

Außer in den großen Städten sieht man in der Öffentlichkeit kaum Betrunkene. Dennoch ist Alkoholkonsum keineswegs das Laster einer Minderheit. Wie sonst

Alkoholismus

Whisky-Reklame am Union Square, San Francisco. Das elegant-noble Werbegesicht wird gegen das puritanische Negativbild des Alkoholikers eingesetzt.

wäre die jährliche Zahl von 50.000 Autounfällen zu erklären, die auf den Genuß von Alkohol zurückgehen? Mit 18 Millionen Alkoholikern liegen die USA im oberen Bereich des internationalen Vergleichs.

Rauschgift-konsum unter Jugendlichen

Der Rauschgiftkonsum amerikanischer Jugendlicher – sechs Millionen nehmen Kokain, Heroin, Marihuana und / oder das Kokainderivat Crack – ist der höchste der Welt. Zwar gibt die Regierung für den Kampf gegen Drogen Milliarden Dollar aus. Doch die Polizei und die eigens dafür ins Leben gerufene *Drug Enforcement Agency* vermögen den Drogenhandel nicht in den Griff zu bekommen. Ein Drittel der Gefängnisse sind mit Häftlingen belegt, die direkt oder indirekt wegen Drogendelikten verurteilt wurden. Während der Staat mit der ganzen Härte des Gesetzes gegen kleine Pusher und große Dealer vorgeht, bleibt es privaten Organisationen und den Kirchen überlassen, Präventivmaßnahmen gegen die Sucht zu ergreifen. Besonders unter schwarzen Jugendlichen in armen Stadtvierteln sind erste Erfolge zu verzeichnen.

Strafe und Prävention

Die einzelnen Bundesstaaten ahnden den Besitz von Rauschgift unterschiedlich. »Kostet« eine kleine Menge Marihuana in Kalifornien 100 $ Strafe, so bringt sie dem Ertappten in Nevada sechs Jahre Haft ein. Drei Viertel der Amerikaner halten die Strafen für diese Delikte für zu lasch. Andererseits machen die Popszene und ihr Umfeld den Drogenkonsum gesellschaftsfähig. Amerika wird mit diesem Problem wohl noch längere Zeit leben müssen.

Englische Höflichkeit à la Wildwest

Auf einer Abendgesellschaft stellte mich die Gastgeberin einer Mrs. Ylvesaker vor, die ich schon seit längerem kannte. Ich wollte gerade mit den Worten »Wir kennen uns ja bereits« auf sie zugehen, hielt mich dann aber im letzten Moment zurück, um nicht gegen die ungeschriebene Etikette zu verstoßen. Denn zumindest in den gehobenen Kreisen steht die förmliche Vorstellung am Beginn jeder Bekanntschaft.

Bedeutung der förmlichen Vorstellung

Die alte, feine englische Lebensart findet also auch in der dynamischen amerikanischen Gesellschaft ihren Nachhall. Allerdings geraten Sie wohl kaum in die grotesk anmutende Situation, die Sie in einem Londoner Club erleben können. Dort mögen sich Herren seit Jahren beim Lunch gegenübersitzen. Doch wenn sie sich unterhalten, können sie sich nicht mit Namen anreden. Denn unseligerweise hat sie niemand miteinander bekannt gemacht.

Sollten Sie eine schriftliche Einladung erhalten, so ist diese nicht, wie im deutschsprachigen Raum üblich, an Herrn Heinrich Müller und Gemahlin bzw. an Frau und Herrn Müller gerichtet, sondern an *Mr. and Mrs. Henry Miller*. Frau Müller wird also unter das Joch des ehegattlichen Vornamens gezwungen.

Adressierung bei schriftlicher Einladung

Ebenfalls aus der angelsächsischen (teilweise auch aus der französischen) Welt stammend, hat sich fast überall im amerikanischen Alltag eine natürliche Höflichkeit erhalten. Selbst im dichtesten Gedränge stößt man kaum auf böse Blicke oder gar Worte. Bei Problemen sucht jeder erst einmal die Schuld bei sich. Wie geduldig die Amerikaner sein können, erleben Sie, wenn Sie mit ihnen in einer Schlange stehen. Ohne zu murren, warten sie, bis sie an der Reihe sind. Hier hat sich eine Tugend aus den frühen Pioniertagen erhalten. Nur durch Rücksichtnahme auf den Mitmenschen und in Zusammenarbeit mit ihm konnte man sich gemeinsam gegen feindliche Lebensverhältnisse behaupten. Man läßt den anderen einfach nicht im Stich. Wenn Ihr Auto nicht anspringt, chauffiert Sie ein Bekannter oder stellt

Natürliche Höflichkeit & Freundlichkeit auch in den Streßsituationen des Alltags

»Queuing« – Schlangestehen, eine Zivilisationstugend, die uns leider fehlt.

Ihnen seinen Wagen zur Verfügung. Beim Umzug empfängt Sie ein Begrüßungskomitee Ihrer neuen Nachbarn. Und sollten Sie im Winter im Schnee steckenbleiben, dann können Sie sich vor helfenden Händen kaum retten. Die praktische Hilfsbereitschaft in allen Lebenslagen ist eine der angenehmsten Seiten des amerikanischen Charakters – jedenfalls auf dem Land und in den kleineren Städten. Im Dschungel der Großstädte gilt dies selbstverständlich nur bedingt.

»Gentleman-like«

Betritt eine Frau den Fahrstuhl, nimmt der Gentleman selbstverständlich den Hut ab. Er steht auf, wenn eine Dame ins Zimmer tritt oder im Restaurant an seinem Tisch Platz nehmen will. Andererseits wäre es ein schwerer Knigge-Fehler, wenn der Herr vor seiner Begleiterin ein Lokal beträte. Er hält ihr die Tür auf, um sie vorangehen zu lassen. Dafür käme er nie auf den Gedanken, ihr aus dem Mantel zu helfen.

TIPS
In der Kürze liegt die Würze: Die Anrede

Die Amerikaner fühlen sich jung und gleichberechtigt. Das saloppe »Hello!« hat sich längst als allgemeine Begrüßung eingebürgert. Die Jungen beschränken sich sogar auf ein kurzes »Hi!«. Doch wenn Sie mit einem Zufallsbekannten auch nur einige nichtssagende Floskeln gewechselt haben, verabschieden Sie sich (oder dieser sich) mit »It has been nice talking to you«. Und Geschäftsleute entlassen ihre Kunden mit »Have a nice day!«.

Auf Titel legt man wenig Wert. Selbstverständlich redet man einen Richter (»Your Honor«, »Euer Ehren«) oder den Präsidenten (»Mr. President«) nicht mit dem Vornamen an. Aber schon den Abgeordneten nennt man schlicht »Senator«. Sonst aber gehen die Amerikaner, besonders Männer, sehr schnell zum Vornamen über. Schon nach den ersten Sätzen fordert Sie Ihr neuer Bekannter auf: »Nennen Sie mich doch einfach William.« Sollte Ihr Verhältnis noch persönlicher werden, dann benutzen Sie die Abkürzung des Namens: Elizabeth wird zu Liz, Jessica zu Jess, Frederick zu Fred und William zu Bill – je kürzer, um so praktischer. Mit »Sir« bekundet man Offizieren und Vorgesetzten Respekt. Sollten Sie das »Mister« mit einem Titel verbinden – »Mr. President« bildet die Ausnahme – so verraten Sie sich sogleich als Ausländer.

Der Unterschied zwischen der verheirateten»Mrs.« *(misses = mistress)* und »Ms.« *(miss)* verschwindet. »Politisch korrekt« ist heute »Ms.«.

Vorstellung in lockerem Rahmen

Je weiter Sie sich von der gehobenen, englisch geprägten Gesellschaft entfernen, um so lockerer geht es zu. Auf vielen Partys machen sich die Anwesenden mit den Worten »May I introduce myself?« (»Darf ich mich vorstellen?«) gegenseitig bekannt. In Geschäftskreisen gibt man neben den Namen häufig auch noch den Arbeitgeber an: »My name is Roy Andersen. I'm with the First National Bank of Palm Beach.« Sie können dann davon ausgehen, daß Sie den Direktor dieser Bank vor sich haben. Warum sollte Ihr Gegenüber auch verhehlen, wer er ist. Zudem führt die Firmenangabe das Gespräch gleich auf das Wesentliche. Inzwischen haben die *businessmen* mit den Militärs gleichgezogen: Tragen diese stolz ihre Rangabzeichen, so haben jene gut sichtbar ihr Namensschild (ggf. mit Funktion) an das Jackett geheftet. Dieser Brauch verbreitet sich auch immer mehr in Europa.

Wenn nun Mr. Johns sich selbst mit einem Anwesenden bekannt gemacht hat, weist er mit einer leichten Handbewegung auf die ihn begleitende Ehefrau und sagt: »This is Mrs. Johns«. Der Ansprechpartner verneigt sich dann angedeutet vor der Dame mit den Worten »How do you do, Mrs. Johns?« Die Hand wird dabei nicht gereicht.

Die Herren bilden nun einen Kreis und stürzen sich sofort in ein Gespräch, während die Damen unter sich bleiben. Sehr schnell kommt ein lockerer Ton auf, der sich aber auch zu vorgerückter Stunde nie im Stil vergreift.

Vorsicht beim Erzählen von Witzen   **TIPS**

Sollten Sie ein Freund des Witzeerzählens sein, so vergessen Sie nicht, daß das amerikanische Empfinden für Witze ein völlig anderes ist als etwa das deutsche. Wo der Stammtisch in Wanne-Eickel oder Biberach brüllend lacht, blicken Ihre amerikanischen Bekannten vielleicht verlegen zu Boden. Als Regel gilt: Tabu sind grobe, anzügliche oder gar obszöne Sprache, Sex-Witze oder Witze über ethnische Gruppen oder Bevölkerungsteile (vgl. hierzu etwa Friesen-, Ösi-, Ossi- und Piefke-Witze bei uns).

Bei einem Cocktailempfang geht man nach einer Stunde wieder. Auf einer Dinner-Party bittet man in der Regel eine Stunde nach Beginn zu Tisch. So haben Sie vorab genügend Zeit, sich in die richtige »Stimmung« zu bringen, da alkoholische Getränke während des Essens nur verhalten ausgeschenkt werden.

Cocktailempfang und Dinner-Party

Typisch für amerikanische Geselligkeit ist der dinner-dance, eine Abendgesellschaft mit Tanz. Schon während des Cocktails tritt der erste Redner auf. Zwischen den einzelnen Gängen des Essens wird ein wenig getanzt. Meist findet sich aber immer wieder jemand, der seine rhetorischen Fähigkeiten zum besten gibt: Der Vereinsvorsitzende dankt dem Festkomitee für die Vorbereitung und Durchführung des Abends. Der Vorsitzende dieses Komitees spricht wiederum dessen Mitgliedern für die geleistete Arbeit seinen Dank aus. Der Kassierer bedankt sich für die Spenden. Und der Stellvertreter dankt dem Kassierer für die Abrechnung. Dann schreitet man zur Aus-

Abendgesellschaft mit Tanz und Redebeiträgen

zeichnung der Festsekretärin, welche die Einladungen geschrieben hat. Diese wiederum ergreift das Wort, um allen freiwilligen Helfern zu danken. Aus deren Reihen erhebt sich dann eine Dame oder ein Herr, um sich für die erhaltene Auszeichnung zu bedanken und dem Stifter ein Lob zu zollen. Selbstverständlich läßt es sich dieser nicht nehmen, sich seinerseits zu bedanken, daß er überhaupt die Gelegenheit hatte, etwas zu stiften.

Endlich wird der Nachtisch, meist ein (mir zumindest) schrecklich schmeckender Pudding, serviert. Der Kaffee beschließt dann das rhetorische »Dankfest«. Sobald er ausgetrunken ist, brechen die Gäste auf. Sie werden nicht müde, den wundervollen Abend zu preisen und versprechen, gleich am nächsten Morgen miteinander zu telefonieren.

Seien Sie nicht enttäuscht, wenn der Gastgeber Sie bereits an der Haustür verabschiedet und sich dann abrupt umdreht. Sicher wird er Sie nicht bis ans Auto begleiten und warten, bis Sie abgefahren sind, um zu winken.

Händeschütteln ist verpönt

Übrigens ist das bei uns so weitverbreitete Händeschütteln verpönt. Die Hand bleibt in der Hosentasche oder anderswo, vielleicht ein Reflex aus Pionierzeiten, als der Revolver immer griffbereit und die Hand dafür frei sein mußte. Und Sie befinden sich auch nicht auf dem Wiener Opernball: Der Handkuß wirkt selbst bei formellen Anlässen lächerlich. Ich habe ihn mir längst abgewöhnt.

TIPS
Abschied auf amerikanisch

▶ Häufig hören Sie beim Abschied die Floskel »See you!«. Vielleicht erwartet ihr amerikanischer Gesprächspartner tatsächlich, Sie am selben Tag noch einmal zu sehen. Meist aber bedeutet dieser Gruß schlicht nur »Auf Wiedersehen!«.

▶ Wenn Ihr Gastgeber Sie mit »Come back soon!« entläßt, sollten Sie diese Aufforderung nicht zu wörtlich nehmen. Mit diesen Worten verabschiedet man auch Gäste, die man keinesfalls wiedersehen will.

Kulturspiel

Sie reisen in Amerika und kommen an einem Sonntag gegen 12 Uhr mittags zufällig in eine Gegend, in der jemand wohnt, den Sie vor einiger Zeit kennengelernt haben. Sie fassen den spontanen Entschluß, ihn zu besuchen. Wie verhalten Sie sich?

A Sie verhalten sich so, wie Sie es von zu Hause gewohnt sind: Sonntag nach 11 Uhr ist ein guter Zeitpunkt, um Bekannte oder Freunde aus spontanem Antrieb zu besuchen. Sie fahren also hin und klingeln.

B Sie kaufen Blumen oder ein anderes Gefälligkeitsgeschenk, das Sie Ihrem Bekannten bzw. dessen Frau an der Tür überreichen.

C Sie rufen Ihren Bekannten an und fragen, ob Sie ihn besuchen dürfen.

Kommentar

Die Variante C ist die einzige Möglichkeit, um nicht auf Befremden oder gar Widerwillen zu stoßen. Der Anruf sollte zudem einen Tag vor dem beabsichtigten Besuch erfolgen. Unterlassen Sie auf jeden Fall Spontanbesuche!

Situation 2

Sie sitzen in einem Restaurant. Nachdem Sie die Getränke bestellt haben, kommt die Kellnerin erneut und erklärt Ihnen, welche speziellen Tagesgerichte außerhalb der Speisekarte noch angeboten werden. Danach sagt sie: »By the way, my name is Mary.« Sie sind von solch persönlicher Freundlichkeit angenehm überrascht. Wie reagieren Sie?

A Sie stehen auf und stellen sich nun auch selbst vor.

B Bei der Bezahlung laden Sie Mary ein, an Ihrem Tisch Platz zu nehmen und ein Getränk auf Ihre Kosten zu konsumieren.

C Sie nehmen diese namentliche Vorstellung erfreut als Zeichen freundlicher Serviceeinstellung zur Kenntnis.

Kommentar

C ist die korrekte Reaktion. Wenn Sie Ihrerseits freundlich sein wollen, merken Sie sich den Namen und rufen dann nicht mehr »Waitress!«, wenn die Kellnerin kommen soll, sondern »Mary, please!«. Noch wichtiger: Vergessen Sie nicht das Trinkgeld von 15% – nach oben aufgerundet!

Situation 3

Sie fahren zum Flughafen, müssen sich eilig einchecken. Eine lange Schlange von Fluggästen wartet schon vor den Schaltern. Sie geraten in Panik, weil Ihr Abflug bereits aufgerufen worden ist. Was tun Sie?

A Sie drängeln sich an den Wartenden vorbei, bis Sie unmittelbar vor dem Schalter stehen.

B Sie machen den vor Ihnen Wartenden deutlich, daß Sie unter Zeitdruck stehen und bitten, vorgelassen zu werden.

C Sie fragen nach einem verantwortlichen Angestellten der Fluggesellschaft, um Ihre Lage zu erklären.

Kommentar

Mit C liegen Sie richtig. Sie können aber auch die Schlange übergehen und direkt an einen Schalter vordringen. Sagen Sie zu demjenigen, der gerade abgefertigt wird, höflich »Excuse me, please!« und zum Schalterbeamten »I need to speak to a supervisor, please, urgently«. Sehr rasch taucht dann meist ein Vorgesetzter *(supervisor)* auf, dem Sie Ihr Problem erklären können und der dann meist hilft.

KULTURSPIEL

Situation 4

Sie werden von einer amerikanischen Familie telefonisch zum Abendessen eingeladen und überlegen, was Sie als Gastgeschenk mitbringen sollen.

Sie bringen mit:

A Vorbereitete oder haltbare Speisen und Getränke – vor allem das, was Sie selber essen oder trinken möchten.

B Blumen oder Süßigkeiten.

C Nichts.

Kommentar

A ist fast richtig. Sie sollten aber Ihre Gastgeber vorher anrufen und fragen, ob Sie einen Salat oder ähnliches mitbringen dürfen. Die Frau des Hauses »koordiniert« gewöhnlich solche Angebote, die sie selbstverständlich zunächst heftig ablehnen wird. Wenn Sie aber darauf bestehen, etwas zum Kulinarischen beisteuern zu wollen, dann gibt sie schließlich doch preis, was noch fehlt. Gehen Sie davon aus, daß der mitgebrachte Wein sofort geöffnet und nicht für andere Gelegenheiten aufgehoben wird.

Situation 5

Sie befinden sich in der Gesellschaft von Amerikanern mittlerer sozialer Schicht. Irgendwann kommt das Gespräch auf Ihre berufliche Tätigkeit. Und jemand fragt Sie, wie groß Ihr Vermögen, also Ihr *net worth*, sei. Was antworten Sie?

A Sie schauen verlegen zur Seite und nuscheln dann, daß Sie dies nicht so genau wüßten.

B Sie sagen gewitzt: »Several millions!«, lassen aber offen, ob sie Dollars oder Lire meinen.

C Sie antworten freundlich knapp: »I am independently rich / financially equipped«, was bedeutet, daß Sie so viel Geld haben, daß Sie unabhängig bzw. sorgenfrei leben können.

D Sie wiegen Ihren Körper schwergewichtig und bedeutungsschwanger hin und her, denken nach und antworten schließlich, daß Sie zwar klein angefangen hätten, jetzt aber doch etliche Millionen Dollar besäßen.

Kommentar

Mit der Lösung D handeln Sie wie ein echter Amerikaner. Vergessen Sie Ihre Schulden und runden Sie ungeniert nach oben auf, jedenfalls so weit, wie es Ihnen Ihr Gewissen erlaubt!

Situation 6

Ihre Firma hatte Sie für einige Jahre beruflich nach Amerika geschickt und ruft Sie nun zurück. Sie wollen eine Abschiedsfeier veranstalten. Wie stellen Sie dies an?

A Sie laden Ihre Kollegen zum Essen in ein Restaurant ein.

B Sie arrangieren einen kleinen Imbiß in der Kantine Ihres Betriebes.

C Sie laden zum Cocktail in Ihre Wohnung ein.

D Sie veranstalten ein Dinner bei sich zu Hause.

Kommentar

Wenn Sie eine Kombination aus C und D wählen, haben Sie die richtige Lösung gewählt. Typisch amerikanisch wäre ein Grillfest in Ihrem Garten am Samstag oder Sonntag ab 17 Uhr. Steht kein Garten zur Verfügung, so laden Sie für »5:00 p.m« zu sich nach Hause ein, und jeder weiß, daß es erst Cocktails und dann ein Buffet gibt.

Situation 7

Sie lernen geschäftlich einen Amerikaner kennen, unterhalten sich angeregt einige Zeit mit ihm. Abschließend meint er freundlich, Sie sollten ihn doch einmal besuchen: »Come and visit me!« Wie reagieren Sie?

A Sie vergessen diese Einladung schlicht und ergreifend.

B Ihren nächsten Besuch in die USA planen Sie so, daß Sie Ihren neuen, angenehmen Bekannten besuchen können.

C Sie rufen bei Ihrem nächsten Besuch in den USA Ihren freundlichen Bekannten an und teilen ihm mit, daß Sie gerne auf seine Einladung zurückkommen würden.

Kommentar

A ist das bedauerliche, aber richtige Verhalten.

Situation 8

Irgendwo auf oder über dem Globus, beispielsweise im Flugzeug, lernen Sie einen Amerikaner kennen und führen eine lange, angeregte Unterhaltung mit ihm. Er interessiert Sie, und Sie wünschen sich, diesen Kontakt zu erhalten. Sie tauschen die Adressen bzw. Visitenkarten aus. Wie verhalten Sie sich danach?

A Sie rufen ihn an, wenn Sie in seine Nähe kommen.

B Sie werfen die Adresse weg – nach dem Motto: »Aus den Augen, aus dem Sinn«.

C Sie schreiben Ihrem Bekannten einen warmherzigen Brief und erinnern ihn an das gemeinsame Gespräch – mit der Perspektive einer erneuten persönlichen Begegnung.

D Sie besuchen ihn kurzerhand.

Kommentar

A bietet meist die einzige Möglichkeit, um die Bekanntschaft mit einem Amerikaner zu vertiefen. Der Anruf sollte aber bald nach dem Bekanntwerden erfolgen, und Sie müssen sehr genau hinhorchen, ob Ihrem Bekannten der Anruf wirklich willkommen ist.

Situation 9

Sie verabreden sich mit einem Geschäftspartner und dessen Ehefrau zum Abendessen: »Let's have dinner together.« Ihr amerikanischer Bekannter stellt das Menü zusammen. Und nun essen und trinken alle nach Herzenslust. Schließlich kommt die Rechnung, die in den USA selbstverständlich für den ganzen Tisch ausgestellt ist. Jetzt arbeitet es in Ihrem Kopf: Wer hat wen eingeladen? Hat überhaupt jemand den anderen eingeladen? Was war eigentlich der Anlaß dieses Essens? Wer bezahlt?

A Sie sagen zum Ober: »Give me the check, please« – »Geben Sie mir bitte die Rechnung«.

B Ihr Bekannter zieht die Kreditkarte, um anzudeuten, daß er bezahlen will. Sie lassen ihn gewähren.

C Sie bitten die Bedienung, die Rechnung nach individuellem Konsum aufzuteilen.

D Sie müssen dringend auf die Toilette, wenn die Rechnung kommt.

Kommentar

Wenn Sie nicht von vornherein eindeutig eingeladen worden sind, dann setzen Sie eine Pokermiene auf und teilen sich die Rechnung, indem Sie sagen: »Let us split«. Sie legen dann den halben Betrag plus 15% Trinkgeld (aufgerundet) in die Schale, in der die Rechnung präsentiert wurde.

Situation 10

Bei schwereren Unfällen muß die Polizei ohnehin hinzugezogen werden. Sie haben aber in diesem Fall nur einen kleinen Blechschaden erlitten, weil entweder Sie oder der andere am Zusammenstoß beteiligte Fahrer nicht aufgepaßt hatten. Wie verhalten Sie sich?

A Sie steigen aus, betrachten sich den Schaden und verständigen sich mit dem »Gegner« über die Schuldfrage, tauschen Ihre Adressen aus und fahren weiter.

B Sie rufen die Polizei.

C Sie winken wegen des Bagatellschadens ab, fahren einfach weiter und denken, morgen fliege ich ohnehin nach Europa zurück.

D Sie nehmen die Schuld auf sich und lassen den Betroffenen seinen Schaden selbst schätzen. Dann geben Sie ihm den geforderten Betrag.

Kommentar

Hier bietet sich nur die Lösung B an. Lassen Sie sich auf nichts anderes ein, bekennen Sie keine eigene Schuld (wenn sie denn auch bestehen sollte) und lassen Sie die Polizei ein Protokoll anfertigen. Fragen Sie die Polizisten, unter welcher Nummer der Bericht registriert wird und melden Sie umgehend den Unfall (zusammen mit der Protokollnummer) Ihrer Versicherung oder Ihrer Leihwagenfirma.

Persönliche Notizen